中華传统文化核心读本
余秋雨题

传承中华文化精髓

建构国人精神家园

山海经

全集

华夏 注译
唐品 主编

天地出版社 | TIANDI PRESS

图书在版编目（CIP）数据

山海经全集 / 唐品主编. —成都：天地出版社，2017.4（2020年4月重印）

（中华传统文化核心读本）

ISBN 978-7-5455-2384-3

Ⅰ. ①山… Ⅱ. ①唐… Ⅲ. ①历史地理—中国—古代②《山海经》—通俗读物 Ⅳ. ①K928.631

中国版本图书馆CIP数据核字（2016）第288595号

山海经全集

出品人　杨　政
主　编　唐　品
责任编辑　张秋红
封面设计　思想工社
电脑制作　思想工社
责任印制　葛红梅

出版发行　天地出版社
（成都市槐树街2号　邮政编码：610014）
网　址　http://www.tiandiph.com
http://www.天地出版社.com
电子邮箱　tiandicbs@vip.163.com
经　销　新华文轩出版传媒股份有限公司

印　刷　河北鹏润印刷有限公司
版　次　2017年4月第1版
印　次　2020年4月第11次印刷
成品尺寸　170mm×230mm　1/16
印　张　21
字　数　358千字
定　价　39.80元
书　号　ISBN 978-7-5455-2384-3

咨询电话：（028）87734639（总编室）
购书热线：（010）67693207（市场部）

上下五千年悠久而漫长的历史，积淀了中华民族独具魅力且博大精深的文化。中华传统文化是中华民族无数古圣先贤、风流人物、仁人志士对自然、人生、社会的思索、探求与总结，而且一路下来，薪火相传，因时损益。它不仅是中华民族智慧的凝结，更是我们道德规范、价值取向、行为准则的集中再现。千百年来，中华传统文化融入每一个炎黄子孙的血液，铸成了我们民族的品格，书写了辉煌灿烂的历史。

中华传统文化与西方世界的文明并峙鼎立，成为人类文明的一个不可或缺的组成部分。中华民族之所以历经磨难而不衰，其重要一点是，源于由中华传统文化而产生的民族向心力和人文精神。可以说，中华民族之所以是中华民族，主要原因之一乃是因为其有异于其他民族的传统文化！

概而言之，中华传统文化包括经史子集、十家九流。它以先秦经典及诸子之学为根基，涵盖两汉经学、魏晋玄学、隋唐佛学、宋明理学和同时期的汉赋、六朝骈文、唐诗宋词、元曲与明清小说并历代史学等一套特有而完整的文化、学术体系。观其构成，足见中华传统文化之广博与深厚。可以这么说，中华传统文化是华夏文明之根，炎黄儿女之魂。

从大的方面来讲，一个没有自己文化的国家，可能会成为一个大国甚至富国，但绝对不会成为一个强国；也许它会强盛一时，但绝不能永远屹立于世界强国之林！而一个国家若想健康持续地发展，则必然有其凝聚民众的国民精神，且这种国民精神也必然是在自身漫长的历史发展中由本国人民创造形成的。中华民族的伟大复兴，中华巨龙的跃起腾飞，离不开中华传统文化的滋养。从小处而言，继承与发扬中华传统文化对每一个炎黄子孙来说同样举足轻重，迫在眉睫。中华传统文化之用，在于“无用”之“大用”。一个人的成败很大程度上取决于他的思维方式，而一个人的思维能力的成熟亦绝非先天注定，它是在一定的文化氛围中形成的。中华传统文化作为涵盖经史子集的庞大思想知识体系，恰好能为我们提供一种氛围、一个平台。潜心于中华传统文化的学习，人们就会发现其蕴含的无穷尽的智慧，并从中领略到恒久的治世之道与管理之智，也可以体悟到超脱的人生哲学与立身之术。在现今社会，崇尚中华传统文化，学习中华传统文化，更是提高个人道德水准和构建正确价值观念的重要途径。

近年来，学习中华传统文化的热潮正在我们身边悄然兴起，令人欣慰。欣喜之余，我们同时也对中国现今的文化断层现象充满了担忧。我们注意到，现今的青少年对好莱坞大片趋之若鹜时却不知道屈原、司马迁为何许人；新世纪的大学生能考出令人咋舌的托福高分，但却看不懂简单的文言文……这些现象一再折射出一个信号：我们现代人的中华传统文化知识十分匮乏。在西方大搞强势文化和学术壁垒的同时，国人偏离自己的民族文化越来越远。弘扬中华传统文化教育，重拾中华传统文化经典，已迫在眉睫。

本套“中华传统文化核心读本”的问世，也正是为弘扬中华传统文化而添砖加瓦并略尽绵薄之力。为了完成此丛书，

我们从搜集整理到评点注译，历时数载，花费了一定的心血。这套丛书涵盖了读者应知必知的中华传统文化经典，尽量把艰难晦涩的传统文化予以通俗化、现实化的解读和点评，并以大量精彩案例解析深刻的文化内核，力图使中华传统文化的现实意义更易彰显，使读者阅读起来能轻松愉悦并饶有趣味，能古今结合并学以致用。虽然整套书尚存瑕疵，但仍可以负责任地说，我们是怀着对中华传统文化的深情厚谊和治学者应有的严谨态度来完成该丛书的。希望读者能感受到我们的良苦用心。

《山海经》与《易经》《黄帝内经》并称我国“上古三大奇书”。其内容从天文、地理、动物、植物、矿产，到民族、宗教、神话、巫术等，天南海北，包罗万象，堪称我国古籍中唯一自成体系者。书中详细记载了500多座山系的地理走向，300多条河流的源出流向，40多个“国度”以及“民族”的风物习俗，涉及100多个神话人物，100多种药用动植物，400多种神异怪兽，保存了大量远古神话传说。同时，它因其独特的叙事风格，开启了我国志怪古籍编著传统之先河。

《山海经》现存18篇（据说原书共22篇），约三万二千字，分为《山经》和《海经》两个大的部分，共收《山经》5篇、《海外经》4篇、《海内经》4篇、《大荒经》5篇。《汉书·艺文志》收载此书时作13 篇，未把《大荒经》和《海内经》计算在内，因此有人认为，这5篇可能是西汉刘向父子校书时所增撰的。全书内容以《山经》5篇和《海外经》4篇作为一组；《海内经》4 篇作为一组；而《大荒经》4篇以及书末《海内经》1篇又作为一组。每组的组织结构自具首尾，前后贯串，有纲有目。

《山经》一组，依照南、西、北、东、中的方位次序分篇，每篇又分若干小节，前一节和后一节又用有关联的语句相承接，使篇与篇、节与节间的地理关系非常清楚。《山经》主要记载传说中的山川地理、动植物和矿物等的分布情

况；《海经》中的《海外经》主要记载传说中海外各国的奇异风貌；《海内经》主要记载传说中海内的神奇事物；《大荒经》主要记载了与黄帝、大禹、女娲等传说有关的神话资料。

《山海经》历来被大多数人认为“荒诞不经”，连敢于打破《尚书》束缚，将中国上古史推至炎、黄二帝的史学家司马迁都说：“至《禹本纪》《山海经》所有怪物，余不敢言之也。”据推测，形成《山海经》这种怪物满目的原因，似乎与该书由图到文字的成书过程有关。

例如，《海外东经》记载：“在其北，各有两首。一曰在君子国北”。根据《山海经》先有图后有书的成书过程推测，《山海经图》上，在君子国的北方画有一个“彩虹”，表示该地经常见到彩虹。当时的文字应该类似甲骨文的“虹”字，彩虹的图像，两端有首。而后人根据《山海经图》著书时，望文生义将其描述为“各有两首”。这样一来，后人就无法知道到底叙述的是天边的彩虹呢，还是描写一只有两个头的怪物。所以，就连司马迁也说，“余不敢言之也”。

《山海经》涉猎之广，内容之奇杂，使人对其该归于何类，也多有分歧。《汉书·艺文志》将它列入“形法家”之首，《隋书·经籍志》以降，则多将它归入地理书，但清代《四库全书总目提要》却称其为“小说之最古者尔”，鲁迅先生则将它视为“古之巫书”。因此，《山海经》问世之后，围绕其作者、内容、成书时间的争论，一直众说纷纭，莫衷一是。

按照刘向、刘歆父子和东汉王充的“正统”说法，《山

海经》的作者是帝尧时期的大禹和伯益，但人们在《山海经》中却能见到发生在大禹和伯益以后的史实，因此“禹益作说”受到了质疑。此后，隋朝的学者颜之推虽坚持旧说，但也不得不旁注说，此为“后人羼入，非本文也”。因此，《山海经》的作者便成了后世众多学者考证的对象。随后，种种假说纷至沓来，如“夷坚著说”“邹衍著说”“南方楚人著说”“东方齐人著说”“巴蜀人著说”，以及“早期方士著说”，等等。更各有甚者，近来有人认为，该书为西汉初印度某来华僧人所作。如此种种，不一而足。不过，时下较为主流的看法是，与先秦其他许多古籍一样，《山海经》成书非止一时，作者亦非一人。该书的成书时间大约为战国初至西汉初年，其中许多内容可能来自口头传说，西汉刘向父子整理该书时才合编在一起。其作者可能主要为楚人、齐人以及巴蜀之人。《山海经》最早的版本为西汉刘向父子的校刊本，晋朝方士郭璞曾为其作注，后又经清代学者毕沅和郝懿行加注，便成为现如今我们看到的版本。

时至今日，《山海经》之所以为人们津津乐道，其最重要的价值恐怕在于它保存了大量的远古神话传说，其神话资料在古代典籍中更是首屈一指。这些神话传说除了我们大家都非常熟悉的如“夸父逐日”“精卫填海”“羿射九日”“鲧禹治水”“共工怒触不周山”等之外，还有许多是人们不大熟悉的。如《海外北经》中载：“共工之臣曰相柳氏，九首，以食于九山。相柳之所抵，厥为泽溪。禹杀相柳，其血腥，不可以树五谷种。禹厥之，三仞三沮，乃以为众帝之台。在昆仑之北，柔利之东。相柳者，九首人面，蛇身而青。不敢北射，畏共工之台。台在其东。台四方，隅有

一蛇，虎色，首冲南方。”

据后世学者研究称，《山海经》中的神话传说，远不只是神话传说那么简单，事实上它在一定程度上曲折反映了上古的许多历史史实。虽然由于浓厚的神话色彩，其真实性大打折扣，但是它毕竟留下了历史的“倩影”。如果我们将几条类似的材料加以比较，有时还是可以从中窥见到历史的“影子”。例如，《大荒北经》中黄帝战蚩尤的记载，剔除其神话色彩，我们可以从中看到一场古代部落之间的残酷战争。

又如《大荒西经》《海内经》中记载了一个黄帝的谱系：“黄帝妻嫘祖，生昌意。昌意降处若水，生韩流。韩流擢首、谨耳、人面、豕喙、麟身、渠股、豚止，取淖子曰阿女，生帝颛顼”，“颛顼生老童，老童生重乃黎。帝令重献上天，令黎邛下地。下地是生噎，处于西极，以行日月星辰之行次。”这个谱系具有神谱的性质，但是它与《大戴礼记·帝系篇》《史记·五帝本纪》中黄帝的谱系却基本吻合。

我们知道，神话乃文学之母，神话与文学的关系，就像《山海经》所载盘古与日月江海的关系。该神话说，盘古死后，头化为四岳，眼睛化为日月，脂膏化为江海，毛发化为草木。盘古虽死，而日月江海、人间万物都有盘古的影子。神话转换为其他文学形式以后，虽然往往消失了它本身的神话意义，神话却因文学艺术的冲击力而活跃起来。例如：先秦文学的两大代表《诗经》和《楚辞》，都有古神话的痕迹，尤其是《楚辞》，保存了大量的远古神话。《老子》《庄子》《淮南子》的道家思想也大量吸取古代神话而加以哲理化。因此，从这个角度而言，《山海经》正是以其丰富

离奇的幻想、浪漫诡异的笔调，对我国文化产生了深刻而久远的影响。

同时，《山海经》又是一部“科技史”和“创业史”，它既记载了古代先人的许多发明创造，又透露了当时的生产力技术水平的许多信息。例如，关于农业生产，《海内经》载：“后稷是始播百谷”，“叔均是始作牛耕”。《大荒北经》载：“叔均乃为田祖。”关于手工业，《海内经》载：“义均是始为巧倕，是始作下民百巧。”

关于天文历法，《海内经》载：“噎鸣生岁有十二。”《大荒西经》载：“帝令重献上天，令黎邛下地。下地是生噎处于西极，以行日月星辰之次。”诸如此类的记载不胜枚举。有一些自然现象的记载尤其珍贵，这在其他书中是看不到的，如《海外北经》载：“钟山之神，名曰烛阴。视为昼，瞑为夜；吹为冬，呼为夏；不饮、不食、不息、息为风。身长千里。在无之东。其为物，人面，蛇身，赤色，居钟山下。”总之，《山海经》对研究我国古代神话、历史、地理、文化、民俗、中外交通等，均有重要的参考价值。

为使广大读者更好地了解《山海经》，本书不仅给读者提供了直观的译文，还有翔实的译注。在编写本书的过程中，我们参考了一些近年来出版的有关《山海经》的编著资料，谨向原作者表示衷心感谢！限于笔者水平，书中难免有许多疏漏之处，敬请广大读者批评指正。

目录

卷一　南山经

【题解】

南方共三列山系，大小山共四十余座，绵延一万六千三百八十里。所记为其自然风貌、鸟兽、巫术、祭祀活动等内容；山中盛产的水晶石，蕴藏丰富的黄金，珍贵的花草树木和奇禽怪兽；还记叙了尧发现并选舜为接班人的故事。

南方第一列山系，从䧿山至箕尾山共有十座山，山上生长着多种动植物，如狌狌、九尾狐、櫰木等。还有各种奇形怪状的禽鸟，山上所居之人都以鸟身龙头的形象为信仰。

南方第二列山系，从柜山至漆吴山共十七座山。所居山民以鸟头龙身的形象为信仰。传说大禹的父亲就是被帝舜杀死在此山系的羽山上的。

南方第三列山系，从天虞山至禺山共十四座山。传说在祷过山上有一种叫犀的灵兽，专吃毒草和带刺的树木，然后为人解毒。相传凤凰就栖息在丹穴山上。

南次一经

《五藏山经传》卷一载："此经所志，自今藏地雅鲁藏布江源以东至拉萨诏诸山也。"《五藏山经传》为清代学者吕调阳所撰。在他看来，这一卷说的是，藏地雅鲁藏布江源以东至拉撒诏（具体位置不详）之间一系列的山脉。

【原文】

南山之首曰䧿（què）山。其首①曰招摇之山，临②于西海之上。多桂，多金玉③。有草焉，其状如韭而青华，其名曰祝余，食之不饥。有木④焉，其状如穀（gǔ）而黑理，其华[5]四照，其名曰迷穀[6]，佩之不迷。有兽焉，其状如禺（yù）[7]而白耳，伏行人走，其名曰狌狌（xīng）[8]，食之善走。丽麈（jǐ）[9]之水出焉，而西流注于海，其中多育沛，佩之无瘕（jiǎ）[10]疾。

【注释】

①首：山系的第一座。②临：雄踞。③金玉：指未经过提炼和磨制的天然金属矿物和玉石。以下同此。④木：树。⑤华：光辉。⑥迷穀：即构树。⑦禺：传说中的一种长尾猴。⑧狌狌：传说是一种长着人脸的野兽，也有说它就是猩猩的，而且它能知道往事，却不能知道未来。⑨丽麈：水名。⑩瘕：中医学指腹内结块，即现在所谓的蛊胀病。

【译文】

南方首列山系叫作䧿山山系。鹊山山系的第一座是招摇山，雄踞在西海岸边。那里生长着许多桂树，又蕴藏着丰富的金属矿物与玉石。山中有一种草，形状像韭菜，开着青色的花朵，名字叫祝余，人吃了它不会感到饥饿。山中又有一种树木，形状像构树，有黑色的纹理，并且光辉照亮四方，它的名字叫迷穀，把它佩戴在身上就不会迷路。山中还有一种野兽，样子像长尾猴，长着一对白色的耳朵，既能匍匐前行，又能像人一样直立行走，名字叫狌狌，吃了它的肉可以使人走得飞快。丽麈水从这座山发源，往西流入大海，水中有许多叫作育沛的东西，人把它佩戴在身上就不会得鼓胀病。

【原文】

又东三百里，曰堂庭之山，多棪（yǎn）木[1]，多白猿，多水玉[2]，多黄金[3]。

【注释】

①棪木：一种乔木，结出的果实像苹果，表面红了即可吃。②水玉：即水晶石。因它莹亮如水，坚硬如玉，所以得此名。③黄金：这里指黄色的沙金，非经过提炼的纯金。

【译文】

再往东三百里有座山，名叫堂庭山，山上生长着茂密的棪木，又有许多白色猿猴，这里盛产水晶石，并蕴藏着丰富的黄金。

【原文】

又东三百八十里，曰即翼之山，其中多怪兽，水多怪鱼，多白玉，多蝮虫[①]，多怪蛇，多怪木，不可以上。

【注释】

①蝮虫：传说中的一种动物，也叫反鼻虫，颜色如同红、白相间的绶带纹理，鼻子上长有针刺，大的一百多斤重。

【译文】

再往东三百八十里有座山，名叫即翼山。山上有许多怪异的野兽，水中有许多怪异的鱼，还盛产白玉，有很多蝮虫，很多奇怪的蛇，很多奇怪的树木，人是不可上去的。

【原文】

又东三百七十里，曰杻（niǔ）阳之山，其阳多赤金[①]，其阴多白金[②]。有兽焉，其状如马而白首，其文如虎而赤尾，其音如谣[③]，其名曰鹿蜀，佩之宜子孙。怪水出焉，而东流注于宪翼之水。其中多玄[④]龟，其状如龟而鸟首虺（huǐ）[⑤]尾，其名曰旋龟，其音如判木，佩之不聋，可以为底[⑥]。

【注释】

①赤金：即黄金，指未经提炼过的赤黄色沙金。②白金：即白银。这里指未经提炼过的银矿石。以下同此。③谣：人的歌吟，指不用乐器伴奏的歌唱。④玄：黑色。⑤虺：毒蛇。⑥为：治理。这里是医治、治疗的意思。底：通“胝”。手掌或脚底因长期摩擦而生的厚皮，俗称“老茧”。

【译文】

再往东三百七十里有座山，名叫杻阳山。山南面盛产黄金，山北面盛产白银。山中有一种野兽，形状像马却长着白色的头，身上的斑纹像老虎而尾巴是红色的，吼叫的声音像人在吟唱，名叫鹿蜀，人穿戴上它的毛皮可以使子孙繁衍不息。怪水从这座山发源，然后向东流入宪翼水。水中有很多黑色的龟，形状像普通乌龟却长着鸟一样的头和蛇一样的尾巴，名字叫旋龟，叫声像劈开木头的声音，佩戴上它人的耳朵就不会聋，还可以治愈足茧。

【原文】

又东三百里，曰柢（dǐ）山，多水，无草木。有鱼焉，其状如牛，陵居[①]，蛇尾有翼，其羽在魼（xié）[②]下，其音如留牛[③]，其名曰鯥（lù），冬死[④]而夏生，食之无肿[⑤]疾。

【注释】

①陵居：栖息在山坡上。②魼：也作“胁”，指肋骨。③留牛：可能就是本书另一处所讲的犁牛。④冬死：指冬眠。一些动物在过冬时处在昏睡不动的状态中，好像死了一般。⑤肿：一种皮肤和皮下组织的化脓性炎症。

【译文】

再往东三百里有座山，名叫柢山，山间多水流，没有花草树木。水中有一种鱼，形状像牛，栖息在山坡上，有蛇一样的尾巴并且长着翅膀，羽毛生长在肋下，鸣叫的声音像犁牛，名叫鯥，冬眠而夏苏醒，吃了它的肉就能使人不患肿痛疾病。

【原文】

又东四百里，曰亶（dǎn）爰（yuán）之山，多水，无草木，不可以上。有兽焉，其状如狸而有髦[①]，其名曰类，自为牝（pìn）牡[②]，食者不妒。

【注释】

①髦：泛指动物头颈上的长毛。②牝：鸟兽的雌性。这里指雌性器官。牡：鸟兽的雄性。这里指雄性器官。牝牡：身上具有雌雄两种性器官的野兽。

【译文】

再往东四百里有座山，叫亶爰山，山间多水流，但不长草木，不能攀登上去。山中有一种野兽，形状像野猫，头上却长着长毛，名叫类，一身具有雄雌两种性器官，可以自行交配，吃了它的肉，人就不易产生妒忌心。

【原文】

又东三百里，曰基山，其阳多玉，其阴多怪木。有兽焉，其状如羊，九尾四耳，其目在背，其名曰猼（bó）訑（shì）[①]，佩之不畏。有鸟焉，其状如鸡而三首、六目、六足、三翼，其名曰鵸（chǎng）鵂（fū）[②]，食之无卧[③]。

【注释】

①猼訑：兽名。②鵸鵂：鸟名。③无卧：即少睡眠。

【译文】

再往东三百里有座山，叫基山，山南阳面盛产玉石，山北阴面有很多奇怪的树木。山中有一种野兽，形体像羊，却长着九条尾巴和四只耳朵，眼睛长在背上，名叫猼訑，人穿戴上它的毛皮就不会感到恐惧。山中还有一种禽鸟，形状像鸡却长着三个脑袋、六只眼睛、六只脚、三只翅膀，名叫鵸鵂，人吃了它的肉就不会感到困倦。

【原文】

又东三百里，曰青丘之山，其阳多玉，其阴多青雘（huò）[①]。有兽焉，其状如狐而九尾，其音如婴儿，能食人；食者不蛊。有鸟焉，其状如鸠[②]，其音若呵[③]，名曰灌灌[④]，佩[⑤]之不惑。英水出焉，南流注于即翼之泽。其中多赤鱬（rú）[⑥]，其状如鱼而人面，其音如鸳鸯，食之不疥。

【注释】

①青雘 ：一种颜色很好看的可做颜料的矿物。②鸠：即斑鸠，一种体形似鸽子的鸟。③呵：大声呵斥。④灌灌：传说中的一种鸟。⑤佩：这里是插上的意思。⑥赤鱬：类似今方头鱼，头高，呈长方形。

【译文】

再往东三百里的山，是青丘山，山南阳面盛产玉石，山北阴面多盛产一种颜料，叫青雘。山中有一种野兽，形状像狐狸却长着九条尾巴，它吼叫的声音如同婴儿啼哭，能吞食人；人吃了它的肉就能不中妖邪毒气。山中还有一种鸟，形状像斑鸠，鸣叫的声音像是人在互相呵斥，这种鸟名叫灌灌，把它的羽毛插在身上能使人不迷惑。有一条叫英水的河从这座山发源，然后向南流入即翼泽。泽中有很多赤鱬，形状与普通的鱼一样，却有一副人的面孔，叫声如同鸳鸯鸟，吃了它的肉就能使人不生疥疮。

【原文】

又东三百五十里，曰箕尾之山，其尾踆（zūn）[①]于东海，多沙石。汸（fāng）水出焉，而南流注于淯[②]，其中多白玉。

【注释】

①踆：古“蹲”字，蹲踞。②淯：水名。

【译文】

再往东三百五十里的山，是箕尾山，山的尾端踞于东海岸边，山中沙石很多。汸水从这座山发源，然后向南流入淯水，水中多产白色玉石。

【原文】

凡䧿山之首，自招摇之山，以至箕尾之山，凡十山，二千九百五十里。其神状皆鸟身而龙首。其祠[①]之礼：毛用一璋玉瘗（yì）[②]，糈（xǔ）用稌（tú）米[③]，白菅[④]为席。

【注释】

①祠：祭祀。②毛：指祭祀所用的毛物，即猪、羊、狗、鸡等畜禽。璋：古时一种玉器，是在举行朝聘、祭祀、丧葬时使用的礼器之一。瘗：埋葬。③糈：祭神用的精米。稌：稻米。④菅：茅草的一种，多年生草本植物。

【译文】

以䧿山为头，从招摇山起，直到箕尾山止，一共十座山，长约二千九百五十里。诸山神都是鸟身龙头。祭祀山神的典礼：是把畜禽和璋一起埋入地下，祭祀神的精米用稻米，用白茅草来做神的坐席。

南次二经

《五藏山经传》卷一载："此经所志，卫地以东诸山也。"在吕调阳看来，这一卷说的是今湖南、江西、浙江一带的山脉。此处的卫地，非古卫国，具体位置不详。

【原文】

南次二山之首曰柜山，西临流黄[①]，北望诸毗（pí）[②]，东望长右。英水出焉，西南流注于赤水，其中多白玉，多丹粟[③]。有兽焉，其状如豚，有距[④]，其音如狗吠，其名曰狸力，见则其县多土功[⑤]。有鸟焉，其状如鸱（chī）[⑥]而人手，其音如痺（bì）[⑦]，其名曰鴸（zhū）鸟[⑧]，其名自号[⑨]也，见则其县多放士。

【注释】

①流黄：国名。②诸毗：山名，也为水名。③丹粟：像粟的颗粒大小的细丹砂。④距：这里指鸡的足爪。⑤见：通"现"。县：这里泛指有人聚居的地方。⑥鸱：即鹞鹰，一种凶猛的飞禽，常捕食其他小型鸟禽。⑦痺：疑为雌鹌鹑。⑧鴸鸟：传说是帝尧的儿子丹朱所化的鸟。帝尧把天下让给帝舜，而丹朱和三苗国人联合起兵反对，帝尧便派兵打败了他们，丹朱感到羞愧，就自投南海淹死而化作鴸鸟。⑨其名自号：它的鸣叫声就是自身名字的读音。

【译文】

南方第二列山系的首座是柜山，西边临近流黄酆氏国，在山上向北可以望见诸山，向东可以望见长右山。英水从这座山发源，向西南流入赤水，水中有很多白色玉石，还有很多粟粒般大小的细丹砂。山中有一种野兽，形状像普通的小猪，长着一对鸡爪，叫的声音如同狗叫，名叫狸力，它出现在哪个郡县，哪个郡县一定会有繁重的水土工程。山中还有一种鸟，形状像鹞鹰却长着人手一样的爪子，啼叫的声音如同雌鹌鹑，名叫鴸鸟，它的鸣叫声就是自身名字的读音，哪个地方出现鴸鸟就一定会有有才之士被放逐。

【原文】

东南四百五十里，曰长右之山，无草木，多水。有兽焉，其状如禺而四耳，其名长右，其音如吟，见则其郡县大水。

【译文】

从柜山往东南四百五十里有一座长右山，山上没有花草树木，但水源很丰富。山中有一种野兽，形状像长尾猴却长着四只耳朵，名叫长右，叫的声音如同人的呻吟，哪个郡县一出现长右定会发生水灾。

【原文】

又东三百四十里，曰尧光之山，其阳多玉，其阴多金[①]。有兽焉，其状如人而彘（zhì）鬣（liè）[②]，穴居而冬蛰，其名曰猾褢（huái），其音如斫（zhuó）木[③]，见则县有大繇（yáo）[④]。

【注释】

①金：这里泛指金属矿物质。以下同此。②彘鬣：猪身上刚硬的毛。③斫木：砍木头。④繇：通“徭”。徭役。

【译文】

再往东三百四十里有一座尧光山，山南阳面多产玉石，山北阴面多产金属。山中有一种野兽，形状像人却长有猪的鬣毛，冬季蛰伏在洞穴中，名叫猾褢，叫声如同砍木头时发出的响声，哪个地方出现猾褢，哪个地方就会有繁重的徭役。

【原文】

又东三百五十里，曰羽山[①]，其下多水，其上多雨，无草木，多蝮（fù）虫。

【注释】

①羽山：传说中的上古夏官祝融曾奉黄帝之命，将大禹的父亲鲧杀死在羽山，一说是鲧被帝舜杀死在羽山的。

【译文】

再往东三百五十里，有座羽山，山下到处是流水，山上经常下雨，却不生花草树木，蝮虫很多。

【原文】

又东三百七十里，曰瞿父之山，无草木，多金玉。

【译文】

再往东三百七十里有一座瞿父山，山上没有花草树木，但盛产丰富的金属矿物和玉石。

【原文】

又东四百里，曰句余之山，无草木，多金玉。

【译文】

再往东四百里有一座句余山，山上草木不生，却有丰富的金属矿物和玉石。

【原文】

又东五百里，曰浮玉之山，北望具区[①]，东望诸毗。有兽焉，其状如虎而牛尾，其音如吠犬，其名曰彘，是食人。苕水出于其阴，北流注于具区。其中多鮆（cǐ）鱼[②]。

【注释】

①具区：就是现在江苏境内的太湖。②鮆鱼：即鲚鱼，鮤鱼，头生长得很长而狭薄，大的有尺多长。

【译文】

再往东五百里有一座山，叫浮玉山，在山上向北可以望见具区泽，向东可以望见诸毗水。山中有一种野兽，形状像老虎却长着牛的尾巴，发出的叫声就像狗叫，名叫彘，是会吃人的。苕水从这座山的北麓发源，向北流入具区泽。这里生长着很多鮆鱼。

【原文】

又东五百里，曰成山，四方而三坛[①]，其上多金玉，其下多青雘

（huò）。闳（zhuō）水出焉，而南流注于虖（hū）勺（shuò），其中多黄金。

【注释】

①三坛：三层土坛相叠垒。

【译文】

再往东五百里的山是成山，山呈四方形且像三层土坛，山上盛产金属矿物和玉石，山下多产青雘。闳水从这座山发源，然后向南流入虖勺水，水中有丰富的黄金。

【原文】

又东五百里，曰会（kuài）稽（jī）之山，四方，其上多金玉，其下多砆（fū）石①。勺水出焉，而南流注于溴（jú）。

【注释】

①砆石：即武夫石，一种像玉的美石。

【译文】

再往东五百里有座会稽山，山呈四方形，山上有丰富的金属矿物和玉石，山下盛产晶莹透亮的武夫石。勺水从这座山发源，然后向南流入溴水。

【原文】

又东五百里，曰夷山，无草木，多沙石。溴水出焉，而南流注于列涂。

【译文】

再往东五百里有座夷山，山上没有花草树木，到处是细沙石子。溴水从这座山发源，然后向南流入列涂水。

【原文】

又东五百里，曰仆勾之山，其上多金玉，其下多草木，无鸟兽，无水。

【译文】

再往东五百里有座仆勾山，山上有丰富的金属矿物和玉石，山下有茂密的花草树木，但没有禽鸟野兽，也没有水。

【原文】

又东五百里，曰咸阴之山，无草木，无水。

【译文】

再往东五百里有座咸阴山，山上没有花草树木，也没有水。

【原文】

又东四百里，曰洵（xún）山，其阳多金，其阴多玉。有兽焉，其状如羊而无口，不可杀也[①]，其名曰𪊨（huàn）。洵水出焉，而南流注于阏（è）[②]之泽，其中多茈（zǐ）蠃（luó）[③]。

【注释】

①不可杀：这里的杀是死的意思。不可杀就是不能死，意思是不吃东西还能活下去。②阏：水名。③茈蠃：茈通“紫”。蠃通“螺”。茈蠃就是紫色的螺。

【译文】

再往东四百里有座洵山，山南阳面盛产金属矿物，山北阴面多出产玉石。山中有一种野兽，形状像普通的羊却没有嘴巴，不吃东西也能活着而不死，名字叫𪊨。洵水从这座山发源，然后向南流入阏泽，水中有很多紫色螺。

【原文】

又东四百里，曰虖勺之山，其上多梓枏（nán）[①]，其下多荆杞[②]。滂水出焉，而东流注于海。

【注释】

①梓：梓树，落叶乔木，木材轻软，耐朽，供建筑及制家具、乐器等用。枏：即楠树，常绿乔木，叶质厚，花小，木材富于香气，是建筑和制造器具的上等材

料。②荆：即牡荆，落叶灌木，小枝方形，叶对生，掌状复叶。果实称为黄荆子，可供药用。杞：即枸杞，落叶小灌木，夏季开淡紫色花。果实叫枸杞子，药用价值很大。

【译文】

再往东四百里的山是虖勺山，山上到处是梓树和楠树，山下生长着许多牡荆和枸杞一类的灌木。滂水从这座山发源，然后向东流入大海。

【原文】

又东五百里，曰区吴之山，无草木，多沙石。鹿水出焉，而南流注于滂水。

【译文】

再往东五百里的山是区吴山，山上不长花草树木，有很多沙子、石头。鹿水从这座山发源，然后向南流入滂水。

【原文】

又东五百里，曰鹿吴之山，上无草木，多金石。泽更之水出焉，而南流注于滂水。水有兽焉，名曰蛊雕，其状如雕而有角，其音如婴儿之音，是食人。

【译文】

再往东五百里的山是鹿吴山，山上没有花草树木，但有丰富的金属矿物和玉石。泽更水从这座山发源，然后向南流入滂水。水中有一种野兽，名字叫蛊雕，形状像普通的雕鹰，头上长角，发出的叫声如同婴儿啼哭，是会吃人的。

【原文】

东五百里，曰漆吴之山，无草木，多博石[①]，无玉。处于东海，望丘山，其光载出载入，是惟日次[②]。

【注释】

①博石：用来制作棋子的石头。②次：停歇。

【译文】

再往东五百里的山是漆吴山，山中不长花草树木，多出产可以用来制作棋子的博石，不产玉石。这座山位于东海之滨，在山上远望可见一片丘陵，有光影明灭不定，那是太阳停歇之处。

【原文】

凡南次二山之首，自柜山至于漆吴之山，凡十七山，七千二百里。其神状皆龙身而鸟首。其祠：毛用一璧①瘗，糈用稌。

【注释】

①璧：古时一种玉器，平圆形，正中有孔，是古代朝聘、祭祀、丧葬时使用的礼器之一。

【译文】

南方第二列山系，从柜山起到漆吴山止，一共十七座山，七千二百里。诸山神的形状都是龙身鸟头。祭祀山神是把畜禽和玉器一起埋入地下，祀神的精米用稻米。

南次三经

《五藏山经传》卷一载：“此经所志，自今九江庐山以东南闽浙诸山也。”在吕调阳看来，这一卷说的是，今江西九江东南到浙江、福建、广东一带的山脉。

【原文】

南次三山之首，曰天虞之山，其下多水，不可以上。

【译文】

南方第三列山系的头一座山是天虞山，山下到处是水，人不可攀登。

【原文】

东五百里，曰祷过之山，其上多金玉，其下多犀、兕（sì）[①]，多象。有鸟焉，其状如䴔（jiāo）[②]而白首，三足，人面，其名曰瞿如，其鸣自号也。泿（yín）水出焉，而南流注于海。其中有虎蛟[③]，其状鱼身而蛇尾，其音如鸳鸯，食者不肿，可以已痔[④]。

【注释】

①兕：雌犀牛。据古人说，兕的身子也像水牛，青色皮毛，生有一只角，身体很重，大的有三千斤。②䴔：传说中的一种鸟，样子像野鸭子且小一些，脚长在接近尾巴的部位。③虎蛟：传说中龙的一个种类。④已：停止。这里是止住的意思。

【译文】

从天虞山往东五百里有座山，是祷过山，山上盛产金属矿物和玉石，山下到处是犀、兕，还有很多大象。山中有一种禽鸟，形状像䴔，头是白色的，长着三只脚和人一样的脸，名字叫瞿如，它的鸣叫声就是自身名称的读音。泿水从这座山发源，然后向南流入大海。水中有一种虎蛟，形状像普通鱼的身子却拖着一条蛇的尾巴，它的叫声如同鸳鸯的叫声，吃了它的肉就能使人不生肿病，还可以治疗痔疮。

【原文】

又东五百里，曰丹穴之山，其上多金玉。丹水出焉，而南流注于渤海。有鸟焉，其状如鸡，五采而文，名曰凤皇[①]，首文曰德，翼文曰义，背文曰礼，膺（yīng）[②]文曰仁，腹文曰信。是鸟也，饮食自然，自歌自舞，见（xiàn）则天下安宁。

【注释】

①凤皇：同“凤凰”。②膺：胸。

【译文】

再往东五百里的山是丹穴山，山上盛产金属矿物和玉石。丹水从这座山发源，然后向南流入渤海。山中有一种鸟，形状像鸡，全身上下是五彩羽毛，名叫凤凰，它头上的花纹是“德”字形状，翅膀上的花纹是“义”字形状，背部的花纹是“礼”字形状，胸部的花纹是“仁”字形状，腹部的花纹是“信”字形状。这种叫作凤凰的鸟，吃喝很悠然从容，常常是自己边唱边舞，它一出现天下就会太平安定。

【原文】

又东五百里，曰发爽之山，无草木，多水，多白猿。汎（fàn）水出焉，而南流注于渤海。

【译文】

再往东五百里的山是发爽山，山上没有花草树木，到处是流水，有很多白色的猿猴。汎水从这座山发源，然后向南流入渤海。

【原文】

又东四百里，至于旄（máo）山之尾。其南有谷，曰育遗，多怪鸟，凯风[①]自是出。

【注释】

①凯风：南风，意思是柔和的风。

【译文】

再往东四百里，便到了旄山的尾部。它的南面有一道山谷，叫作育遗谷，山谷中怪鸟很多，南风从这里吹出。

【原文】

又东四百里，至于非山之首。其上多金玉，无水，其下多蝮虫。

【译文】

再往东四百里，便到了非山的顶部。山上盛产金属矿物和玉石，没有水，山下有很多蝮虫。

【原文】

又东五百里，曰阳夹之山，无草木，多水。

【译文】

再往东五百里，是阳夹山，山上没有花草树木，到处是流水。

【原文】

又东五百里，曰灌湘之山，上多木，无草；多怪鸟，无兽。

【译文】

再往东五百里，是灌湘山，山上到处是树木，却不生花草；山中有许多奇怪的禽鸟，却没有野兽。

【原文】

又东五百里，曰鸡山，其上多金，其下多丹雘。黑水出焉，而南流注于海。其中有鱄（tuán）鱼，其状如鲋（fù）[①]而彘毛，其音如豚[②]，见则天下大旱。

【注释】

①鲋：即鲫鱼。②豚：小猪，也泛指猪。

【译文】

再往东五百里，是鸡山，山上有丰富的金属矿物，山下盛产丹雘。黑水从这座山发源，然后向南流入大海。水中生长着一种鱄鱼，形状像鲫鱼却长着猪毛，发出的叫声如同小猪叫，它一出现就会天下大旱。

【原文】

又东四百里，曰令丘之山，无草木，多火。其南有谷焉，曰中谷，条风[①]自是出。有鸟焉，其状如枭[②]，人面四目而有耳，其名曰颙（yú）[③]，其鸣自号也，见则天下大旱。

【注释】

①条风：也称调风，即春天的东北风。②枭：猫头鹰一类的鸟。③颙：也作“鹏”，一种怪鸟。

【译文】

再往东四百里，是令丘山，山上没有花草树木，到处都是野火。山的南边有一峡谷，叫作中谷，东北风就是从这里吹出来的。山中有一种禽鸟，形状像猫头鹰，却长着一副人脸和四只眼睛，而且有耳朵，名叫颙，它发出的叫声就是自己名字的读音，它一出现，天下就会大旱。

【原文】

又东三百七十里，曰仑者之山，其上多金玉，其下多青雘。有木焉，其状如榖而赤理，其汁如漆，其味如饴[①]，食者不饥，可以释劳[②]，其名曰白蓉（gāo）[③]，可以血[④]玉。

【注释】

①饴：用麦芽制成的糖浆。②劳：忧虑。③白蓉：树名。④血：这里用作动词，染的意思，就是染器物饰品使之发出光彩。

【译文】

再往东三百七十里，是仑者山，山上有丰富的金属矿物和玉石，山下盛产青雘。山中有一种树木，形状像构树而有红色的纹理，枝干流出的汁液像漆，味道似糖浆，人吃了它就不会感到饥饿，还可以消除忧虑，名字叫白蓉，可以用它把玉石染得鲜红。

【原文】

又东五百八十里，曰禺稾（gǎo）之山，多怪兽，多大蛇。

【译文】

再往东五百八十里，是禺稾山，山中有很多奇怪的野兽，还有很多大蛇。

【原文】

又东五百八十里，曰南禺之山，其上多金玉，其下多水。有穴焉，水出辄入[①]，夏乃出，冬则闭。佐水出焉，而东南流注于海，有凤皇、鹓（yuān）雏[②]。

【注释】

①出：应是“春”字之讹。辄：即，就。②鹓雏：传说中的一种鸟，和凤凰、鸾凤是同一类。

【译文】

再往东五百八十里，是南禺山，山上盛产金属矿物和玉石，山下到处都有流水。山中有一个洞穴，春天水就流入洞穴里，在夏天便又流出来，到冬天洞穴则闭塞不通。佐水从这座山发源，然后向东南流入大海，流经的地方有凤凰和鹓雏。

【原文】

凡南次三山之首，自天虞之山以至南禺之山，凡一十四山，六千五百三十里。其神皆龙身而人面。其祠皆一白狗祈[①]，糈用稌。

【注释】

①祈：向神求祷。

【译文】

南方第三列山系，从天虞山起到南禺山止，一共十四座山，绵延六千五百三十里。诸山神都是龙身人面。祭祀山神都是用一条白狗的血涂在钟鼓器皿的缝隙中，然后陈设以祭。祀神的精米用稻米。

【原文】

右南经之山志，大小凡四十山，万六千三百八十里[①]。

【注释】

①据学者们的研究，这几句不是《山海经》原文，而是校勘整理本书之人所题写的。因为底本所原有，故仍予保留并作今译。以下均同此。另，此处计算有错漏，应为“大小凡四十一山。万六千六百八十里。”

【译文】

以上是南方所经之山的记录，大大小小总共四十座，总长一万六千三百八十里。

卷二 西山经

【题解】

西方四列山系，共七十七座山，绵延一万七千五百一十七里。这些山诞生了许多神话传说。据说山系中的不周山，就是当年共工怒撞之山。山系中的玉山是一位面目狰狞，秉性凶残的女神——西王母居住的地方。西王母主要管理天下的灾难、疫情和刑罚。她常给人类带来灾害，让人们遭遇苦难。相传她收藏了一种不死之药，令秦始皇、汉武帝都曾为之费尽心机，苦苦寻觅。

西次一经

《五藏山经传》卷二载："此经与二三经所志，河、华以西诸山也。"在吕调阳看来，这一卷与二、三卷说的是黄河、华山以西的一系列山脉。

【原文】

西山华山之首，曰钱来之山，其上多松，其下多洗石[①]。有兽焉，其状如羊而马尾，名曰羬（qián）羊[②]，其脂可以已腊（xī）[③]。

【注释】

①洗石：古人说是一种在洗澡时用来擦去身上污垢的瓦石。②羬羊：大尾羊，其尾可食。③腊：皮肤皴皱。

【译文】

西方第一列山系是华山山系，华山山系的首座山叫钱来山，山上有许多松树，山下有很多洗石。山中有一种野兽，形状像大尾羊却长着马一样的尾巴，名叫羬羊，它的油脂可以滋润干皱的皮肤。

【原文】

西四十五里，曰松果之山。濩（huò）水出焉，北流注于渭，其中多铜[①]。有鸟焉，其名曰䳋（tóng）渠[②]，其状如山鸡，黑身赤足，可以已㬋（báo）[③]。

【注释】

①铜：这里指可以提炼为精铜的天然铜矿石。以下同此。②䳋渠：鸟名。③㬋：即爆皮。

【译文】

从钱来山往西四十五里的山是松果山。濩水从这座山发源，然后向北流入渭水，其中多产铜。山中有一种禽鸟，名叫䳋渠，形状像一般的野鸡，却有黑色的身体和红色的爪子，可以用来治疗皮肤起皱爆皮。

【原文】

又西六十里，曰太华之山[①]，削成而四方，其高五千仞[②]，其广[③]十里，鸟兽莫居。有蛇焉，名曰肥遗，六足四翼，见则天下大旱。

【注释】

①太华之山：就是今陕西省境内的西岳华山。②仞：古时长度单位，八尺为一仞。③广：宽。

【译文】

再往西六十里，是太华山，山崖险峻陡峭，像用刀削成一般，并且呈四方形，高五千仞，宽十里，禽鸟、野兽无法栖身。山中有一种蛇，叫作肥遗，长着六只脚和四只翅膀，只要它一出现，天下就会大旱。

【原文】

又西八十里，曰小华之山，其木多荆杞，其兽多㸲（zuó）牛[①]，其阴多磬石[②]，其阳多㻬（yǔ）琈（fú）之玉[③]。鸟多赤鷩（bì）[④]，可以御火[⑤]。其草有萆（bì）荔[⑥]，状如乌韭，而生于石上，亦缘木而生，食之已心痛。

【注释】

①犻牛：据古人讲，在小华山生长着许多山牛，体重都在一千斤左右。②磬石：是一种可以制造乐器的石头。古人用它制成的打击乐器叫作磬，一般是挂在架子上进行演奏。③㻬琈之玉：古时传说中的一种玉，具体的形状质料不详。④赤鷩：属于山鸡一类的禽鸟，胸部腹部都是红色，冠子是金黄色，头是黄的，尾巴是绿的，间杂着红色羽毛。⑤御火：御在这里是摒除、避开的意思。御火就是辟火，意思是火不能烧及人的身体。⑥萆荔：古时传说中的一种香草。

【译文】

再往西八十里，有座山名叫小华山，山上的树木大多是牡荆树和枸杞树，山中的野兽大多是犻牛，山北阴面盛产磬石，山南阳面盛产㻬琈玉。山中有许多赤鷩鸟，把它养在身边可以避火。山中还有一种叫作萆荔的草，形状像乌韭，但生长在石头上面，也能攀缘树木而生长，人吃了它就能治愈心痛病。

【原文】

又西八十里，曰符禺之山，其阳多铜，其阴多铁[①]。其上有木焉，名曰文茎，其实如枣，可以已聋。其草多条[②]，其状如葵[③]，而赤华黄实，如婴儿舌，食之使人不惑[④]。符禺之水出焉，而北流注于渭。其兽多葱聋[⑤]，其状如羊而赤鬣。其鸟多鴖（mín），其状如翠而赤喙[⑥]，可以御火。

【注释】

①铁：这里指能够提炼成铁的天然铁矿石。以下同此。②多条：多是条草。③葵：即冬葵，也叫冬寒菜，是古代重要蔬菜之一。④不惑：不为妖邪所迷惑。⑤葱聋：古人说是野山羊的一种。⑥翠：指翠鸟，又叫翡翠鸟，大小近似于燕子，头大而身体小，嘴强硬而直，额部、枕部、背部的羽毛以苍翠、暗绿色为主，耳部的羽毛是棕黄色，颊部、喉部的羽毛是白色，翅膀上的羽毛主要是黑褐色，胸下的羽毛是栗棕色。喙：鸟兽的嘴。

【译文】

再往西八十里，有座山名叫符禺山，山南阳面盛产铜矿石，山北阴面盛产铁矿石。山上有一种树木，名叫文茎，结的果实像枣子，可以用来治疗耳聋。山中生长的草大多是条草，形状与葵菜相似，开的是红色花朵，而结的是黄色果实，果实的样子像婴儿的舌头，吃了它人就不会感到迷惑。符禺水从这座山发源，然后向北流入渭水。山中的野兽大多是葱聋，形状像普通的羊，却长有红色的鬣毛。山中的禽鸟大多是鴖鸟，形状像一般的翠鸟，却有红色的嘴巴，把它养在身边可以防御火灾。

【原文】

又西六十里，曰石脆之山，其木多棕枏，其草多条[①]，其状如韭，而白华黑实，食之已疥。其阳多㻬琈之玉，其阴多铜。灌水出焉，而北流注于禺水。其中有流赭（zhě）[②]，以涂牛马，无病。

【注释】

①条：这里讲的条草和上文所说的条草，名称虽相同，但形状不同，实际上是两种草。②流赭：流即硫黄，是一种天然的矿物质，中医入药，有杀虫作用；赭即赭石，是一种天然生成的赤铁矿，古人用其作为黄棕色的染料。

【译文】

再往西六十里，有座山名叫石脆山，山上的树大多是棕树和楠木树，而草大多是条草，形状与韭菜相似，开的是白色花朵，结的是黑色果实，人吃了这种果实就可以治愈疥疮。山南面盛产㻬琈玉，而山北面盛产铜矿石。灌水从这座山发源，然后向北流入禺水。水里有硫黄和赤土，把它们涂洒在牛马的身上就能使牛马健壮而不生病。

【原文】

又西七十里，曰英山，其上多杻（niǔ）橿（jiāng）[①]，其阴多铁，其阳多赤金。禺水出焉，北流注于招（sháo）水，其中多鲜（bàng）鱼，其状如鳖，其音如羊。其阳多箭䉋（mèi）[②]，其兽多㸲牛、羬羊。有鸟焉，其状如鹑[③]，黄身而赤喙，其名曰肥遗[④]，食之已疠（lì）[⑤]，可以杀虫。

【注释】

①杻：杻树，长得近似于棣树，叶子细长，可以用来喂牛，木材能造车辋。橿：橿树，木质坚硬，古人常用来造车。②箭：一种节长、皮厚、根深的竹子，冬天可以从地下挖出它的笋来吃。䉋：一种节长、根深的竹子，可以用来制造弓箭。③鹑："鹌鹑"的简称，是一种鸟，体形像小鸡，头小尾短，羽毛赤褐色，有黄白色条纹。④肥遗：这里讲的肥遗是一种鸟，而上文所说的肥遗是一种蛇，名称虽相同，实际上却是两种动物。⑤疠：癞病，即麻风病。

【译文】

再往西七十里，有座山名叫英山，山上到处是杻树和橿树，山北阴面盛产铁矿石，而山南阳面蕴藏丰富的黄金。禺水从这座山发源，向北流入招水，水中有很多鲜鱼，形状像一般的鳖，发出的声音如同羊叫。山南面还生长有很多箭竹和䉋竹，野兽大多是㸲牛、羬羊。山中有一种禽鸟，形状像一般的鹌鹑，却长着黄身子和红嘴巴，名字叫肥遗，人如果吃了它的肉就能治愈麻风病，还能杀死体内的寄生虫。

【原文】

又西五十二里，曰竹山，其上多乔木，其阴多铁。有草焉，其名曰黄雚（guàn），其状如樗（chū）[①]，其叶如麻，白华而赤实，其状如赭，浴之已疥，又可以已胕（fú）[②]。竹水出焉，北流注于渭，其阳多竹箭，多苍玉[③]。丹水出焉，东南流注于洛水，其中多水玉，多人鱼。有兽焉，其状如豚而白毛，毛大如笄（jī）[④]而黑端，名曰豪彘[⑤]。

【注释】

①樗：即臭椿树，长得很高大，树皮灰色而不裂，小枝粗壮，羽状复叶，夏季开白绿色花。②已胕：治疗肿病。③苍玉：青玉。④笄：即簪子，是古人用来插住挽起的头发或连住头发上的冠帽的一种长针。⑤豪彘：即豪猪，俗称箭猪。

【译文】

再往西五十二里，有座山名叫竹山，山上到处是高大的树木，山北面盛产铁矿石。山中有一种草，名叫黄雚，形状像樗树，但叶子像麻叶，开白色的

山海经全集

花朵而结红色的果实，果实外表的颜色是赭色，用它洗浴就可治愈疥疮，还可以治疗肿病。竹水从这座山发源，向北流入渭水，竹水的北岸有很多小竹丛，还有许多青色的玉石。丹水也发源于这座山，向东南流入洛水，水中多出产水晶石，水中还有很多人鱼。山中有一种野兽，形状像小猪，长着白色的毛，毛如簪子粗细且尖端呈黑色，名字叫豪彘。

【原文】

又西百二十里，曰浮山，多盼木，枳叶而无伤[①]，木虫居之。有草焉，名曰薰草，麻叶而方茎，赤华而黑实，臭（xiù）如蘼（mí）芜[②]，佩之可以已疠。

【注释】

①枳：枳树，也叫作“枸橘”“臭橘”，叶子上有粗刺。复叶，小叶三片。无伤：指没有刺，不会伤人。②臭：气味。蘼芜：一种香草，闻起来像兰花的气味。

【译文】

再往西一百二十里，有座山名叫浮山，山上到处是盼木，长着枳树一样的叶子却没有刺，很多虫子就寄生在枝干上。山中有一种草，名字叫薰草，叶子像麻叶却长着方方正正的茎干，开红色的花朵而结黑色的果实，气味像蘼芜这类香草，把它戴在身上就可以治疗麻风病。

【原文】

又西七十里，曰羭（yú）次之山，漆水出焉，北流注于渭。其上多棫（yù）橿[①]，其下多竹箭，其阴多赤铜[②]，其阳多婴垣（yuán）[③]之玉。有兽焉，其状如禺而长臂，善投，其名曰嚣[④]。有鸟焉，其状如枭，人面而一足，曰橐（tuó）𩇯（féi）[⑤]，冬见夏蛰[⑥]，服之不畏雷。

【注释】

①棫：棫树，长得很小，枝条上有刺，结的果子像耳珰，红紫色，可食。②赤铜：即黄铜。这里指未经提炼过的天然铜矿石。以下同此。③婴垣：一种玉石，主要可用来制作挂在脖子上的装饰品。④嚣：一种野兽，古人说它就是猕猴，长有很长的双臂。⑤橐𩇯：鸟名。⑥蛰：动物冬眠时潜伏在土中或洞穴中不食不动的状态。

【译文】

再往西七十里，有座山名叫瑜次山。漆水发源于此，向北流入渭水。山上有茂密的棫树和橿树，山下有茂密的小竹丛，山北阴面有丰富的赤铜矿，而山南阳面盛产婴垣玉。山中有一种野兽，形状像猿猴，双臂很长，擅长投掷，名字叫嚣。山中还有一种禽鸟，形状像猫头鹰，长着人一样的面孔，只有一只脚，叫作橐𩇯，常常是冬天出现而夏天蛰伏，把它的羽毛插在身上，人就不怕打雷了。

【原文】

又西百五十里，曰时山，无草木。逐水出焉，北流注于渭，其中多水玉。

【译文】

再往西一百五十里，有座山名叫时山，山上没有花草树木。逐水从这座山发源，向北流入渭水。水中有很多水晶石。

【原文】

又西百七十里，曰南山，上多丹粟①。丹水出焉，北流注于渭。兽多猛豹②，鸟多尸鸠③。

【注释】

①丹粟：像粟米粒一样的细丹砂。②猛豹：传说中的一种野兽，形体与熊相似却小些，浅色的毛皮有光泽，吃蛇，还能吃铜铁。③尸鸠：即布谷鸟。

【译文】

再往西一百七十里，有座山名叫南山，到处是粟粒大小的丹砂。丹水从这座山发源，向北流入渭水。山中的野兽大多是猛豹，而群鸟中，以布谷鸟为最多。

【原文】

又西百八十里，曰大时之山，上多榖柞（zuò）①，下多杻橿，阴多银，阳多白玉。涔（qián）水出焉，北流注于渭。清水出焉，南流注于汉水。

【注释】

①柞：古人说就是栎树。它的木材可供建筑、器具、薪炭等用。

【译文】

再往西一百八十里，有座山名叫大时山，山上有很多构树和栎树，山下有很多杻树和橿树，山北阴面多出产银，而山南阳面有丰富的白色玉石。涔水从这座山发源，向北流入渭水。清水也从这座山发源，向南流入汉水。

【原文】

又西三百二十里，曰嶓（bō）冢之山，汉水出焉，而东南流注于沔（miǎn）；嚣水出焉，北流注于汤水。其上多桃枝钩端[①]，兽多犀、兕、熊、罴（pí）[②]，鸟多白翰[③]、赤鷩。有草焉，其叶如蕙[④]，其本如桔（jié）梗[⑤]，黑华[⑥]而不实，名曰蓇（gū）蓉，食之使人无子。

【注释】

①桃枝：一种竹子，它每隔四寸为一节。钩端：属于桃枝竹之类的竹子。②罴：熊的一种。③白翰：一种鸟，就是白雉，又叫白鹇，雄性白雉鸟的上体和两翼呈白色，尾长，中央尾羽纯白。这种鸟常栖高山竹林间。④蕙：蕙草，是一种香草，属于兰草之类。⑤本：根。桔梗：一种有祛痰镇咳作用的中药材。⑥华：同“花”。

【译文】

再往西三百二十里，有座山名叫嶓冢山，汉水发源于此，然后向东南流入沔水；嚣水也发源于此，向北流入汤水。山上到处是桃枝竹和钩端竹。山里的兽群中，以犀牛、兕、熊、罴为多，在禽鸟中，以白翰和赤鷩最多。山中有一种草，叶子长得像蕙草叶，茎干却像桔梗，开黑色花朵但不结果实，名叫蓇蓉，人如果吃了它就会失去生育能力，没有后代。

【原文】

又西三百五十里，曰天帝之山，上多棕枏，下多菅[①]蕙。有兽焉，其状如狗，名曰谿边，席[②]其皮者不蛊。有鸟焉，其状如鹑，黑文而赤翁[③]，名曰栎，食之已痔。有草焉，其状如葵，其臭如蘼芜，名曰杜衡[④]，可以走马，食之已瘿（yǐng）[⑤]。

【注释】

①菅：茅草之类。②席：这里作动词用，铺垫的意思。③翁：鸟脖子上的毛。④杜衡：一种香草。⑤瘿：一种人体局部细胞增生的疾病，一般形成囊状性的赘生物，形状、大小不一，多肉质。这里指脖颈部所生的肉瘤。

【译文】

再往西三百五十里，有座山名叫天帝山，山上是茂密的棕树和楠木树，山下主要生长茅草和蕙草。山中有一种野兽，形状像普通的狗，名叫谿边，将这种兽皮铺垫在身下，身体可以不受邪气的侵害。山中又有一种禽鸟，形状像一般的鹌鹑，长着黑色的花纹和红色的颈毛，名叫栎，人吃了它的肉可以治愈痔疮。山中还有一种草，形状像葵菜，散发出和蘼芜一样的气味，名叫杜衡，马吃了这种草，可以跑得很快，而人吃了它就可以治愈脖颈上的赘瘤病。

【原文】

西南三百八十里，曰皋（gāo）涂之山，蔷（sè）水出焉，西流注于诸资之水；涂水出焉，南流注于集获之水。其阳多丹粟，其阴多银、黄金，其上多桂木。有白石焉，其名曰礜（yù）[①]，可以毒鼠。有草焉，其状如藁（gǎo）茇（bá）[②]，其叶如葵而赤背，名曰无条，可以毒鼠。有兽焉，其状如鹿而白尾，马足人手而四角，名曰玃（júe）如。有鸟焉，其状如鸱而人足，名曰数斯，食之已瘿。

【注释】

①礜：即礜石，一种矿物，有毒。苍白二色的礜石可以入药。如果山上有各种礜石，草木不能生长，霜雪不能积存；如果水里有各种礜石，就会使水不结冰。②藁茇：一种香草，根茎可以入药。

【译文】

往西南三百八十里，有座山名叫皋涂山，蔷水发源于此，向西流入诸资水；涂水也发源于此，向南流入集获水。山南阳面到处是粟米粒大小的丹砂，山北阴面盛产银、黄金，山上生长着茂密的桂树。山中有一种白色的石头，名字叫礜，可以用来毒死老鼠。山中又有一种草，形状像藁茇，叶子像葵菜的叶子，只是叶子背面是红色的，名叫无条，也可以用来毒死老鼠。山中还有一种野兽，形貌像普通的鹿却长着白色的尾巴，有马一样的蹄子、人一样的手，长着四只角，名叫玃如。山中还有一种禽鸟，形状像鹞鹰却长着人一样的脚，名叫数斯，吃了它的肉就能治愈人脖子上的赘瘤病。

【原文】

又西百八十里，曰黄山，无草木，多竹箭。盼水出焉，西流注于赤水，其中多玉。有兽焉，其状如牛，而苍黑大目，其名曰㹠（mǐn）①。有鸟焉，其状如鸮（xiāo），青羽赤喙，人舌能言，名曰鹦䳇②。

【注释】

①㹠：一种似牛的野兽。②鹦䳇：即鹦鹉，俗称鹦哥。

【译文】

再往西一百八十里，有座山名叫黄山，山上没有花草树木，到处是郁郁葱葱的竹丛。盼水从这座山发源，向西流入赤水，水中有很多玉石。山中有一种野兽，形状像普通的牛，却长着苍黑色的皮毛，大大的眼睛，名叫㹠。山中又有一种禽鸟，形体像鸮，却长着青色的羽毛和红色的嘴，有和人一样的舌头，能学人说话，名叫鹦䳇。

【原文】

又西二百里，曰翠山，其上多棕枏，其下多竹箭，其阳多黄金、玉，其阴多旄牛、麢（líng）、麝（shè）①。其鸟多鸓（lěi），其状如鹊，赤黑而两首、四足，可以御火。

【注释】

①旄牛：即牦牛。麢：同"羚"。即羚羊，形状像羊，但比羊的体形大一些，角圆锐，喜好在山崖间活动。麝：一种动物，也叫香獐，前肢短，后肢长，蹄子小，耳朵大，体毛棕色，雌性和雄性都没有角。雄性麝的脐与生殖孔之间有

麝腺，分泌的麝香可作药用和香料用。

【译文】

再往西二百里，有座山名叫翠山，山上是茂密的棕树和楠树，山下到处是竹丛，山向南阳面盛产黄金、玉，山北阴面有很多牦牛、羚羊和香獐。山中的禽鸟大多是鸓鸟，形状像一般的喜鹊，长着红黑色的羽毛和两个脑袋、四只脚，人养着它可以预防火灾。

【原文】

又西二百五十里，曰騩（guī）山，是錞（chún）于西海，无草木，多玉。淒水出焉，西流注于海，其中多采石[①]、黄金，多丹粟。

【注释】

①采石：据古人说是一种彩色石头，就像雌黄之类的矿物。

【译文】

再往西二百五十里，有座山名叫騩山，它坐落在西海边上，这里没有花草树木，却有很多玉石。淒水从这座山发源，向西流入大海，水中有许多五颜六色的采石、黄金，还有很多粟米粒大小的丹砂。

【原文】

凡西山之首，自钱来之山至于騩山，凡十九山，二千九百五十七里。华山冢[①]也，其祠之礼：太牢[②]。羭（yú）山神也，祠之用烛，斋百日以百牺[③]，瘗用百瑜[④]，汤[⑤]其酒百樽，婴以百珪（guī）百璧[⑥]。其余十七山之属，皆毛牷（quán）[⑦]用一羊祠之。烛者，百草之未灰[⑧]，白席采等纯之。

【注释】

①华山冢：华山神是诸山神的宗主。②太牢：古人进行祭祀活动时，祭品所用牛、羊、猪三牲全备为太牢。③斋：古人在祭祀前或举行典礼前清洁身体以示虔敬。牺：古代祭祀时用的纯色的家畜。④瑜：美玉。⑤汤：通“烫”。⑥婴：据学者研究，婴是用玉器祭祀神的专称。珪：同“圭”。一种玉器，长条形，上端

作三角状，是古时朝聘、祭祀、丧葬所用的礼器之一。⑦牷：指祀神所用的毛物牲畜是整体全具的。⑧未灰：指火把还没有烧成灰的时候。

【译文】

西方第一列山系，自钱来山到騩山为止，一共十九座山，蜿蜒长达二千九百五十七里。华山神是诸山神的宗主，祭祀山神的典礼，是用猪、牛、羊齐全的三牲作祭品。羭山神是有神威的，祭祀羭山山神时要用烛火，斋戒一百天，之后用一百只毛色纯正的牲畜连同一百块瑜埋入地下，再烫上一百樽美酒，祀神的玉器用一百块玉珪和一百块玉璧。在其余十七座山祭祀山神的礼仪相同，都是用一只蹄毛俱全的整羊作祭品。所谓的烛，就是用百草制作的火把，在未烧成灰的时候叫烛，而祀神的席是用各种颜色等差有序地将边缘装饰起来的白茅草席。

西次二经

在吕调阳看来，这一卷说的主要是山西大部，陕西北部，甘肃、宁夏东部的一系列山脉。

【原文】

西次二山之首，曰钤（qián）山，其上多铜，其下多玉，其木多杻橿。

【译文】

西方第二列山系的第一座山，叫作钤山，山上盛产铜矿石，山下盛产玉，山中的树大多是杻树和橿树。

【原文】

西二百里，曰泰冒之山，其阳多金，其阴多铁。洛水出焉，东流注于河[①]，其中多藻玉[②]。多白蛇[③]。

【注释】

①河：古人单称“河”或“河水”而不贯以名者，大多是专指黄河，这里即

指黄河。但本书记述山川水流的方位走向都不甚确实，所述黄河也不例外，再加上黄河在古时屡次改道，所以，和今天所看到的黄河不尽一致。现在译“河”或“河水”为“黄河”，只是为了使译文醒目而有别于其他河流。以下同此。②藻玉：带有色彩纹理的美玉。③白蛇：一种水蛇。

【译文】

向西二百里，有座山名叫泰冒山，山南阳面多出产金，山北阴面多出产铁。洛水从这座山发源，向东流入黄河，水中有很多藻玉。

【原文】

又西一百七十里，曰数历之山，其上多黄金，其下多银，其木多杻橿，其鸟多鹦䳇。楚水出焉，而南流注于渭，其中多白珠。

【译文】

再往西一百七十里，有座山名叫数历山，山上盛产黄金，山下盛产银矿石，山中的树木大多是杻树和橿树，而禽鸟以鹦䳇为多。楚水从这座山发源，然后向南流入渭水，水中有很多白色的珍珠。

【原文】

又西百五十里，曰高山，其上多银，其下多青碧、雄黄①，其木多棕，其草多竹。泾水出焉，而东流注于渭，其中多磬石、青碧。

【注释】

①青碧：青绿色的玉石。雄黄：也叫鸡冠石，是一种矿物，古人常用作解毒、杀虫的药物。

【译文】

再往西一百五十里，有座山名叫高山，山上有丰富的白银，山下到处是青玉、雄黄，山中的树木大多是棕树，而草则以小竹丛居多。泾水从这座山发源，然后向东流入渭水，水中有很多磬石、青玉。

【原文】

西南三百里，曰女床之山，其阳多赤铜，其阴多石涅[①]，其兽多虎、豹、犀、兕。有鸟焉，其状如翟（dí）[②]而五采文，名曰鸾鸟[③]，见则天下太平安宁。

【注释】

①石涅：就是石墨，古时用作黑色染料，也可以画眉和写字。②翟：一种有很长尾巴的野鸡，形体也比一般的野鸡要大些。③鸾鸟：传说中的一种鸟，属于凤凰一类。

【译文】

往西南三百里，有座山是女床山，山南面多出产黄铜，山北面多出产石墨，山中的野兽以老虎、豹子、犀牛和兕居多。山里还有一种禽鸟，形状像野鸡却长着色彩斑斓的羽毛，名字叫鸾鸟，它一出现天下就会太平安宁。

【原文】

又西二百里，曰龙首之山，其阳多黄金，其阴多铁。苕水出焉，东南流注于泾水，其中多美玉。

【译文】

再往西二百里，有座山名叫龙首山，山南面盛产黄金，山北面盛产铁矿石。苕水从这座山发源，向东南流入泾水，水中有很多美玉。

【原文】

又西二百里，曰鹿台之山，其上多白玉，其下多银，其兽多㸲牛、羬羊、白豪[①]。有鸟焉，其状如雄鸡而人面，名曰凫（fú）徯（xī），其鸣自叫也，见则有兵[②]。

【注释】

①白豪：长着白毛的豪猪。②兵：军事，战斗。

【译文】

再往西二百里，有座山名叫鹿台山，山上多出产白玉，山下多出产银矿石，山中的野兽以㸲牛、羬羊、白豪居多。山中有一种禽鸟，形状像普通的雄鸡却长着人一样的脸面，名叫凫徯，它的叫声就是自身名字的读音，它一出现天下就会有战争。

【原文】

西南二百里，曰鸟危之山，其阳多磬石，其阴多檀楮（chǔ）[①]，其中多女床[②]。鸟危之水出焉，西流注于赤水，其中多丹粟。

【注释】

①檀：檀树，木材极香，可作器具。楮：即构树，长得很高大，皮可以制作桑皮纸。②女床：草类植物名，据古人说是女肠草。

【译文】

从鹿台山往西南二百里，有座山是鸟危山，山南面多出产磬石，山北面到处是檀树和构树，山中生长着很多女肠草。鸟危水从这座山发源，向西流入赤水，水中有许多粟米粒大小的丹砂。

【原文】

又西四百里，曰小次之山，其上多白玉，其下多赤铜。有兽焉，其状如猿，而白首赤足，名曰朱厌，见则大兵[①]。

【注释】

①大兵：大的战争。

【译文】

再往西四百里，有座山名叫小次山，山上盛产白玉，山下盛产黄铜。山中有一种野兽，形状像普通的猿猴，但头是白色的、脚是红色的，名叫朱厌，它一出现就会有大战事发生。

【原文】

又西三百里，曰大次之山，其阳多垩（è）[1]，其阴多碧，其兽多牸牛、麢（líng）羊。

【注释】

①垩：泛指泥土。

【译文】

从小次山再往西三百里，有座山是大次山，山南面多出产垩土，山北面多出产青玉，山中的野兽以牸牛、羚羊居多。

【原文】

又西四百里，曰薰吴之山，无草木，多金玉。

【译文】

再往西四百里，是薰吴山，山上没有花草树木，却有丰富的金属矿物和玉石。

【原文】

又西四百里，曰厎（zhǐ）阳之山，其木多稷（jì）、柟、豫章[1]，其兽多犀、兕、虎、犳（zhuó）[2]、牸牛。

【注释】

①稷：即水松，有刺，木头纹理很细。豫章：古人说就是樟树，也叫香樟，常绿乔木，有樟脑香气。其实，豫就是枕木，章就是樟木，生长到七年以后，枕、章才能分别。②犳：据古人讲是一种身上有豹子斑纹的野兽。

【译文】

再往西四百里，有座山名叫厎阳山，山中的树木大多是水松树、楠树、樟树，而野兽大多是犀牛、兕、老虎、犳、牸牛。

【原文】

又西二百五十里，曰众兽之山，其上多㻬琈之玉，其下多檀楮，多黄金，其兽多犀、兕。

【译文】

从厎阳山再往西二百五十里，有座山是众兽山，山上遍布㻬琈玉，山下到处是檀树和构树，山中有丰富的黄金，山中的野兽以犀牛、兕居多。

【原文】

又西五百里，曰皇人之山，其上多金玉，其下多青[①]、雄黄。皇水出焉，西流注于赤水，其中多丹粟。

【注释】

①青：这里指石青，是一种矿物，可以制作蓝色染料。

【译文】

从众兽山再往西五百里，有座山名叫皇人山，山上有丰富的金属矿物和玉石，山下有大量的石青和雄黄。皇水从这座山发源，向西流入赤水，水中有很多粟米粒大小的丹砂。

【原文】

又西三百里，曰中皇之山，其上多黄金，其下多蕙、棠[①]。

【注释】

①棠：这里指棠梨树，结的果实似梨而小点，可以吃，味道甜酸。

【译文】

再往西三百里，有座山名叫中皇山，山上多出产黄金，山下长满了蕙草、棠梨树。

【原文】

又西三百五十里，曰西皇之山，其阳多金，其阴多铁，其兽多麋[1]、鹿、牸牛。

【注释】

①麋：即麋鹿，毛色淡褐，背部较浓，腹部较浅，雄性有角。因它的角像又不像鹿角，头像又不像马头，身子像又不像驴身，蹄子像又不像牛蹄，所以古人又称作“四不像”。

【译文】

再往西三百五十里，有座山名叫西皇山，山南面多出产金，山北面多出产铁，山中的野兽以麋鹿、鹿、牸牛居多。

【原文】

又西三百五十里，曰莱山，其木多檀楮，其鸟多罗罗[1]，是食人。

【注释】

①罗罗：鸟名，也为兽名。

【译文】

再往西三百五十里，有座山名叫莱山，山中的树木大多是檀树和构树，而禽鸟大多是罗罗鸟，这种鸟是能吃人的。

【原文】

凡西次二山之首，自钤山至于莱山，凡十七山，四千一百四十里。其十神者，皆人面而马身。其七神皆人面牛身，四足而一臂，操杖以行，是为飞兽之神。其祠之，毛用少（shào）牢[1]，白菅为席，其十辈[2]神者，其祠之，毛一雄鸡，钤而不糈[3]。

【注释】

①毛：指毛物，就是祭神所用的猪、鸡、狗、羊、牛等畜禽。少牢：古代称

祭祀用的猪和羊。②辈：类。③钤而不糈：祈祷时不用精米。钤：祭器名，或者说是祈祷的意思。

【译文】

西方第二列山系，自钤山起到莱山止，一共十七座山，绵延四千一百四十里。其中十座山的山神，都是人的面孔和马的身体。还有七座山的山神是人的面孔和牛的身体，长着四只脚和一条臂，拄着拐杖行走，这就是所谓的飞兽之神。祭祀这七位山神，在毛物中用猪、羊作祭品，将其放在白茅草席上。另外那十位山神，祭祀的礼仪是在毛物中用一只公鸡作祭品，祈祷时不用精米。

西次三经

《五藏山经传》卷二载："此经所志，今乌鲁木齐以西诸山也。"在吕调阳看来，这一卷说的主要是，今新疆乌鲁木齐以西的一系列山脉。

【原文】

西次三山之首，曰崇吾之山，在河之南，北望冢遂，南望䍃（yáo）之泽，西望帝①之搏兽之山，东望蠕（yān）渊。有木焉，员叶而白柎（fǔ）②，赤华而黑理，其实如枳，食之宜子孙。有兽焉，其状如禺③而文臂，豹尾而善投，名曰举父。有鸟焉，其状如凫④，而一翼一目，相得乃飞，名曰蛮蛮，见则天下大水。

【注释】

①帝：天命。②员：通"圆"。柎：花萼，是由若干萼片组成，在花的外轮部，起保护花芽的作用。③禺：母猴。④凫：野鸭。

【译文】

西方第三列山系之首座山叫作崇吾山，它雄踞于黄河的南岸，在山上向北望可见冢遂山，向南可以望见䍃泽，向西可以望见天帝的搏兽山，向东可以望见蠕渊。山中有一种树木，圆圆的叶子，白色的花萼，红色的花朵上有黑色的纹理，结的果实与枳的果实相似，吃了它就能使人多子多孙。山中又有一种野兽，形状像猿猴，臂上却有斑纹，有豹子一样的尾巴，擅长投掷，名字叫举父。山中还有一种禽鸟，形状像一般的野鸭子，却只长了一只翅膀和一只眼睛，只有两只鸟合起来才能飞翔，名字叫蛮蛮，它一出现天下就会发生水灾。

【原文】

西北三百里，曰长沙之山。泚（cǐ）水出焉，北流注于泑（yōu）水，无草木，多青、雄黄。

【译文】

从崇吾山往西北三百里，有座山是长沙山。泚水从这里发源，向北流入泑水，山上没有花草树木，多的是石青、雄黄。

【原文】

又西北三百七十里，曰不周之山[1]。北望诸峚之山，临彼崇岳之山，东望泑泽，河水所潜也，其原浑浑（gǔn）泡泡（páo）[2]。爰有嘉果，其实如桃，其叶如枣，黄华而赤柎（fū），食之不劳。

【注释】

①不周之山：即不周山。据古人讲，因为这座山的形状有缺而不周全的地方，所以叫不周山。山的西北部不周全，风从这里刮出，称为不周风。②原："源"的本字。水源。浑浑泡泡：形容水喷涌之声。

【译文】

再往北三百七十里，有座山名叫不周山。在山上向北可以望见诸峚山，高高地踞于崇岳山之上，向东可以望见泑泽，那里是黄河的源头，那源头之水喷涌发出浑浑泡泡的响声。这里有一种特别珍贵的果树，结出的果实与桃子相似，叶子却像枣树叶，开着黄色的花朵，花萼却是红色的，人吃了它就可以消除烦恼和忧愁。

【原文】

又西北四百二十里，曰峚（mì）山，其上多丹木，员叶而赤茎，黄华而赤实，其味如饴[①]，食之不饥。丹水出焉，西流注于稷泽，其中多白玉。是有玉膏，其原沸沸汤汤（shāng）[②]，黄帝是食是飨（xiǎng）[③]。是生玄玉。玉膏所出，以灌丹木，丹木五岁，五色乃清，五味乃馨[④]。黄帝乃取峚山之玉荣[⑤]，而投之钟山之阳。瑾瑜[⑥]之玉为良，坚栗[⑦]精密，浊泽[⑧]而有光。五色发作，以和柔刚。天地鬼神，是食是飨；君子服[⑨]之，以御不祥。自峚山至于钟山，四百六十里，其间尽泽也。是多奇鸟、怪兽、奇鱼，皆异物焉。

【注释】

①饴：糖浆。②沸沸汤汤：水腾涌的样子。③飨：通“享”。享受。④馨：芳香。⑤玉荣：玉的精华。⑥瑾瑜：两种美玉。⑦栗：坚实。⑧浊泽：润厚而有光泽。⑨服：佩戴。

【译文】

再往西北四百二十里，有座山叫峚山，山上到处是丹木，红色的茎干上长着圆圆的叶子，开黄色的花朵，结红色的果实，味道是甜的，人吃了它就不感觉饥饿。丹水从这座山发源，向西流入稷泽，水中有很多白色玉石。这里有玉膏，玉膏之源涌出时是一片沸沸腾腾的景象，黄帝常常服食享用这种玉膏。这里还出产一种黑色玉石。用这涌出的玉膏去浇灌丹木，丹木再经过五年的生长，便会开出五色的清香花朵，结出味道香甜的五色果实。黄帝还常常挑拣出峚山中玉石的精华，投种在钟山的南面，后来便生出瑾和瑜这类美玉。这两种玉坚硬而致密，润厚而有光泽。五种颜色的符彩一同散发出来相互辉映，那就有刚有柔，非常和美。无论是天神还是地鬼，都来服食享用它；如果君子佩戴它，就能抵御妖邪不祥之气的侵害。从峚山到钟山，长四百六十里，其间全部是沼泽。在这里生长着许许多多珍奇的禽鸟、野兽和鱼类，这些都是罕有的物种。

【原文】

又西北四百二十里，曰钟山。其子曰鼓，其状如人面而龙身，是与钦䲹（pí）杀葆江于昆仑之阳，帝乃戮之钟山之东曰䍃崖[①]。钦䲹化为大鹗（è）[②]，其状如雕而黑文白首，赤喙而虎爪，其音如晨鹄（hú）[③]，见则有大兵；鼓亦化为鵕（jùn）鸟，其状如鸱，赤足而直喙，黄文而白首，其音如鹄[④]，见则其邑[5]大旱。

【注释】

①崖：又作“嵃岸”。②鹗：也叫鱼鹰，头顶和颈后羽毛呈白色，有暗褐色纵纹，头后羽毛延长成矛状。趾具锐爪，趾底遍生细齿，外趾能前后转动，适于捕鱼。③晨鹄：鹗鹰之类的鸟。④鹄：也叫鸿鹄，即天鹅，脖颈很长，羽毛呈白色，鸣叫的声音洪亮。⑤邑：这里泛指有人聚居的地方，大曰都，小曰邑。

【译文】

再往西北四百二十里，有座山名叫钟山。钟山山神的儿子叫鼓，鼓长着像人一样的脸面和龙的身体，他曾和钦䲹神联手在昆仑山南面杀死天神葆江，天帝因此将鼓与钦䲹诛杀在钟山东面一个叫嵃崖的地方。钦䲹死后化为一只大鹗，形状像雕鹰却长有黑色的斑纹和白色的脑袋，红色的嘴巴和老虎一样的爪子，发出的声音如同晨鹄鸣叫，它一出现就会有大的战争；鼓死后化为鵕鸟，形状像鹞鹰，但长着红色的脚和直直的嘴，身上有黄色的斑纹，头是白色的，发出的声音与鸿鹄的鸣叫很相似，它在哪个地方出现，哪里就会有旱灾。

【原文】

又西百八十里，曰泰器之山。观水出焉，西流注于流沙。是多文鳐（yáo）鱼，状如鲤鱼，鱼身而鸟翼，苍文而白首赤喙，常行西海，游于东海，以夜飞。其音如鸾鸡[1]，其味酸甘，食之已狂，见则天下大穰（ráng）[2]。

【注释】

①鸾鸡：传说中的一种鸟。②穰：庄稼丰收。

【译文】

再往西一百八十里，有座山是泰器山，观水从这里发源，向西流入流沙河。观水中有很多文鳐鱼，形状像普通的鲤鱼，虽然是鱼的身体，却长着鸟一样的翅膀，浑身是黑色的斑纹，长着白色脑袋和红色嘴巴，常常从西海巡游到东海，喜欢在夜间飞行。它发出的声音如同鸾鸡的啼叫，而肉味是酸中带甜，人吃了它的肉就可治好癫狂病，这种鱼一出现，庄稼就会获得大丰收。

【原文】

又西三百二十里，曰槐江之山。丘时之水出焉，而北流注于泑水。其中多嬴母，其上多青、雄黄，多藏琅（láng）玕（gān）①、黄金、玉，其阳多丹粟，其阴多采黄金银。实惟帝之平圃②，神英招（sháo）司③之，其状马身而人面，虎文而鸟翼，徇④于四海，其音如榴⑤。南望昆仑，其光熊熊，其气魂魂。西望大泽⑥，后稷⑦所潜也。其中多玉，其阴多榣木之有若⑧。北望诸𣶃，槐鬼离仑居之，鹰鹯（zhān）⑨之所宅也。东望恒山四成，有穷鬼居之，各在一抟（tuán）⑩。爰有淫水⑪，其清洛洛⑫。有天神焉，其状如牛，而八足二首马尾，其音如勃皇⑬，见则其邑有兵。

【注释】

①琅玕：像玉一样的石头。②平圃：即悬圃。③司：掌管。④徇：巡行。⑤榴：同"抽"。引出，提取。⑥大泽：后稷所葬之地。传说后稷出生以后，就很灵慧而且先知，到他死时，便化形而遁于大泽成为神。⑦后稷：周人的先祖。相传他在虞舜时任农官，善于种庄稼。⑧榣木：特别高大的树木。若：即若木，神话传说中的树，具有奇异而神灵的特性。⑨鹯：鹞鹰一类的鸟。⑩抟：把散碎的东西捏聚成团。⑪淫水：洪水。这里指水从山上流下时广阔四溢的样子。⑫洛洛：形容水汩汩而流的声音。⑬勃皇：吹奏乐器的薄膜。

【译文】

再往西三百二十里，有座山是槐江山。丘时水从这座山发源，然后向北流入泑水。水中有很多嬴母，山上蕴藏着丰富的石青、雄黄，还有很多的琅玕石、黄金、玉石，山南面到处是粟米粒大小的丹砂，而山北面多产带纹彩的黄金白银。这槐江山实际上是天帝在人间的园圃，由天神英招主管着，而天神英招的形貌是马的身体和人的面孔，身上长有老虎一样的斑纹和禽鸟一样的翅膀，他巡行四海去传布天帝的旨命，发出的声音如同用辘轳抽水。在山上向南可以望见昆仑山，那里火光熊熊，仙气缭绕，气势恢宏。向西可以望见大泽，那里是后稷死后的埋葬之地。大泽中有很多玉石，大泽的南面有许多榣木，而在它上面又长出奇异的若木。从槐江山向北可以望见诸𣶃山，是一位叫作槐鬼离仑的神仙所居住的地方，也是鹰鹯等飞禽的栖息地。从槐江山向东可以望见四重高的恒山，有群鬼居住在那里，各自分类聚集在一起，居住在不同的山洼里。这里有大水下泻，清清冷冷而汩汩流淌。还有个天神住在山中，他的体形像普通的牛，却长着八只脚、两个脑袋，并拖着一条马的尾巴，叫声十分尖利，如同人在吹奏乐器的薄膜发出的声音，他在哪个地方出现，哪个地方就有战争。

【原文】

西南四百里，曰昆仑之丘[①]，实惟帝之下都，神陆吾司之。其神状虎身而九尾，人面而虎爪，是神也，司天之九部及帝之囿（yòu）时[②]。有兽焉，其状如羊而四角，名曰土蝼，是食人。有鸟焉，其状如蜂，大如鸳鸯，名曰钦原，蓋（hē）[③]鸟兽则死，蓋木则枯。有鸟焉，其名曰鹑鸟[④]，是司帝之百服[⑤]。有木焉，其状如棠，黄华赤实，其味如李而无核，名曰沙棠，可以御水[⑥]，食之使人不溺。有草焉，名曰薲（pín）草，其状如葵，其味如葱，食之已劳[⑦]。河水出焉，而南流东注于无达[⑧]。赤水出焉，而东南流注于氾（fán）天[⑨]之水。洋水出焉，而西南流注于丑涂[⑩]之水。黑水出焉，而西流于大杅（yú）[⑪]。是多怪鸟兽。

【注释】

①昆仑之丘：即昆仑山，神话传说中天帝居住的地方。②九部：天上九域的部界。囿：古代帝王畜养禽兽的园林。③蓋：毒虫类咬、刺、蜇。④鹑鸟：传说中凤凰之类的鸟，和上文所说的鹑鸟即鹌鹑不同。⑤百服：器用，服饰。⑥御水：防水，不会沉于水中。⑦已劳：消除忧愁。⑧无达：山名。⑨氾天：水名，也为山名。⑩丑涂：水名，也为山名。⑪大杅：山名。

【译文】

往西南四百里，有座山名叫昆仑山，这里其实是天帝在下界的都邑，天神陆吾掌管这个地方。这位天神的形貌是老虎的身体却有九条尾巴，一副人的面孔可长着老虎一样的爪子。这个神，主管天上九域的领地和天帝苑圃的时节。山中有一种野兽，形体像普通的羊却长着四只角，名叫土蝼，这种野兽是能吃人的。山中有一种禽鸟，形体像一般的蜜蜂，大小与鸳鸯差不多，名叫钦原，这种鸟如果刺蜇其他鸟兽就会使它们死去，刺蜇树木就会使树木枯死。山中还有另一种禽鸟，名叫鹑鸟，它主管天帝日常生活中的各种器用服饰。山中生长着一种树木，形状像普通的棠梨树，却开着黄色的花朵并结出红色的果实，果实味道像李子却没有核，名叫沙棠，可以用来防御水灾，人吃了它就能在水中漂浮不沉，不会被淹死。山中还有一种草，名叫蒉草，形状很像葵菜，但味道与葱相似，人如果吃了它就能消除烦恼忧愁。黄河从这座山发源，然后向南流继而东转注入无达山边的湖泊里。赤水也发源于这座山，然后向东南流入汜天水。洋水也发源于这座山，然后向西南流入丑涂水。黑水也发源于这座山，然后向西流注入大杅山旁的湖泊中。这座山中有许多奇异的鸟兽。

【原文】

又西三百七十里，曰乐游之山。桃水出焉，西流注于稷泽，是多白玉。其中多䱻（huá）鱼，其状如蛇而四足，是食鱼。

【译文】

再往西三百七十里，有座山名叫乐游山。桃水从这座山发源，向西流入稷泽，水里遍布着白色玉石，水中还有很多䱻鱼，形状像普通的蛇，却长着四只脚，这种鱼可以食用。

【原文】

西水行四百里，流沙二百里，至于嬴母之山，神长乘司之，是天之九德也。其神状如人而犳尾。其上多玉，其下多青石而无水。

【译文】

往西行四百里水路，就是流沙，再行二百里便到嬴母山，天神长乘主管这里，他是天的九德之气所生。这个天神的形貌像人却长着犳的尾巴。山上到处是玉石，山下到处是青石而没有水。

【原文】

又西三百五十里，曰玉山①，是西王母所居也。西王母其状如人，豹尾虎齿而善啸②，蓬发戴胜③，是司天之厉及五残④。有兽焉，其状如犬而豹文，其角如牛，其名曰狡，其音如吠犬，见则其国大穰。有鸟焉，其状如翟⑤而赤，名曰胜（qìng）遇，是食鱼，其音如鹿，见则其国大水。

【注释】

①玉山：据古人讲，这座山遍布着玉石，所以叫作玉山。②啸：兽类长声吼叫。③胜：指玉胜，古时用玉制作的一种首饰。④厉：灾厉。五残：五刑残杀之事。⑤翟：野鸡。

【译文】

再往西三百五十里，有座山名叫玉山，这是西王母居住的地方。西王母的形貌与人一样，却长着豹子的尾巴和老虎的牙齿，而且善于啸叫，蓬松的头发上戴着玉胜，主管上天灾厉和五刑残杀之事。山中有一种野兽，形状像普通的狗，但身上的毛皮像豹子的皮纹，头上的角与牛角相似，名叫狡，发出的声音如同狗叫，它在哪个国家出现，哪个国家就会五谷丰登。山中还有一种禽鸟，形状像野鸡却长着红色的羽毛，名叫胜遇，喜欢以鱼为食，发出的声音如同鹿在鸣叫，它在哪个国家出现，哪个国家就会有水灾发生。

【原文】

又西四百八十里，曰轩辕之丘[①]，无草木。洵水出焉，南流注于黑水，其中多丹粟，多青、雄黄。

【注释】

①轩辕之丘：即轩辕丘，传说上古帝王黄帝居住在这里，娶西陵氏之女为妻，因此号轩辕氏。轩辕，即黄帝。

【译文】

再往西四百八十里，有座轩辕丘，这里不长花草树木。洵水从这里发源，向南流入黑水，水中有很多粟米粒大小的丹砂，还有大量的石青、雄黄。

【原文】

又西三百里，曰积石之山，其下有石门，河水冒以西南流。是山也，万物无不有焉。

【译文】

再往西三百里，有座山名叫积石山，山下有一道石门，黄河水漫过石门奔涌而出，向西南流去。这座山是一座万宝山，山上一应俱全，无所不有。

【原文】

又西二百里，曰长留之山，其神白帝少昊[①]居之。其兽皆文尾，其鸟皆文首。是多文玉石。实惟员神磈（wěi）氏[②]之宫。是神也，主司反景（yǐng）[③]。

【注释】

①白帝少昊：即少昊金天氏，传说中上古帝王帝挚之号，是古代东夷族首领，相传他曾以鸟名当作官名，设有工正、农正两种官，管理手工业和农业。②磈氏：传说中的神名。③景：同“影”。影子。

【译文】

再往西二百里，有座山名叫长留山，天神白帝少昊居住在这里。山中的野兽都长着有花纹的尾巴，而禽鸟都长着有花纹的头。山上盛产有彩色花纹的玉石。这山实际上也是员神磈氏的宫殿。这个神主要掌管太阳落下西山时把影子折向东方。

【原文】

又西二百八十里，曰章莪（é）之山，无草木，多瑶、碧。所为甚怪。有兽焉，其状如赤豹，五尾一角，其音如击石，其名曰狰[①]。有鸟焉，其状如鹤，一足，赤文青质而白喙，名曰毕方[②]，其鸣自叫也，见则其邑有讹（é）火[③]。

【注释】

①狰：古代传说中的兽名。②毕方：传说是树木的精灵，形貌与鸟相似，青色羽毛，只长着一只红色的脚。不吃五谷。又传说是老父神，形状像鸟，两只脚，一只翅膀，常常衔着火到人家里去制造火灾。还有说毕方是黄帝的随车神鸟。③讹火：怪火，像野火那样莫名其妙地烧起来。

【译文】

再往西二百八十里，有座山名叫章莪山，山上光秃，没有花草树木，到处是瑶、碧一类的美玉。山里还常常出现瑰丽奇异的东西。山中有一种野兽，形貌像赤豹，长着五条尾巴和一只角，发出的叫声如同敲击石头的响声，名叫狰。山中还有一种禽鸟，形状像一般的鹤，但只有一只脚，身上有红色的斑纹，身体是青色的，有一张白嘴，名叫毕方，它鸣叫的声音就是自己名字的读音，它在哪个地方出现，哪个地方就会发生来源不明的怪火。

【原文】

又西三百里，曰阴山。浊浴之水出焉，而南流注于蕃泽，其中多文贝。有兽焉，其状如狸而白首，名曰天狗，其音如猫猫，可以御凶。

【译文】

再往西三百里，有座山名叫阴山。浊浴水从这座山发源，然后向南流入蕃泽，水中有很多五彩斑斓的贝壳。山中有一种野兽，形状像野猫，头部却是白色的，名叫天狗，它发出的叫声与“猫猫”的读音相似，人饲养它可以辟凶邪之气。

【原文】

又西二百里，曰符惕（yáng）之山，其上多棕枏，下多金玉，神江疑居之。是山也，多怪雨，风云之所出也。

【译文】

再往西二百里，有座山名叫符惕山，山上到处是棕树和楠树，山下有丰富的金属矿物和玉石。一个叫江疑的神就居住在这里。这座符惕山，常常落下怪异之雨，风云也常在此兴起。

【原文】

又西二百二十里，曰三危之山，三青鸟①居之。是山也，广员百里。其上有兽焉，其状如牛，白身四角，其豪如披蓑②，其名曰獓（ào）㥏（yē）③，是食人。有鸟焉，一首而三身，其状如䳋（luò），其名曰鸱。

【注释】

①青鸟：神话传说中的鸟，专为西王母取送食物。这种鸟是力强善飞的猛禽。②蓑：遮雨用的草衣。③䳋：与雕鹰相似的鸟，黑色斑纹，红色脖颈。

【译文】

再往西二百二十里，有座山名叫三危山，有三只青鸟栖息在这里。这座三危山，占地广阔，方圆百里。山上有一种野兽，形状像普通的牛，身体是白色的，脑袋上长了四只角，身上的硬毛又长又密，看上去好像人们下雨天披的蓑衣，名叫傲彻，这种兽是能吃人的。山中还有一种禽鸟，长着一个脑袋却有三个身子，形状与鸟很相似，它的名字叫鸱。

【原文】

又西一百九十里，曰騩山，其上多玉而无石。神耆（qí）童[1]居之，其音常如钟磬。其下多积蛇[2]。

【注释】

①耆童：即老童，传说是上古帝王颛顼的儿子。②积蛇：堆积在一起的蛇。

【译文】

再往西一百九十里，有座山名叫騩山，山上遍布美玉，而没有石头。天神耆童居住在这里，他的声音像是敲击钟磬的响声。山下到处是成堆成堆的蛇。

【原文】

又西三百五十里，曰天山，多金玉，有青、雄黄。英水出焉，而西南流注于汤谷。有神焉，其状如黄囊[1]，赤如丹火，六足四翼，浑敦[2]无面目，是识歌舞，实惟帝江（hóng）[3]也。

【注释】

①囊：袋子，口袋。②浑敦：即“混沌”，模糊，不分明，没有具体的形

状。③帝江：即帝鸿氏，传说中的黄帝。

【译文】

再往西三百五十里，有座山名叫天山，山上有丰富的金属矿物和玉石，也出产石青、雄黄。英水从这座山发源，然后向西南流入汤谷。山里住着一个神，形貌像黄色的口袋，皮色红得像丹火，长着六只脚和四只翅膀，面目模糊不清，他懂得唱歌跳舞，这个神就是帝江。

【原文】

又西二百九十里，曰泑山，神蓐（rù）收[①]居之。其上多婴脰之玉[②]，其阳多瑾、瑜之玉，其阴多青、雄黄。是山也，西望日之所入，其气员，神红光之所司也。

【注释】

①蓐收：据古人解说就是金神，长着人面，虎爪，白色毛皮，是管理太阳降落的神。②婴脰之玉：可制作脖颈饰品的玉石。婴：颈饰。脰：颈项。

【译文】

再往西二百九十里，有座山名叫泑山，天神蓐收居住在这里。山上盛产一种可制作颈饰的玉石，山南面到处是瑾、瑜一类的美玉，而山北面到处是石青、雄黄。站在这座山上，向西可以望见太阳落山，那种气象雄浑壮阔，由天神红光所主管。

【原文】

西水行百里，至于翼望之山，无草木，多金玉。有兽焉，其状如狸，一目而三尾，名曰讙（huān），其音如夺[①]百声，是可以御凶，服之已瘅（dàn）[②]。有鸟焉，其状如乌，三首六尾而善笑，名曰䳜（qí）鵌（tú）[③]，服之使人不厌（yǎn）[④]，又可以御凶。

【注释】

①夺：竞取，争取。这里是超出，压倒的意思。②瘅：通“疸”。即黄疸

病，中医认为是由虚热造成的。③鵸鵌：鸟名，有五彩而赤纹的鸟。④厌：同“魇”。噩梦。

【译文】

往西行一百里水路，便到了翼望山，山上没有花草树木，到处是金属矿物和玉石。山中有一种野兽，形状像一般的野猫，只长着一只眼睛，却有三条尾巴，名叫讙，它发出的声音好像能压过一百种动物一起叫的声音，饲养它可以辟凶邪之气，人吃了它的肉就能治好黄疸病。山中还有一种禽鸟，形状像普通的乌鸦，却长着三个脑袋、六条尾巴，并且喜欢嬉笑，名叫鵸鵌，人吃了它的肉就能不做噩梦，还可以辟凶邪之气。

【原文】

凡西次三山之首，自崇吾之山至于翼望之山，凡二十三山，六千七百四十四里。其神状皆羊身人面。其祠之礼：用一吉玉[①]瘗，糈用稷[②]米。

【注释】

①吉玉：带有纹彩的玉。②稷：即粟，古代主要食用作物之一，俗称谷子。

【译文】

西方第三列山系，从崇吾山起到翼望山止，一共二十三座，绵延六千七百四十四里。诸山神的形貌都是羊的身体，人的面孔。祭祀这些山神的典礼是：把祀神的一块吉玉埋入地下，祀神的米用稷米。

西次四经

在吕调阳看来，这一卷说的主要是陕西大部、甘肃中部、宁夏以西一系列的山脉。

【原文】

西次四山之首，曰阴山，上多穀，无石，其草多茆（mǎo）、蕃[①]。阴水出焉，西流注于洛。

【注释】

①茆：即莼菜，又叫凫葵，多年生水生草本，叶椭圆形，浮生在水面，夏季开花，嫩叶可供食用。蕃：即青蕃草，像莎草但大一些，生长在江湖水边，大雁吃它。

【译文】

西方第四列山系的第一座山，叫作阴山，山上生长着茂密的构树，但没有石头，这里的草以莼菜、青蕃草居多。阴水从这座山发源，向西流入洛水。

【原文】

北五十里，曰劳山，多茈草。弱水出焉，而西流注于洛。

【译文】

往北五十里，有座山名叫劳山，这里有茂盛的紫草。弱水从这座山发源，然后向西流入洛水。

【原文】

西五十里，曰罢谷之山。洱水出焉，而西流注于洛，其中多茈、碧[①]。

【注释】

①茈：紫色。这里指紫色的美石。碧：青绿色。这里指青绿色的玉石。

【译文】

往西五十里，有座山名叫罢谷山，洱水从这里发源，然后向西流入洛水，洱水中多出产紫色美石、青绿色玉石。

【原文】

北百七十里，曰申山，其上多穀柞，其下多杻橿，其阳多金玉。区水出焉，而东流注于河。

【译文】

往北一百七十里，有座山名叫申山，山上有许多茂密的构树和柞树，山下是茂密的杻树和橿树，山南面还有丰富的金属矿物和玉石。区水从这座山发源，然后向东流入黄河。

【原文】

北二百里，曰鸟山，其上多桑，其下多楮，其阴多铁，其阳多玉。辱水出焉，而东流注于河。

【译文】

往北二百里，有座山名叫鸟山，山上到处是桑树，山下到处是构树，山北面盛产铁矿石，而山南面盛产玉石。辱水从这座山发源，然后向东流入黄河。

【原文】

又北百二十里，曰上申之山，上无草木，而多硌（luò）石[①]，下多榛楛（hù）[②]，兽多白鹿。其鸟多当扈，其状如雉，以其髯[③]飞，食之不眴（shùn）目[④]。汤水出焉，东流注于河。

【注释】

①硌石：很大的石头。②榛：落叶灌木，结的果实叫榛子，近球形，果皮坚硬，木材可做器物。楛：一种树木，形似荆而赤茎似蓍，木材可以做箭。③髯：脖颈下的须毛。④眴目：即瞬目，眨眼睛，眼珠闪动。

【译文】

再往北二十里，有座山名叫上申山，山上没有花草树木，到处都是大石头，山下是茂密的榛树和楛树，野兽以白鹿居多。山里最多的禽鸟是当扈鸟，形状像普通的野鸡，但却能凭借自己脖颈下的须毛进行飞行，人吃了它的肉就不会得眨眼睛的病。汤水从这座山发源，向东流入黄河。

【原文】

又北百八十里，曰诸次之山，诸次之水出焉，而东流注于河。是山也，多木无草，鸟兽莫居，是多众蛇。

【译文】

再往北一百八十里，有座山名叫诸次山，诸次水从这座山发源，然后向东流入黄河。这座诸次山，到处生长着树木却无花草，也没有禽鸟、野兽栖居，但有许多蛇聚集在山中。

【原文】

又北百八十里，曰号山，其木多漆[①]、棕，其草多药、虈（xiāo）、芎（xiōng）䓖（qióng）[②]。多汵（jīn）石[③]。端水出焉，而东流注于河。

【注释】

①漆：这里指漆树，落叶乔木，从树干中流出的汁液可作涂料用。②药：白芷的别名，是一种香草，根称白芷，叶子称药，统称为白芷。虈：香草名。芎䓖：川芎，一种香草。生长在四川地区的叶做川芎，在茎叶还细嫩时称作蘼芜，当叶子长得宽大时称作江蓠。③汵石：一种像泥一样柔软的石头。

【译文】

再往北一百八十里，有座山名叫号山，山里的树木大多是漆树、棕树，而草以白芷草、虈草、芎䓖草居多。山中还盛产汵石。端水从这座山发源，然后向东流入黄河。

【原文】

又北二百二十里，曰盂山，其阴多铁，其阳多铜，其兽多白狼白虎，其鸟多白雉白翠。生水出焉，而东流注于河。

【译文】

再往北二百二十里，有座山名叫盂山，山的北面盛产铁矿石，山的南面盛产铜矿石，山中的野兽大多是白色的狼和白色的虎，禽鸟也大多是白色的野鸡和白色的翠鸟。生水从这座山发源，然后向东流入黄河。

【原文】

西二百五十里，曰白於之山，上多松柏，下多栎檀，其兽多㸲牛、羬羊[①]，其鸟多鸮。洛水出于其阳，而东流注于渭；夹水出于其阴，东流注于生水。

【译文】

往西二百五十里，有座山名叫白於山，山上生长着茂密的松树和柏树，山下生长着茂密的栎树和檀树，山中的野兽大多是㸲牛、羬羊，而禽鸟以鸮居多。洛水发源于这座山的南面，然后向东流入渭水；夹水发源于这座山的北面，向东流入生水。

【原文】

西北三百里，曰申首之山，无草木，冬夏有雪。申水出于其上，潜于其下，是多白玉。

【译文】

往西北三百里，有座山名叫申首山，山上没有花草树木，而冬季和夏季都有积雪。申水从这座山上发源，潜流到山下，水中有很多白色的玉石。

【原文】

又西五十五里，曰泾谷之山。泾水出焉，东南流注于渭，是多白金白玉。

【译文】

再往西五十五里，是座泾谷山。泾水从这座山发源，向东南流入渭水，这里多出产白银和白玉。

【原文】

又西百二十里，曰刚山，多柒木[①]，多㻬琈之玉。刚水出焉，北流注于渭。是多神䰠（chì）[②]，其状人面兽身，一足一手，其音如钦[③]。

山海经全集

【注释】

①桼木：即漆树。“桼”是“漆”的异体字。②神𩳐：传说中的厉鬼。③钦：通“吟”。打哈欠。

【译文】

再往西一百二十里，有座山名叫刚山，山上到处是茂密的漆树，还盛产㻬琈玉。刚水从这座山发源，向北流入渭水。山里有很多神𩳐，形貌是人的面孔和野兽的身体，只长着一只脚一只手，发出的声音像人在打哈欠。

【原文】

又西二百里，至刚山之尾。洛水出焉，而北流注于河。其中多蛮蛮[①]，其状鼠身而鳖首，其音如吠犬。

【注释】

①蛮蛮：属于水獭之类的水中动物，与上文的蛮蛮鸟同名异物。

【译文】

再往西二百里，便到了刚山的尾端。洛水就发源于此，然后向北流入黄河。这里有很多的野兽，名叫蛮蛮，形状像普通的老鼠却长着甲鱼一样的脑袋，发出的声音如同狗叫。

【原文】

又西三百五十里，曰英鞮（dī）之山，上多漆木，下多金玉，鸟兽尽白。涴（yuān）水出焉，而北流注于陵羊之泽。是多冉遗[①]之鱼，鱼身蛇首六足，其目如马耳，食之使人不眯[②]，可以御凶。

【注释】

①冉遗：鱼名，疑为蒲夷之鱼。②眯：梦魇。

【译文】

再往西三百五十里，有座山名叫英鞮山，山上生长着茂密的漆树，山下蕴藏着丰富的金属矿物和玉石，这里的禽鸟野兽都是白色的。涴水从这座山发源，然后向北流入陵羊泽。水里有很多冉遗鱼，它们长着鱼的身子、蛇的头和六只脚，眼睛像马耳朵，人如果吃了它的肉就能睡觉不做噩梦，也可以辟凶邪之气。

【原文】

又西三百里，曰中曲之山，其阳多玉，其阴多雄黄、白玉及金。有兽焉，其状如马而白身黑尾，一角，虎牙爪，音如鼓[①]，其名曰驳（bó），是食虎豹，可以御兵。有木焉，其状如棠，而员叶赤实，实大如木瓜，名曰櫰（guī）木，食之多力。

【注释】

①鼓：击鼓之音。

【译文】

再往西三百里，有座山名叫中曲山，山南阳面盛产玉石，山北阴面盛产雄黄、白玉和金属矿物。山中有一种野兽，形状像普通的马却长着白色身体和黑色尾巴，头上长着一只角，有老虎一样的牙齿和爪子，发出的声音如同击鼓的响声，它的名字叫驳，常捕食老虎和豹子，饲养它，主人可以抵御兵器的伤害。山中还有一种树木，形状像棠梨，但叶子是圆的并结红色的果实，果实像木瓜大小，名叫櫰木，人吃了它就能增添气力。

【原文】

又西二百六十里，曰邽（guī）山。其上有兽焉，其状如牛，猬毛[①]，名曰穷奇，音如嗥（háo）[②]狗，是食人。濛水出焉，南流注于洋水，其中多黄贝[③]；蠃鱼，鱼身而鸟翼，音如鸳鸯，见则其邑大水。

【注释】

①猬毛：刺猬般的毛。②嗥：野兽吼叫。③黄贝：据古时传说是一种甲虫，肉如蝌蚪，但有头也有尾巴。

【译文】

再往西二百六十里，有座山名叫邽山。山上有一种野兽，形状像一般的牛，但全身长着刺猬毛，名叫穷奇，发出的声音如同狗叫，是能吃人的。濛水从这座山发源，向南流入洋水，水中有很多黄贝；还有一种蠃鱼，尽管长着鱼的身体却有鸟一般的翅膀，发出的声音像鸳鸯的叫声，它在哪个地方出现，哪个地方就会有水灾。

【原文】

又西二百二十里，曰鸟鼠同穴之山，其上多白虎、白玉。渭水出焉，而东流注于河，其中多鳋（sāo）鱼，其状如鳣（zhān）鱼[①]，动则其邑有大兵。滥（jiàn）水出于其西，西流注于汉水，多䰻（rú）魮（pí）之鱼，其状如覆铫（diào）[②]，鸟首而鱼翼鱼尾，音如磬石之声，是生珠玉。

【注释】

①鳣鱼：一种体形较大的鱼，大的有二三丈长，嘴长在颌下，身体上面有甲，无鳞，肉是黄色的。②铫：即吊子，一种有把柄有流嘴的小型烹器。覆铫，烧水用的器具。

【译文】

再往西二百二十里，有座山名叫鸟鼠同穴山，山上有很多白虎和白玉。渭水从这座山发源，然后向东流入黄河。水中生长着许多鳋鱼，形状像一般的鳣鱼，它在哪里出现，哪里就会有大战发生。滥水从鸟鼠同穴山的西面发源，向西流入汉水，水中有很多䰻魮鱼，形状像反转过来的铫，但长着鸟的脑袋，有鱼鳍和鱼尾，叫声就像敲击磬石发出的响声，这鱼的身体里能够生长珠玉。

【原文】

西南三百六十里，曰崦（yān）嵫（zī）之山[①]，其上多丹木，其叶如穀，其实大如瓜，赤符而黑理，食之已瘅，可以御火。其阳多龟，其阴多玉。苕水出焉，而西流注于海，其中多砥砺。有兽焉，其状马身而鸟翼，人面蛇尾，是好举人，名曰孰湖。有鸟焉，其状如鸮而人面，蜼（wèi）[②]身犬尾，其名自号也，见则其邑大旱。

【注释】

①崦嵫之山：即崦嵫山，神话传说是日落栖息之处。②蜼：一种长尾猴。

【译文】

往西南三百六十里，有座山名叫崦嵫山，山上生长着茂密的丹树，叶子像构树叶，结出的果实像瓜一般大小，红色的花萼上带着黑色的斑纹，人吃了它就可以治愈黄疸病，还可以防御火灾。山南面有很多乌龟，而山北面到处是玉石。苕水从这座山发源，然后向西流入大海，水中有很多磨刀石。山中有一种野兽，形状是马的身体，长着鸟的翅膀，人的面孔，拖着蛇的尾巴，它很喜欢把人抱着举起，名字叫孰湖。山中还有一种禽鸟，形状像一般的鸮，长着人的面孔，猿猴的身体，拖着一条狗尾巴，它发出的叫声就像自己的名字，它在哪个地方出现，那里就会有大旱灾。

【原文】

凡西次四山，自阴山以下，至于崦嵫之山，凡十九山，三千六百八十里。其神祠礼，皆用一白鸡祈，糈以稻米，白菅为席。

【译文】

西方第四列山系，从阴山开始，直到崦嵫山为止，一共十九座山，绵延三千六百八十里。祭祀诸山神的典礼，都是用一只白毛鸡作为祭品，祀神的米用稻米，拿编织的白茅草作神的坐席。

【原文】

右西经之山，凡七十七山，一万七千五百一十七里。

【译文】

以上就是对西方山系的记录，总共七十七座山，共一万七千五百一十七里。

卷三　北山经

【题解】

所记北方三列山系，总共八十七座山，绵延两万三千两百三十里。传说中精卫鸟就居住在发鸠山上。精卫鸟是由炎帝的小女儿变化而来。传说她因不慎葬身东海，化为鸟后就坚持不懈地衔石填海。“精卫填海”的故事就来自这里。据说现在的山东半岛和辽东半岛，就是由精卫填成的。

北次一经

《五藏山经传》卷三载：“此经所志，今山西涑川以北、河水以东诸山也。”在吕调阳看来，这一卷说的主要是，今山西涑川以北，黄河以东一系列的山脉。

【原文】

北山之首，曰单狐之山，多机木①，其上多华草②。逢（féng）水出焉，而西流注于泑水，其中多芘石、文石③。

【注释】

①机木：即桤（qī）木树，属桦木科，落叶乔木。春季开花，雌雄同株。②华草：何草不详。③文石：有纹理的漂亮石头。

【译文】

北方第一列山系的首座山，叫作单狐山，山上有很多桤木树，还有茂盛的华草。逢水从这座山发源，然后向西流入泑水，水中有很多紫石、各种有纹理的漂亮石头。

【原文】

又北二百五十里，曰求如之山，其上多铜，其下多玉，无草木。滑水出焉，而西流注于诸毗之水。其中多滑鱼，其状如鳝（shàn）[1]，赤背，其音如梧[2]，食之已疣[3]。其中多水马，其状如马，而文臂[4]牛尾，其音如呼。

【注释】

①鳝：即鳝鱼。俗称黄鳝，体形如蛇，黄褐色，又长又圆又光滑，肉味鲜美。②梧：枝梧，也作“支吾”，指人们相支吾的声音。③疣：皮肤上的赘生物，俗称瘊子。④文臂：有花纹的胳膊。

【译文】

再往北二百五十里，有座山名叫求如山。山上蕴藏着丰富的铜矿石，山下有丰富的玉石，山顶光秃，没有花草树木。滑水从这座山发源，然后向西流入诸毗水。水中有很多滑鱼，形状像一般的鳝鱼，脊背是红色的，发出的叫声像人支支吾吾的话语，人如果吃了它的肉就能治疗疣赘病。水中还生长着很多水马，形状与一般的马相似，但前腿上长有花纹，并拖着一条牛尾巴，发出的声音像人的呼喊。

【原文】

又北三百里，曰带山，其上多玉，其下多青碧。有兽焉，其状如马，一角有错[1]，其名曰臛（huān）疏，可以辟火。有鸟焉，其状如乌，五采而赤文，名曰鵸鵌，是自为牝牡，食之不疽（jū）。彭水出焉，而西流注于芘湖之水，其中多儵（tiáo）鱼，其状如鸡而赤毛，三尾、六足、四目，其音如鹊，食之可以已忧。

【注释】

①错：“厝”（cuò）的假借字。厝，磨刀石。

【译文】

再往北三百里，有座山名叫带山，山上盛产玉石，山下盛产青石、碧玉。山中有一种野兽，形体像普通的马，长着一只角，有如粗硬的磨刀石，它的名字叫䑏疏，人饲养它可以辟火。山中还有一种禽鸟，形体像普通的乌鸦，但浑身长着有红色斑纹的五彩羽毛，名字叫䳜鵸，这种鸟自身有雌雄两种性器官，人如果吃了它的肉就能不患痈疽病。彭水从这座山发源，然后向西流入芘湖水，水中有很多儵鱼，它的形状像鸡却长着红色的羽毛，还长着三条尾巴、六只脚、四只眼睛，它的叫声与喜鹊的鸣叫很相像，人吃了它的肉就能增加欢悦，乐以忘忧。

【原文】

又北四百里，曰谯明之山。谯水出焉，西流注于河。其中多何罗之鱼，一首而十身，其音如吠犬，食之已痈。有兽焉，其状如貆（huán）而赤毫[1]，其音如榴榴，名曰孟槐，可以御凶。是山也，无草木，多青、雄黄。

【注释】

①貆：豪猪。毫：细毛。

【译文】

再往北四百里，有座山名叫谯明山。谯水从这座山发源，向西流入黄河。水中生长着很多何罗鱼，长着一个脑袋，却有十个身子，发出的叫声像狗叫，人吃了它的肉就可以治愈痈肿病。山中有一种兽，形貌像豪猪却长着柔软的红毛，叫声如同用辘轳抽水的响声，名叫孟槐，人饲养它可以躲避凶邪。这座山上没有花草树木，到处是石青、雄黄。

【原文】

又北三百五十里，曰涿光之山。嚣水出焉，而西流注于河。其中多鳛鳛（xí）之鱼，其状如鹊而十翼，鳞皆在羽端，其音如鹊，可以御火，食之不瘅。其上多松柏，其下多棕橿，其兽多麢羊，其鸟多蕃[1]。

【注释】

①蕃：何鸟不详。也有认为可能是猫头鹰之类的鸟。

【译文】

再往北三百五十里，有座山名叫涿光山。嚣水从这座山发源，然后向西流入黄河。嚣水中生长着很多鳛鳛鱼，形状像一般的喜鹊却长有十只翅膀，鱼鳞全长在羽毛的尖端，发出的叫声与喜鹊的鸣叫相似，人饲养它可以躲避火灾，人吃了它的肉就能治愈黄疸病。山上到处是松树和柏树，而山下到处是棕树和橿树，山中的野兽以羚羊居多，禽鸟以蕃鸟居多。

【原文】

又北三百八十里，曰虢（guó）山，其上多漆，其下多桐椐（qū）[①]。其阳多玉，其阴多铁。伊水出焉，西流注于河。其兽多橐驼[②]，其鸟多寓[③]，状如鼠而鸟翼，其音如羊，可以御兵[④]。

【注释】

①椐：椐树，也就是灵寿木，树干上多长着肿节，古人常用来制作拐杖。②橐驼：就是骆驼，身上有肉鞍，善于在沙漠中行走，知道水泉所在的地方，背负千斤重物而日行三百里。③寓：即蝙蝠之类的鸟。④御兵：即辟兵。兵在这里是指各种兵器的锋刃。辟兵就是兵器的尖锋利刃不会伤及身体。

【译文】

再往北三百八十里，有座山名叫虢山，山上是茂密的漆树，山下以梧桐树和椐树居多。山南阳面盛产玉石，山北阴面盛产铁矿石。伊水从这座山发源，向西流入黄河。山中的野兽以橐驼为多，而禽鸟大多是寓鸟，它的形体与一般的老鼠相似，却长着鸟一样的翅膀，发出的声音像羊叫，人饲养它可以躲避兵戈之灾。

【原文】

又北四百里，至于虢山之尾，其上多玉而无石。鱼水出焉，西流注于河，其中多文贝。

【译文】

再往北四百里，便到了虢山的尾端，山上到处是美玉而没有石头。鱼水从这里发源，向西流入黄河，水中有很多色彩缤纷的贝壳。

【原文】

又北二百里，曰丹熏之山，其上多樗（chū）柏，其草多韭䪥（xiè）[1]，多丹雘。熏水出焉，而西流注于棠水。有兽焉，其状如鼠，而菟（tù）[2]首麋耳，其音如嗥犬，以其尾飞，名曰耳鼠，食之不𦝫（cǎi）[3]，又可以御百[4]毒。

【注释】

①䪥：一种野菜，茎可食用，并能入药。②菟：通“兔”。③𦝫：肚子鼓胀。④百：这里表示多的意思，非实指。

【译文】

再往北二百里，有座山名叫丹熏山，山上有茂密的臭椿树和柏树，在草丛中以野韭菜和野䪥菜最多，还盛产丹雘。熏水从这座山发源，然后向西流入棠水。山中有一种野兽，形体像一般的老鼠，却长着兔子的脑袋和麋鹿的耳朵，发出的叫声如同狗在叫，它用尾巴当作翅膀飞行，名叫耳鼠，人吃了它的肉就不会生肚胀病，还可以躲避百毒之害。

【原文】

又北二百八十里，曰石者之山，其上无草木，多瑶碧。泚水出焉，西流注于河。有兽焉，其状如豹，而文题[1]白身，名曰孟极，是善伏，其鸣自呼。

【注释】

①文：花纹。这里指野兽的皮毛因多种颜色相间杂而呈现出的斑纹或斑点。题：额头。文题，有花纹的额。

【译文】

再往北二百八十里，有座山名叫石者山，山上没有花草树木，但到处是瑶、碧之类的美玉。泚水从这座山发源，向西流入黄河。山中有一种野兽，形体像普通的豹子，却长着有花纹的额头和白色的身体，名叫孟极，善于伏身隐藏，它的叫声便是自己名字的读音。

【原文】

又北百一十里，曰边春之山，多葱、葵、韭、桃、李[①]。杠水出焉，而西流注于泑泽。有兽焉，其状如禺而文身，善笑，见人则卧[②]，名曰幽鴳（è），其鸣自呼。

【注释】

①葱：山葱，一种野菜。茎生有枝格，叶子很大，一边拔取一边又生长起来，食之不尽。冬天也不枯萎。桃：山桃，一种野果木。果子很小，核与果肉黏结一起，桃仁多脂，可入药。②卧：睡觉。

【译文】

再往北一百一十里，有座山名叫边春山，山上到处是茂盛的野葱、葵菜、韭菜、野桃树、李树。杠水从这座山发源，然后向西流入泑泽。山中有一种野兽，形体像猿猴，而身上满是花纹，喜欢嬉笑，一看见人就假装睡着，它名叫幽鴳，鸣叫的声音便是自身名字的读音。

【原文】

又北二百里，曰蔓联之山，其上无草木。有兽焉，其状如禺而有鬣，牛尾、文臂、马蹄，见人则呼，名曰足訾（zī），其鸣自呼。有鸟焉，群居而朋飞，其毛如雌雉，名曰䴔（jiāo），其鸣自呼，食之已风。

【译文】

再往北二百里，有座山名叫蔓联山，山上光秃，没有花草树木。山中有一种野兽，形体像猿猴却长着鬣毛，还有牛一样的尾巴、长满花纹的双臂、马一样的蹄子，一看见人就呼唤，名叫足訾，它鸣叫的声音便是自身名字的读音。山中又有一种禽鸟，喜欢成群地居住在一起，结伴而飞行，尾巴与雌野鸡相似，名叫䴔，它鸣叫的声音便是自身名字的读音，人吃了它的肉就能治好风痹病。

【原文】

又北百八十里，曰单张之山，其上无草木。有兽焉，其状如豹而长尾，人首而牛耳，一目，名曰诸犍，善咤[①]，行则衔其尾，居则蟠[②]其尾。有鸟焉，其状如雉，而文首、白翼、黄足，名曰白鵺（yé），食之已嗌（yì）[③]痛，可以已痸（chì）[④]。栎水出焉，而南流注于杠水。

【注释】

①咤：怒声。这里是大声吼叫的意思。②蟠：盘曲而伏。③嗌：咽喉。④痸：疯癫病。

【译文】

再往北一百八十里，有座山名叫单张山，山上光秃，没有花草树木。山中有一种野兽，形体像豹子却拖着一条长长的尾巴，还长着人一样的脑袋和牛一样的耳朵，只有一只眼睛，名叫诸犍，喜欢吼叫，行走时就用嘴叼着尾巴，卧睡时就将尾巴盘蜷起来。山中又有一种禽鸟，形体像普通的野鸡，头上羽毛呈各种花纹，长着白色的翅膀、黄色的脚，名叫白鵺，人吃了它的肉就能治好咽喉疼痛的毛病，还可以治愈疯癫病。栎水从这座山发源，然后向南流入杠水。

【原文】

又北三百二十里，曰灌题之山，其上多樗柘（zhè）[①]，其下多流沙，多砥。有兽焉，其状如牛而白尾，其音如訆（jiào）[②]，名曰那父。有鸟焉，其状如雌雉而人面，见人则跃，名曰竦（sǒng）斯，其鸣自呼也。匠韩之水出焉，而西流注于泑泽，其中多磁石[③]。

【注释】

①柘：柘树，也叫黄桑、奴柘。落叶灌木，常有刺，叶子可以喂蚕，果子可以食用，可酿酒，树皮可以造纸。②訆：同“叫”。大呼。③磁石：也作“慈石”，一种天然矿石，具有吸引铁、镍、钴等金属物质的属性，俗称吸铁石。

【译文】

再往北三百二十里，有座山名叫灌题山，山上是茂密的臭椿树和柘树，山下到处是流沙，还出产大量的磨刀石。山中有一种野兽，形体像普通的牛却拖着一条白色的尾巴，发出的声音如同人在高呼，名叫那父。山中还有一种禽鸟，形体像一般的雌野鸡却长着人的面孔，一看见人就跳跃，名叫竦斯，它鸣叫的声音便是自身名字的读音。匠韩水从这座山发源，然后向西流入泑泽，水中有很多磁铁石。

【原文】

又北二百里，曰潘侯之山，其上多松柏，其下多榛楛，其阳多玉，其阴多铁。有兽焉，其状如牛，而四节生毛，名曰旄牛。边水出焉，而南流注于栎泽。

【译文】

再往北二百里，有座山名叫潘侯山，山上遍布着松树和柏树，山下是茂密的榛树和楛树，山南阳面蕴藏着丰富的玉石，山北阴面蕴藏着丰富的铁矿石。山中有一种野兽，形体像一般的牛，但四肢关节上都有长长的毛，名叫牦牛。边水从这座山发源，然后向南流入栎泽。

【原文】

又北二百三十里，曰小咸之山，无草木，冬夏有雪。

【译文】

再往北二百三十里，是小咸山，山上不长花草树木，冬天和夏天都有积雪覆盖。

【原文】

北二百八十里，曰大咸之山，无草木，其下多玉。是山也，四方，不可以上。有蛇名曰长蛇[①]，其毛如彘豪，其音如鼓柝（tuò）[②]。

【注释】

①长蛇：传说有千尺长，能把鹿、象等动物吞入腹中。②鼓：击物作声。柝：是古代巡夜人在报时间时所敲击的一种木梆子。

【译文】

往北二百八十里，有座山名叫大咸山，山上光秃，没有花草树木，山下盛产玉石。这座大咸山，呈现四方形，人不能攀登上去。山中有一种蛇，名叫长蛇，身上的毛与野猪身上的毛相似，发出的声音像是人在敲击木梆子。

【原文】

又北三百二十里，曰敦薨（hōng）之山，其上多棕枏，其下多茈草。敦薨之水出焉，而西流注于泑泽。出于昆仑之东北隅，实惟河原。其中多赤鲑（guī）[①]。其兽多兕、旄牛，其鸟多尸鸠[②]。

【注释】

①赤鲑：也称鲑鳟鱼，身体呈流线型，有小圆鳞，口大而斜，锥状牙齿，是一种冷水性的经济鱼类。②尸鸠：布谷鸟。

【译文】

再往北三百二十里，有座山名叫敦薨山，山上是茂密的棕树和楠树，山下是大片茂盛的紫草。敦薨水从这座山发源，然后向西流入泑泽。这泑泽位于昆仑山的东北角，实际上就是黄河的源头。水中有很多赤鲑。那里的野兽以兕、牦牛居多，而禽鸟大多是布谷鸟。

【原文】

又北二百里，曰少咸之山，无草木，多青碧。有兽焉，其状如牛，而赤身、人面、马足，名曰窫（yà）窳（yǔ），其音如婴儿，是食人。敦水出焉，东流注于雁门之水，其中多魳魳（bèi）之鱼[①]，食之杀人。

【注释】

①魳魳之鱼：据说就是江豚，体呈黑色，大小如同百斤重的猪。

【译文】

再往北二百里，有座山名叫少咸山，山上光秃，没有花草树木，到处是青石、碧玉。山中有一种野兽，形体像普通的牛，却长着红色的身体、人的面孔、马的蹄子，名叫窫窳，发出的叫声如同婴儿啼哭，是能吃人的。敦水从这座山发源，向东流入雁门水，水中生长着很多魳魳鱼，人吃了它的肉就会中毒而死。

【原文】

又北二百里，曰狱法之山。瀤（huái）泽之水出焉，而东北流注于泰泽。其中多鱳（zǎo）鱼，其状如鲤而鸡足，食之已疣。有兽焉，其状如犬而人面，善投，见人则笑，其名曰山猙（huī）[1]，其行如风，见则天下大风。

【注释】

①山猙：即举父、枭阳之类的动物。

【译文】

再往北二百里，有座山名叫狱法山。瀤泽水从这座山发源，然后向东北流入泰泽。水中生长着很多鱳鱼，形体像一般的鲤鱼，却在腹下长着鸡爪子，人吃了它的肉就能治好赘瘤病。山中还有一种野兽，形体像普通的狗却长着人的面孔，擅长投掷东西，一看见人就嬉笑，名叫山猙，它行走快如风，它出现在哪里，哪里就会刮起大风。

【原文】

又北二百里，曰北岳之山，多枳棘刚木[1]。有兽焉，其状如牛，而四角、人目、彘耳，其名曰诸怀，其音如鸣雁，是食人。诸怀之水出焉，而西流注于嚣水，其中多鮨（yì）鱼[2]，鱼身而犬首，其音如婴儿，食之已狂[3]。

【注释】

①枳棘：枳木和棘木，两种矮小的树。枳木像橘树而小一些，叶子上长满刺。春天开白花，秋天成果实，果子小而味道酸，不能吃，可入药。棘木就是丛生的小枣树，即酸枣树，枝叶上长满了刺。刚木：指木质坚硬的树，即檀木树、

柘树之类。②鮨鱼：极像海狗的一种鱼，鱼身、鱼尾、狗头。③狂：本义是说狗发疯。后来也指人的神经错乱，精神失常。

【译文】

再往北二百里，有座山名叫北岳山，山上到处是枳树、酸枣树和檀、柘一类的树木。山中有一种野兽，形体像一般的牛，却长着四只角、人的眼睛、猪的耳朵，名叫诸怀，发出的叫声如同大雁鸣叫，是能吃人的。诸怀水从这座山发源，然后向西流入嚣水，水中有很多鮨鱼，这鱼有普通鱼的身体，狗的脑袋，发出的叫声像婴儿啼哭，人吃了它的肉就能治愈疯癫病。

【原文】

又北百八十里，曰浑夕之山，无草木，多铜玉。嚣水出焉，而西北流注于海。有蛇一首两身，名曰肥遗，见则其国大旱。

【译文】

再往北一百八十里，有座山名叫浑夕山，山上不长花草树木，盛产铜矿石和玉石。嚣水从这座山发源，然后向西北流入大海。这山里有一种长着一个头两个身子的蛇，名叫肥遗，它在哪个国家出现，哪个国家就会发生大旱灾。

【原文】

又北五十里，曰北单之山，无草木，多葱韭。

【译文】

再往北五十里，有座山是北单山，山上没有花草树木，却生长着茂盛的野葱和野韭菜。

【原文】

又北百里，曰罴差之山，无草木，多马[1]。

【注释】

①马：指一种野马，与一般的马相似，但个头小一些。

【译文】

再往北一百里，有座山是罴差山，山上不长花草树木，却有很多小个头的野马。

【原文】

又北百八十里，曰北鲜之山，是多马。鲜水出焉，而西北流注于涂吾之水。

【译文】

再往北一百八十里，有座山是北鲜山，这里有很多小个头的野马。鲜水从这里发源，然后向西北流入涂吾水。

【原文】

又北百七十里，曰隄（dī）山，多马。有兽焉，其状如豹而文首，名曰狕（yāo）。隄水出焉，而东流注于泰泽，其中多龙龟[①]。

【注释】

①龙龟：龙或龟，也有把龙龟看作是一种动物的，即龙种龟身的吉吊。

【译文】

再往北一百七十里，有座山名叫隄山，山中有许多小个头的野马。山中还有一种野兽，形体像一般的豹子，脑袋上有很多花纹，名叫狕。隄水从这座山发源，然后向东流入泰泽，水中有很多龙龟。

【原文】

凡北山之首，自单狐之山至于隄山，凡二十五山，五千四百九十里，其神皆人面蛇身。其祠之：毛用一雄鸡彘瘗，吉玉用一珪，瘗而不糈。其山北人，皆生食不火之物。

【译文】

北方第一列山系，自单狐山起到隄山止，一共有二十五座山，绵延五千四百九十里，诸山神都是人面蛇身。祭祀山神的仪式如下：从毛物中选一只公鸡和一头猪作为祭品，埋入地下，在祀神的玉器中用一块珪，只是将它们埋入地下而不需要用精米来祭祀。住在这些山北面的人，都生吃未经火烤的食物。

北次二经

《五藏山经传》卷三载："此经所志，自今以北迄黑龙江源诸山也。"在吕调阳看来，这一卷说的主要是，永定河源（发源于山西宁武桑干河）至黑龙江源（发源于蒙古国肯特山南侧，在石喀勒河与额尔古纳河交汇处形成）之间一系列的山脉。

【原文】

北次二山之首，在河之东，其首枕汾，其名曰管涔（cén）之山。其上无木而多草，其下多玉。汾水出焉，而西流注于河。

【译文】

北方第二列山系的第一座山，坐落在黄河的东岸，山的首端枕着汾水，这座山叫管涔山。山上没有树木，却到处是茂密的花草，山下盛产玉石。汾水从这座山发源，然后向西流入黄河。

【原文】

又北二百五十里，曰少阳之山，其上多玉，其下多赤银[①]。酸水出焉，而东流注于汾水，其中多美赭。

【注释】

①赤银：最精最纯的银子。这里指天然含银量很高的优质银矿石。

【译文】

再往北二百五十里，有座山名叫少阳山，山上盛产玉石，山下盛产赤银矿。酸水从这座山发源，然后向东流入汾水，酸水中有很多品质优良的赭石。

【原文】

又北五十里，曰县雍之山，其上多玉，其下多铜，其兽多闾（lű）[①]麋，其鸟多白翟、白鹩（yǒu）[②]。晋水出焉，而东南流注于汾水。其中多鮆鱼，其状如儵而赤麟[③]，其音如叱[④]，食之不骚[⑤]。

【注释】

①闾：古代的兽名，即山驴。②白鹩：白色山鸡。③儵：古代传说中的一种怪鱼。麟，通“鳞”。④叱：大声呵斥。⑤骚：骚臭。

【译文】

再往北五十里，有座山名叫县雍山，山上蕴藏着丰富的玉石，山下蕴藏着丰富的铜矿石，山中的野兽大多是山驴和麋鹿，而禽鸟以白野鸡和白鹩鸟居多。晋水从这座山发源，然后向东南流入汾水。水中生长着很多的鮆鱼，形状像儵鱼却长着红色的鳞甲，发出的声音如同人的大声斥责之声，人吃了它的肉就可以治疗狐臭病。

【原文】

又北二百里，曰狐岐之山，无草木，多青碧。胜水出焉，而东北流注于汾水，其中多苍玉。

【译文】

再往北二百里，有座山名叫狐岐山，山上不长花草树木，到处都是青石、碧玉。胜水从这座山发源，然后向东北流入汾水，水中有很多青玉。

【原文】

又北三百五十里，曰白沙山，广员三百里，尽沙也，无草木鸟兽。鲔

（wěi）水出于其上，潜于其下，是多白玉。

【译文】

再往北三百五十里，有座山名叫白沙山，大小方圆三百里，山上到处是沙子，没有花草树木和禽鸟野兽。鲔水从这座山的山顶发源，然后潜流到山下，水中有很多白玉。

【原文】

又北四百里，曰尔是之山，无草木，无水。

【译文】

再往北四百里，有座山名叫尔是山，山上没有花草树木，也没有水。

【原文】

又北三百八十里，曰狂山，无草木。是山也，冬夏有雪。狂水出焉，而西流注于浮水，其中多美玉。

【译文】

再往北三百八十里，有座山名叫狂山，山上不长花草树木。这座狂山，冬天和夏天都被积雪覆盖。狂水从这座山发源，然后向西流入浮水，狂水中有很多品质优良的玉石。

【原文】

又北三百八十里，曰诸余之山，其上多铜玉，其下多松柏。诸余之水出焉，而东流注于旄水。

【译文】

再往北三百八十里，有座山名叫诸余山，山上蕴藏着丰富的铜矿石和玉石，山下有很多茂密的松树和柏树。诸余水从这座山发源，然后向东流入旄水。

【原文】

又北三百五十里，曰敦头之山，其上多金玉，无草木。旄水出焉，而东流注于邛（qióng）泽。其中多脖（bó）马，牛尾而白身，一角，其音如呼。

【译文】

再往北三百五十里，有座山名叫敦头山，山上有丰富的金属矿物和玉石，但不生长花草树木。旄水从这座山发源，然后向东流入邛泽。山中有很多脖马，长着牛一样的尾巴，身体是白色的，只有一只角，发出的声音如同人在呼唤。

【原文】

又北三百五十里，曰钩吾之山，其上多玉，其下多铜。有兽焉，其状羊身人面，其目在腋下，虎齿人爪，其音如婴儿，名曰狍（páo）鸮[1]，是食人。

【注释】

①狍鸮：传说中的一种怪兽，不但吃人，而且非常贪婪，如果吃不完，还要把人身的各个部位咬碎。

【译文】

再往北三百五十里，有座山名叫钩吾山，山上盛产玉石，山下盛产铜矿石。山中有一种野兽，长着羊一样的身子，人一样的面孔，它的眼睛长在腋窝下，有着老虎一样的牙齿和人一样的指甲，发出的声音如同婴儿啼哭，名字叫狍鸮，是能吃人的。

【原文】

又北三百里，曰北嚣之山，无石，其阳多碧，其阴多玉。有兽焉，其状如虎，而白身犬首，马尾彘鬣，名曰独狢（yù）。有鸟焉，其状如乌，人面，名曰鷩（pán）鹛（mào），宵飞而昼伏，食之已暍（yē）[1]。涔水出焉，而东流注于邛泽。

【注释】

①暍：中暑，暑热。

【译文】

再往北三百里，有座山名叫北嚣山，山上没有石头，山南阳面多出产碧玉，山北阴面多出产玉石。山中有一种野兽，形状像一般的老虎，却长着白色的身体，狗的脑袋，马的尾巴和猪脖子上的硬毛，名叫独狢。山中还有一种禽鸟，形状像一般的乌鸦，却长着人的面孔，名叫鸒鹛，它总是在夜里飞行而白天隐伏，人如果吃了它的肉就不会中暑。涔水从这座山发源，然后向东流入邛泽。

【原文】

又北三百五十里，曰梁渠之山，无草木，多金玉。脩水出焉，而东流注于雁门。其兽多居暨（jī），其状如彙[①]而赤毛，其音如豚。有鸟焉，其状如夸父，四翼、一目、犬尾，名曰嚣，其音如鹊，食之已腹痛，可以止衕（dòng）[②]。

【注释】

①彙：据古人讲，这种动物长得像老鼠，身上有红色的毛，像刺猬身上的刺一样硬。②衕：腹泻。

【译文】

再往北三百五十里，有座山名叫梁渠山，山上没有花草树木，却有丰富的金属矿物和玉石。脩水从这座山发源，然后向东流入雁门水。山中的野兽大多是居暨兽，形体像刺猬却浑身长着红色的毛，发出的声音如同小猪叫。山中还有一种禽鸟，样子像夸父，长着四只翅膀、一只眼睛，还有狗一样的尾巴，名叫嚣，它的叫声与喜鹊的鸣叫相似，人吃了它的肉就可以治疗肚子痛，还可以止腹泻。

【原文】

又北四百里，曰姑灌之山，无草木。是山也，冬夏有雪。

【译文】

再往北四百里，有座山是姑灌山，山上不长任何花草树木。在这座山上，冬天和夏天都有积雪覆盖。

【原文】

又北三百八十里，曰湖灌之山，其阳多玉，其阴多碧、多马。湖灌之水出焉，而东流注于海，其中多䱇（shàn）[①]。有木焉，其叶如柳而赤理。

【注释】

①䱇：同“鳝”。即黄鳝鱼。

【译文】

再往北三百八十里，有座山名叫湖灌山，山南阳面盛产玉石，山北阴面盛产碧玉，并有许多野马。湖灌水从这座山发源，然后向东流入大海，水中有很多鳝鱼。山里还生长着一种树木，叶子像柳树叶，却有红色的纹理。

【原文】

又北水行五百里，流沙三百里，至于洹（huán）山，其上多金玉。三桑生之，其树皆无枝，其高百仞。百果树生之。其下多怪蛇。

【译文】

再往北行五百里水路，然后穿过三百里流沙，便到了洹山，山上蕴藏着丰富的金属矿物和玉石。山中生长着一种三桑树，这种树不长枝条，树干高达百仞。山中还生长着各种果树。山下有很多怪蛇。

【原文】

又北三百里，曰敦题之山，无草木，多金玉。是錞于北海。

【译文】

再往北三百里，有座山名叫敦题山，山中不长花草树木，但蕴藏有丰富的金属矿物和玉石。这座山坐落在北海的岸边。

【原文】

凡北次二山之首，自管涔之山至于敦题之山，凡十七山，五千六百九十里。其神皆蛇身人面。其祠：毛用一雄鸡、彘瘗；用一璧一珪，投而不糈。

【译文】

北方第二列山系，自管涔山起到敦题山止，一共十七座山，绵延五千六百九十里。诸山神都是蛇的身体和人的面孔。祭祀山神的仪式是：把毛物中用作祭品的一只公鸡、一头猪一起埋入地下；在祀神的玉器中用一块璧和一块珪，一起投向山中；祀神时是不用精米的。

北次三经

《五藏山经传》卷三载："此经所志，自河曲东北迄潦海诸山也。"在吕调阳看来，这一卷说的主要是，自河曲（地处山西、陕西、内蒙古三省交界，黄河在此蜿蜒周廻，故称河曲）东北，至辽东半岛北端之间一系列的山脉。潦海，疑为辽东海城大潦河。

【原文】

北次三山之首，曰太行之山。其首曰归山，其上有金玉，其下有碧。有兽焉，其状如麢羊而四角，马尾而有距①，其名曰䮝，善还（xuán）②，其名自训。有鸟焉，其状如鹊，白身、赤尾、六足，其名曰䳤（bēn），是善惊③，其鸣自谈（jiào）④。

【注释】

①距：雄鸡、野鸡等动物的腿后面突出像脚趾的部分。这里指鸡的足爪。②还：通"旋"。旋转，这里指盘旋跳舞。③惊：惊觉，警敏。④谈：叫，呼。

【译文】

北方第三列山系的首座山，名叫太行山。太行山的起始叫归山，山上出产金属矿物和玉石，山下出产碧玉。山中有一种野兽，形体像普通的羚羊却有四只角，长着马一样的尾巴和鸡一样的爪子，名叫䍶，它善于盘旋起舞，发出的叫声就是自身名字的读音。山中还有一种禽鸟，形体像一般的喜鹊，长着白色的身体、红色的尾巴和六只脚，名字叫鷶，这种鸟十分警敏，它发出的叫声就是自身名字的读音。

【原文】

又东北二百里，曰龙侯之山，无草木，多金玉。決決之水出焉，而东流注于河。其中多人鱼，其状如䱱（tí）鱼，四足，其音如婴儿，食之无痴疾。

【译文】

再往东北二百里，有座山名叫龙侯山，山上不生长花草树木，有丰富的金属矿物和玉石。決決水从这座山发源，然后向东流入黄河。水中有很多人鱼，它的形状像一般的䱱鱼，长有四只脚，发出的声音像婴儿啼哭，人吃了它的肉就不会得疯癫病。

【原文】

又东北二百里，曰马成之山，其上多文石，其阴多金玉。有兽焉，其状如白犬而黑头，见人则飞，其名曰天马，其鸣自训。有鸟焉，其状如乌，首白而身青、足黄，是名曰鶌（qǔ）鶋（jū），其鸣自詨，食之不饥，可以已寓[①]。

【注释】

①寓：似同“误”字，大概以音近为义，指昏忘之病，就是现在所谓的老年健忘症，或老年痴呆症。

【译文】

再往东北二百里，有座山名叫马成山，山上多出产有纹理的美石，山北阴面有丰富的金属矿物和玉石。山里有一种野兽，形体像普通的白狗却长着黑色的脑袋，一看见人就会飞走，名叫天马，它的叫声就是自身名字的读音。山里还有一种禽鸟，形体像一般的乌鸦，却长着白色的脑袋、青色的身体和黄色的足爪，名叫鶌鶋，它的叫声同样是自身名字的读音，人吃了它的肉就不会感觉饥饿，还可以治疗老年健忘症。

【原文】

又东北七十里，曰咸山，其上有玉，其下多铜，是多松柏，草多茈草。条菅之水出焉，而西南流注于长泽。其中多器酸[①]，三岁一成[②]，食之已疠。

【注释】

①器酸：产于静水中的一种酸味食物。②成：成长。

【译文】

再往东北七十里，有座山名叫咸山，山上盛产玉石，山下盛产铜矿石，这里到处是松树和柏树，草以茈草居多。条菅水从这座山发源，然后向西南流入长泽。水中出产大量的器酸，这种器酸三年才能收成一次，人吃了它就能治愈麻风病。

【原文】

又东北二百里，曰天池之山，其上无草木，多文石。有兽焉，其状如兔而鼠首，以其背飞，其名曰飞鼠。渑（shéng）水出焉，潜于其下，其中多黄垩[①]。

【注释】

①黄垩：黄土。

【译文】

再往东北二百里，有座山名叫天池山，山上没有花草树木，到处是带有花纹的美石。山中有一种野兽，形体像一般的兔子却长着老鼠的头，它用背上的长毛飞行，名叫飞鼠。渑水从这座山发源，然后潜流到山下，水中有很多黄色垩土。

【原文】

又东三百里，曰阳山，其上多玉，其下多金铜。有兽焉，其状如牛而赤尾，其颈腎（shèn）[1]，其状如句（gōu）瞿[2]，其名曰领胡，其鸣自谈，食之已狂。有鸟焉，其状如雌雉，而五采以文，是自为牝牡，名曰象蛇，其鸣自谈。留水出焉，而南流注于河。其中有䱗（xiàn）父之鱼，其状如鲋鱼，鱼首而彘身，食之已呕。

【注释】

①腎：肉瘤之类的东西。②句瞿：斗。

【译文】

再往东三百里，有座山名叫阳山，山上盛产玉石，山下有丰富的金矿、铜矿。山中有一种野兽，形体像普通的牛却长着红色的尾巴，脖子上有肉瘤，像斗的形状，名叫领胡，它发出的叫声便是自身名字的读音，人吃了它的肉就能治愈癫狂症。山中还有一种禽鸟，形体像雌野鸡，羽毛上有五彩斑斓的花纹，这种鸟一身兼有雄雌两种性器官，名叫象蛇，它发出的叫声便是自身名字的读音。留水从这座山发源，然后向南流入黄河。水中生长着䱗父鱼，形状像一般的鲫鱼，却长着鱼头和猪身，人吃了它的肉可以治愈呕吐。

【原文】

又东三百五十里，曰贲闻之山，其上多苍玉，其下多黄垩，多涅石[1]。

【注释】

①涅石：一种黑色矾石，可做黑色染料。矾石是一种矿物，为透明结晶体。

【译文】

再往东三百五十里，有座山是贲闻山，山上盛产青玉，山下盛产黄色垩土，涅石的储量也很丰富。

【原文】

又北百里，曰王屋之山，是多石。𣾰（lián）水出焉，而西北流注于泰泽。

【译文】

再往北一百里，有座山是王屋山，这里到处都是石头。浵水从这座山发源，然后向西北流入泰泽。

【原文】

又东北三百里，曰教山，其上多玉而无石。教水出焉，西流注于河，是水冬干而夏流，实惟干河。其中有两山。是山也，广员三百步，其名曰发丸之山[①]，其上有金玉。

【注释】

①发丸之山：据说发丸山居于水中，形状像神人所发射的两颗弹丸，所以叫发丸山。

【译文】

再往东北三百里，有座山名叫教山，山上有大量的玉石却没有石头。教水从这座山发源，向西流入黄河，这条水系到了冬季就会干枯，只有在夏季才会有水流，确实可以称作干河。教水的河道中有两座小山，各方圆三百步，名叫发丸山，这两座小山上蕴藏着丰富的金属矿物和玉石。

【原文】

又南三百里，曰景山，南望盐贩之泽，北望少泽。其上多草、藷萸（yù）[①]，其草多秦椒[②]，其阴多赭，其阳多玉。有鸟焉，其状如蛇，而四翼、六目、三足，名曰酸与，其鸣自詨，见则其邑有恐。

【注释】

①藷萸：就是今天所说的山药。②秦椒：一种类似花椒的草本植物。

【译文】

再往南三百里，有座山名叫景山，在山上向南可以望见盐贩泽，向北可以望见少泽。山上生长着茂密的草和藷萸，这里的草以秦椒为最多，山北阴面盛产赭石，山南阳面多出产玉石。山里有一种禽鸟，形体像一般的蛇，却长有四只翅膀、六只眼睛和三只脚，名叫酸与，它发出的叫声便是自身名字的读音，它在哪里出现，哪里就会发生使人惊恐的事情。

【原文】

又东南三百二十里，曰孟门之山，其上多苍玉，多金，其下多黄垩，多涅石。

【译文】

再往东南三百二十里，有座山是孟门山，山上蕴藏有丰富的青玉，还盛产金属矿物，山下遍布着黄色垩土，还有储量丰富的涅石。

【原文】

又东南三百二十里，曰平山。平水出于其上，潜于其下，是多美玉。

【译文】

再往东南三百二十里，有座山是平山。平水从这座山的山顶上发源，然后潜流到山下，水中有很多美丽的玉石。

【原文】

又东二百里，曰京山，有美玉，多漆木，多竹，其阳有赤铜，其阴有玄礵（sù）[①]。高水出焉，南流注于河。

【注释】

①玄：黑色。礵：砥石，即磨刀石。

【译文】

再往东二百里，有座山名叫京山，山上盛产漂亮的玉石，到处都有漆树，还有很多竹林，在这座山的阳面出产黄铜，山北阴面出产黑色磨刀石。高水从这座山发源，向南流入黄河。

【原文】

又东二百里，曰虫尾之山，其上多金玉，其下多竹，多青碧。丹水出焉，南流注于河。薄水出焉，而东南流注于黄泽。

【译文】

再往东二百里，有座山名叫虫尾山，山上盛产金属矿物和玉石，山下到处是竹丛，还有很多青石和碧玉。丹水从这座山发源，向南流入黄河。薄水也从这座山发源，而向东南流入黄泽。

【原文】

又东三百里，曰彭[①]𣲖之山，其上无草木，多金玉，其下多水。蚤林之水出焉，东南流注于河。肥水出焉，而南流注于床水，其中多肥遗之蛇。

【注释】

①彭：应作“鼓”。

【译文】

再往东三百里，有座山名叫彭𣲖山，山上不生长花草树木，却有丰富的金属矿物和玉石，山下到处是流水。蚤林水从这座山发源，向东南流入黄河。肥水也从这座山发源，而向南流入床水，水中有很多肥遗蛇。

【原文】

又东百八十里，曰小侯之山。明漳之水出焉，南流注于黄泽。有鸟焉，其状如乌而白文，名曰鸪（gū）䴏（xí），食之不瀥（jiào）[①]。

【注释】

①瀥：眼昏花。

【译文】

再往东一百八十里，有座山名叫小侯山。明漳水从这座山发源，向南流入黄泽。山中有一种禽鸟，形体像一般的乌鸦却有白色斑纹，名叫鸪鸐，人吃了它的肉就可以眼睛明亮而不昏花。

【原文】

又东三百七十里，曰泰头之山。共水出焉，南注于虖沱（tuó）。其上多金玉，其下多竹箭。

【译文】

再往东三百七十里，有座山名叫泰头山。共水从这座山发源，向南流入虖沱河。山上有丰富的金属矿物和玉石，山下遍布着低矮的小竹丛。

【原文】

又东北二百里，曰轩辕之山，其上多铜，其下多竹。有鸟焉，其状如枭而白首，其名曰黄鸟，其鸣自诐，食之不妒。

【译文】

再往东北二百里，有座山名叫轩辕山，山上多出产铜矿石，山下到处是竹子。山中有一种禽鸟，形体像一般的猫头鹰却长着白色的脑袋，名叫黄鸟，发出的叫声便是它自身名字的读音，人吃了它的肉就能不生妒忌之心。

【原文】

又北二百里，曰谒戾之山，其上多松柏，有金玉。沁水出焉，南流注于河。其东有林焉，名曰丹林。丹林之水出焉，南流注于河。婴侯之水出焉，北流注于汜水。

【译文】

再往北二百里，有座山名叫谒戾山，山上生长着茂密的松树和柏树，还蕴藏着金属矿物和玉石。沁水从这座山发源，向南流入黄河。山的东面有一片树林，叫作丹林。丹林水就从这里发源，向南流入黄河。婴侯水也从这里发源，向北流入汜水。

【原文】

东三百里，曰沮洳（rù）之山，无草木，有金玉。濝（qí）水出焉，南流注于河。

【译文】

往东三百里，有座山是沮洳山，山上不生长花草树木，有金属矿物和玉石。濝水从这座山发源，向南流入黄河。

【原文】

又北三百里，曰神囷（qūn）之山，其上有文石，其下有白蛇，有飞虫[①]。黄水出焉，而东流注于洹。滏水出焉，而东流注于欧水。

【注释】

①飞虫：指蠛（miè）蠓、蚊子之类的小飞虫，会成群地乱飞。

【译文】

再往北三百里，有座山名叫神囷山，山上有带花纹的美丽石头，山下有白色的蛇，还有飞虫。黄水从这座山发源，然后向东流入洹水。滏水也从这座山发源，而向东流入欧水。

【原文】

又北二百里，曰发鸠之山，其上多柘木。有鸟焉，其状如乌，文首、白喙、赤足，名曰精卫，其鸣自诙。是炎帝[①]之少女，名曰女娃。女娃游于东海，溺而不返，故为精卫，常衔西山之木石，以堙（yīn）[②]于东海。漳水出焉，东流注于河。

【注释】

①炎帝：传说中的上古帝王，号称神农氏。②堙：堵塞。

【译文】

再往北二百里，有座山名叫发鸠山，山上生长着茂密的柘树。山中有一种禽鸟，形体像一般的乌鸦，却长着有花斑的脑袋、白嘴巴、红爪子，名叫精卫，它发出的叫声就是自身名字的读音。精卫本是炎帝的小女儿，名叫女娃。女娃到东海游玩时不幸淹溺在海里，于是就变成了精卫鸟。它常常衔回西山的树枝和石子，来填塞东海。漳水从这座山发源，向东流入黄河。

【原文】

又东北百二十里，曰少山，其上有金玉，其下有铜。清漳之水出焉，东流注于浊漳之水。

【译文】

再往东北一百二十里，有座山是少山，山上出产金属矿物和玉石，山下出产铜矿石。清漳水从这座山发源，向东流入浊漳水。

【原文】

又东北二百里，曰锡山，其上多玉，其下有砥。牛首之水出焉，而东流注于滏水。

【译文】

再往东北二百里，有座山是锡山，山上蕴藏着丰富的玉石，山下出产磨刀石。牛首水从这座山发源，然后向东流入滏水。

【原文】

又北二百里，曰景山，有美玉。景水出焉，东南流注于海泽。

【译文】

再往北二百里，有座山是景山，山上出产质地优良的玉石。景水从这座山发源，向东南流入海泽。

【原文】

又北百里，曰题首之山，有玉焉，多石，无水。

【译文】

再往北一百里，有座山是题首山，这里出产玉石，还有许多石头，但这里没有水。

【原文】

又北百里，曰绣山，其上有玉、青碧。其木多栒（xún）①，其草多芍药、芎䓖。洧水出焉，而东流注于河，其中有鳠（hù）、黾（měng）②。

【注释】

①栒：栒树，古人常用树干部分制作拐杖。②鳠：鳠鱼，体形较细，似鲇鱼但比它大，灰褐色，头扁平，背鳍、胸鳍相对有一硬刺，后缘有锯齿。黾：蛙的一种，皮肤呈青色。

【译文】

再往北一百里，有座山名叫绣山，山上有玉石、青玉，山中的树木大多是栒树，而花草以芍药、川芎居多。洧水从这座山发源，然后向东流入黄河，水中有鳠鱼和黾蛙。

【原文】

又北百二十里，曰松山。阳水出焉，东北流注于河。

【译文】

再往北一百二十里，有座山是松山。阳水从这座山发源，向东北流入黄河。

【原文】

又北百二十里，曰敦与之山，其上无草木，有金玉。溹（suò）水出于其阳，而东流注于泰陆之水；泜（zhī）水出于其阴，而东流注于彭水。槐水出焉，而东流注于泜泽。

【译文】

再往北一百二十里，有座山名叫敦与山，山上不生长花草树木，却出产金属矿物和玉石。溹水从敦与山的南面流出，然后向东流入泰陆水；泜水从敦与山的北面流出，然后向东流入彭水。槐水也从这座山发源，然后向东流入泜泽。

【原文】

又北百七十里，曰柘山，其阳有金玉，其阴有铁。历聚之水出焉，而北流注于洧水。

【译文】

再往北一百七十里，有座山是柘山，山南阳面出产金属矿物和玉石，山北阴面出产铁。历聚水从这座山发源，然后向北流入洧水。

【原文】

又北三百里，曰维龙之山，其上有碧玉，其阳有金，其阴有铁。肥水出焉，而东流注于皋泽，其中多礨（lěi）石[①]。敞铁之水出焉，而北流注于大泽。

【注释】

①礨石："礨"的本义是地势突然高出的样子。礨石在这里指河道中高出水面许多的大石头。

【译文】

再往北三百里，有座山名叫维龙山，山上出产碧玉，山南阳面有金属矿物，山北阴面有铁矿石。肥水从这座山发源，然后向东流入皋泽，水中有很多高出水面的大石头。敞铁水也从这座山发源，然后向北流入大泽。

【原文】

又北百八十里，曰白马之山，其阳多石玉，其阴多铁，多赤铜。木马之水出焉，而东北流注于虖沱。

【译文】

再往北一百八十里，有座山名叫白马山，山南阳面有很多石头和玉石，山北阴面蕴藏着丰富的铁矿石和黄铜。木马水从这座山发源，然后向东北流入虖沱河。

【原文】

又北二百里，曰空桑之山，无草木，冬夏有雪。空桑之水出焉，东流注于虖沱。

【译文】

再往北二百里，有座山是空桑山，山上没有花草树木，冬天和夏天都会有积雪覆盖。空桑水从这座山发源，向东流入虖沱河。

【原文】

又北三百里，曰泰戏之山，无草木，多金玉。有兽焉，其状如羊，一角一目，目在耳后，其名曰辣辣（dōng），其鸣自训。虖沱之水出焉，而东流注于溇（lóu）水。液女之水出于其阳，南流注于沁水。

【译文】

再往北三百里，有座山名叫泰戏山，山上不生长花草树木，蕴藏着很多金属矿物和玉石。山中有一种野兽，形体像普通的羊，却只长着一只角和一只眼睛，眼睛长在耳朵的后边，名叫辣辣，它发出的叫声便是自身名字的读音。虖沱水从这座山发源，然后向东流入溇水。液女水发源于这座山的南面，向南流入沁水。

【原文】

又北三百里，曰石山，多藏金玉。濩濩（huò）之水出焉，而东流注于虖沱；鲜于之水出焉，而南流注于虖沱。

【译文】

再往北三百里，有座山名叫石山，山中盛产金属矿物和玉石。濩濩水从这座山发源，然后向东流入虖沱河；鲜于水也从这座山发源，然后向南流入虖沱河。

【原文】

又北二百里，曰童戎之山。皋涂之水出焉，而东流注于溇液水。

【译文】

再往北二百里，有座山是童戎山。皋涂水从这座山发源，然后向东流入溇液水。

【原文】

又北三百里，曰高是之山。滋水出焉，而南流注于虖沱。其木多棕，其草多条。滱（kòu）水出焉，东流注于河。

【译文】

再往北三百里，有座山是高是山。滋水从这座山发源，然后向南流入虖沱河。山中的树木以棕树居多，草以条草为多。滱水也从这座山发源，然后向东流入黄河。

【原文】

又北三百里，曰陆山，多美玉。郯（jiāng）水出焉，而东流注于河。

【译文】

再往北三百里，有座山是陆山，山中有很多质地优良的玉石。郯水从这座山发源，然后向东流入黄河。

【原文】

又北二百里，曰沂山。般（pán）水出焉，而东流注于河。

【译文】

再往北二百里，是座沂山。般水从这座山发源，然后向东流入黄河。

【原文】

北百二十里，曰燕山，多婴石①。燕水出焉，东流注于河。

【注释】

①婴石：一种像玉一样且带有彩色纹理的美丽石头。

【译文】

往北一百二十里，有座山是燕山，山中盛产有花纹的美丽石头。燕水从这座山发源，向东流入黄河。

【原文】

又北山行五百里，水行五百里，至于饶山。是无草木，多瑶碧，其兽多橐驼，其鸟多鹠（liú）①。历虢之水出焉，而东流注于河，其中有师鱼②，食之杀人。

【注释】

①鹠：即鸺鹠，也叫横纹小鹠，头和颈侧及翼上覆羽呈暗褐色，密布着棕白色狭横斑。②师鱼：一种鱼名，有毒。

【译文】

再往北走五百里山路，之后再走五百里水路，便到了饶山。山中不生长花草树木，到处是瑶、碧一类的美玉，山中的野兽多是骆驼，而禽鸟多是鸺鹠。历虢水从这座山发源，然后向东流入黄河，水中有师鱼，人吃了它的肉便会中毒而死。

【原文】

又北四百里，曰乾（gān）山，无草木，其阳有金玉，其阴有铁而无水。有兽焉，其状如牛而三足，其名曰獂（huán），其鸣自诙。

【译文】

再往北四百里，有座山名叫乾山，山上没有花草树木，山南阳面蕴藏着金属矿物和玉石，山北阴面蕴藏着铁矿石，乾山上没有水。山中有一种野兽，形体像普通的牛却长着三只脚，名叫獂，它发出的叫声便是自身名字的读音。

【原文】

又北五百里，曰伦山。伦水出焉，而东流注于河。有兽焉，其状如麋，其川[①]在尾上，其名曰罴。

【注释】

①川：古人注“川”为“窍”。上窍谓耳目鼻口，下窍谓前阴后阴。这里的窍就是肛门的意思。

【译文】

再往北五百里，有座山名叫伦山。伦水从这座山发源，然后向东流入黄河。山中有一种野兽，形体像麋鹿，肛门长在尾巴上面，名叫罴。

【原文】

又北五百里，曰碣石之山。绳水出焉，而东流注于河，其中多蒲夷之鱼[①]。其上有玉，其下多青碧。

【注释】

①蒲夷之鱼：古人认为这种鱼就是冉遗鱼，形体似蛇，有六只脚，眼睛像马眼，人如果吃了它的肉就不会做噩梦。

【译文】

再往北五百里，有座山名叫碣石山。绳水从这座山发源，然后向东流入黄河，水中有很多蒲夷鱼。山上蕴藏着玉石，山下还有丰富的青石和碧玉。

【原文】

又北水行五百里，至于雁门之山，无草木。

【译文】

再往北行五百里水路，便到了雁门山，这山上没有花草树木。

【原文】

又北水行四百里，至于泰泽。其中有山焉，曰帝都之山，广员百里，无草木，有金玉。

【译文】

再往北行四百里水路，便到了泰泽。在泰泽有一座山，叫作帝都山，这座山方圆一百里，没有花草树木，却有金属矿物和玉石。

【原文】

又北五百里，曰錞于毋（wú）逢之山，北望鸡号之山，其风如飚（lì）[①]。西望幽都之山，浴水出焉。是有大蛇，赤首白身，其音如牛，见则其邑大旱。

【注释】

①飚：风很急的样子。

【译文】

再往北五百里，有座山名叫錞于毋逢山，从山上向北可以望见鸡号山，从那里吹出的风很强劲。从錞于毋逢山向西可以望见幽都山，浴水就从幽都山发源。幽都山中有一种大蛇，长着红色的脑袋和白色的身体，发出的声音如同牛叫，它在哪个地方出现，那里就会有大旱灾。

【原文】

凡北次三山之首，自太行之山以至于毋逢之山[①]，凡四十六山，万二千三百五十里。其神状皆马身而人面者廿（niàn）[②]神。其祠之：皆用一藻茝瘗之[③]。其十四神状皆彘身而载[④]玉。其祠之：皆玉，不瘗。其十神状皆彘身而八足蛇尾。其祠之：皆用一璧瘗之。大凡四十四神，皆用稌糈米祠之。此皆不火食。

【注释】

①毋逢之山：即上文所说的錞于毋逢山。②廿：二十。③藻：聚藻，一种香草。茝：香草，属于兰草一类。④载：通"戴"。

【译文】

北方第三列山系，从太行山起到毋逢山止，一共四十六座山，绵延一万二千三百五十里。其中有二十座山的山神都是马一样的身体，人一样的面孔。祭祀这些山神时，都是把用作祭品的藻和茝之类的香草埋入地下。另外十四座山的山神都是猪一样的身体，佩戴着玉制饰品。祭祀这些山神时都用祀神的玉器，但不埋入地下。还有十座山的山神都是猪一样的身体，长着八只脚和蛇一样的尾巴，祭祀这些山神时用一块玉璧，祭祀后埋入地下。总共四十四个山神，都要用精米来祭祀。祭祀诸山神都要用未经火烤的食物。

【原文】

右北经之山，凡八十七山，二万三千二百三十里。

【译文】

以上是北方的山系，总共八十七座山，共计二万三千二百三十里。

卷四　东山经

【题解】

东方四列山系，总共四十六座山，绵延一万八千八百六十里。《东次一经》所记载的地方是今天的乌苏里江以西、图们江以北的各座山；《东次二经》记载的是乌苏里江以南到朝鲜南境的各座山；《东次三经》记载的是鸭绿江海口至朝鲜南境，西至少海的各座山；《东次四经》记载的则是小潦河以南、鸭绿江以西的各座山。其中记载了很多能够预测未来的动物。

东次一经

《五藏山经传》卷四载："此经所志，今吉林之乌苏里江以西、图们江以北诸山也。"在吕调阳看来，这一卷说的主要是，今乌苏里江源头（发源于吉林锡赫特山脉主峰南段西麓）以西，图们江（在今吉林东南）以北的一系列山脉。

【原文】

东山之首，曰樕（sù）螽（zhū）之山，北临乾昧。食水出焉，而东北流注于海。其中多鳙鳙（yōng）之鱼，其状如犁牛①，其音如彘鸣。

【注释】

①犁牛：这种牛毛色黄黑相杂，像虎纹似的。

【译文】

东方第一列山系的首座山，叫作樕螽山，山北面与乾昧山相邻。食水从这座山发源，然后向东北流入大海。水中有很多鳙鳙鱼，形体像犁牛，发出的叫声如同猪叫。

【原文】

又南三百里，曰藟（lěi）山，其上有玉，其下有金。湖水出焉，东流注于食水，其中多活师①。

【注释】

①活师：即蝌蚪，头又圆又大而尾巴细小，是青蛙、蛤蟆等两栖动物的幼体。

【译文】

再往南三百里，有座山是藟山，山上出产玉石，山下出产黄金。湖水从这座山发源，向东流入食水，水中有很多蝌蚪。

【原文】

又南三百里，曰栒状之山，其上多金玉，其下多青碧石。有兽焉，其状如犬，六足，其名曰从从，其鸣自詨。有鸟焉，其状如鸡而鼠毛，其名曰蚩（zī）鼠，见则其邑大旱。汦（zhǐ）水出焉，而北流注于湖水。其中多箴鱼，其状如儵，其喙如箴①，食之无疫疾。

【注释】

①箴：同“针”。箴鱼，生长在东海，在今江东水中也能看到。

【译文】

再往南三百里，有座山是栒状山，山上有丰富的金属矿物和玉石，山下有丰富的青石、碧玉。山中有一种野兽，形体像一般的狗，却长着六只脚，名叫从从，它发出的叫声便是自身名字的读音。山中有一种禽鸟，形体像普通的鸡却长着老鼠一样的尾巴，名叫蚩鼠，它在哪里出现，哪里就会有大旱灾。汦水从这座山发源，然后向北流入湖水。水中有很多箴鱼，形体像儵鱼，嘴巴像长针，人吃了它的肉就可以预防瘟疫。

【原文】

又南三百里，曰勃亝（qí）[1]之山，无草木，无水。

【注释】

①亝：“齐”的古字。

【译文】

再往南三百里，有座山是勃亝山，山中没有花草树木，也没有水。

【原文】

又南三百里，曰番条之山，无草木，多沙。減（jiǎn）水出焉，北流注于海，其中多鳡（gǎn）鱼[1]。

【注释】

①鳡鱼：又名母鲇、竿鱼，食肉淡水鱼，体延长，呈圆筒形，青黄色，吻尖长，口大，眼小，性凶猛，捕食各种鱼类。

【译文】

再往南三百里，有座山是番条山，山上没有花草树木，到处都是沙子。減水从这座山发源，向北流入大海，水中有很多鳡鱼。

【原文】

又南四百里，曰姑儿之山，其上多漆，其下多桑、柘。姑儿水出焉，北流注于海，其中多鳡鱼。

【译文】

再往南四百里，有座山是姑儿山，山[illegible]茂密的漆树，山下多是桑树、柘树。姑儿水从这座山发源，向北流[illegible]水中有很多鳡鱼。

【原文】

又南四百里，曰[illegible]，其上多玉，其下多箴石[1]。诸绳之水出焉，东流注于泽，其中多金玉。

【注释】

①箴石：又称针石、砭石，是古代用于针灸的一种石针，用石头磨制而成，可以治疗痈肿疽疱，排除脓血。

【译文】

再往南四百里，有座山是高氏山，山上盛产玉石，山下盛产箴石。诸绳水从这座山发源，向东流入湖泽，水中盛产金属矿物和玉石。

【原文】

又南三百里，曰岳山，其上多桑，其下多樗。泺（luò）水出焉，东流注于泽，其中多金玉。

【译文】

再往南三百里，有座山是岳山，山上有茂密的桑树，山下有很多臭椿树。泺水从这座山发源，向东流入湖泽，水中有许多金属矿物和玉石。

【原文】

又南三百里，曰犲（chái）山，其上无草木，其下多水，其中多堪孖（xù）之鱼。有兽焉，其状如夸父而彘毛，其音如呼，见则天下大水。

【译文】

再往南[illegible]百里，是座犲山，山上不生长花草树木，山下到处是流水，水中有很多堪孖鱼。[illegible]有一种野兽，形体像猿猴，身上长着猪毛，发出的声音如同人在呼叫，它一出[illegible]下就会发生大水灾。

【原文】

又南三百里，曰独山，其上[illegible]其下多美石。末涂之水出焉，而东南流注于沔（miǎn），其中多偹蟰（y[illegible] 其状如黄蛇，鱼翼，出入有光，见则其邑大旱。

【译文】

再往南三百里，有座山是独山，山上盛产金属矿物和玉石，山下多的是美丽的石头。末涂水从这座山发源，然后向东南流入沔水，水中有很多鯈鳙，形体与黄蛇相似，长着鱼一样的鳍，出入水中时闪闪发光，它的出现预示着地方上会遭遇大旱。

【原文】

又南三百里，曰泰山，其上多玉，其下多金。有兽焉，其状如豚而有珠，名曰狪狪（tóng），其鸣自训。环水出焉，东流注于汶，其中多水玉。

【译文】

再往南三百里，有座山是泰山，山上盛产玉石，山下盛产黄金。山中有一种野兽，形体与一般的猪相似，体内有珠子，名叫狪狪，它发出的叫声便是自身名字的读音。环水从这座山发源，向东流入汶水，水中有很多水晶石。

【原文】

又南三百里，曰竹山，錞于汶，无草木，多瑶、碧。激水出焉，而东南流注于娶檀之水，其中多茈蠃。

【译文】

再往南三百里，有座山是竹山，坐落于汶水边上，山上没有花草树木，多出产瑶、碧一类的玉石。激水从竹山发源，然后向东南流入娶檀水，水中有很多紫色螺。

【原文】

凡东山之首，自樕螽之山以至于竹山，凡十二山，三千六百里。其神状皆人身龙首。祠：毛用一犬祈，衈（èr）①用鱼。

【注释】

①衈：同“衅”。指古代杀牲取血以供祭祀之用。

【原文】

又南三百里，曰勃垒（qí）[①]之山，无草木，无水。

【注释】

①垒："齐"的古字。

【译文】

再往南三百里，有座山是勃垒山，山中没有花草树木，也没有水。

【原文】

又南三百里，曰番条之山，无草木，多沙。减（jiǎn）水出焉，北流注于海，其中多鳡（gǎn）鱼[①]。

【注释】

①鳡鱼：又名母鲇、竿鱼，食肉淡水鱼，体延长，呈圆筒形，青黄色，吻尖长，口大，眼小，性凶猛，捕食各种鱼类。

【译文】

再往南三百里，有座山是番条山，山上没有花草树木，到处都是沙子。减水从这座山发源，向北流入大海，水中有很多鳡鱼。

【原文】

又南四百里，曰姑儿之山，其上多漆，其下多桑、柘。姑儿之水出焉，北流注于海，其中多鳡鱼。

【译文】

再往南四百里，有座山是姑儿山，山上有茂密的漆树，山下多是桑树、柘树。姑儿水从这座山发源，向北流入大海，水中有很多鳡鱼。

【原文】

又南四百里，曰高氏之山，其上多玉，其下多箴石[①]。诸绳之水出焉，东流注于泽，其中多金玉。

【注释】

①箴石：又称针石、砭石，是古代用于针灸的一种石针，用石头磨制而成，可以治疗痈肿疽疱，排除脓血。

【译文】

再往南四百里，有座山是高氏山，山上盛产玉石，山下盛产箴石。诸绳水从这座山发源，向东流入湖泽，水中盛产金属矿物和玉石。

【原文】

又南三百里，曰岳山，其上多桑，其下多樗。泺（luò）水出焉，东流注于泽，其中多金玉。

【译文】

再往南三百里，有座山是岳山，山上有茂密的桑树，山下有很多臭椿树。泺水从这座山发源，向东流入湖泽，水中有许多金属矿物和玉石。

【原文】

又南三百里，曰犲（chái）山，其上无草木，其下多水，其中多堪孖（xù）之鱼。有兽焉，其状如夸父而彘毛，其音如呼，见则天下大水。

【译文】

再往南三百里，是座犲山，山上不生长花草树木，山下到处是流水，水中有很多堪孖鱼。山中有一种野兽，形体像猿猴，身上长着猪毛，发出的声音如同人在呼叫，它一出现天下就会发生大水灾。

【原文】

又南三百里，曰独山，其上多金玉，其下多美石。末涂之水出焉，而东南流注于沔（miǎn），其中多偹蛹（yóng），其状如黄蛇，鱼翼，出入有光，见则其邑大旱。

【译文】

再往南三百里，有座山是独山，山上盛产金属矿物和玉石，山下多的是美丽的石头。末涂水从这座山发源，然后向东南流入沔水，水中有很多偹蛹，形体与黄蛇相似，长着鱼一样的鳍，出入水中时闪闪发光，它的出现预示着地方上会遭遇大旱。

【原文】

又南三百里，曰泰山，其上多玉，其下多金。有兽焉，其状如豚而有珠，名曰狪狪（tóng），其鸣自讠。环水出焉，东流注于汶，其中多水玉。

【译文】

再往南三百里，有座山是泰山，山上盛产玉石，山下盛产黄金。山中有一种野兽，形体与一般的猪相似，体内有珠子，名叫狪狪，它发出的叫声便是自身名字的读音。环水从这座山发源，向东流入汶水，水中有很多水晶石。

【原文】

又南三百里，曰竹山，錞于汶，无草木，多瑶、碧。激水出焉，而东南流注于娶檀之水，其中多茈蠃。

【译文】

再往南三百里，有座山是竹山，坐落于汶水边上，山上没有花草树木，多出产瑶、碧一类的玉石。激水从竹山发源，然后向东南流入娶檀水，水中有很多紫色螺。

【原文】

凡东山之首，自樕螽之山以至于竹山，凡十二山，三千六百里。其神状皆人身龙首。祠：毛用一犬祈，衈（èr）[①]用鱼。

【注释】

①衈：同“衅”。指古代杀牲取血以供祭祀之用。

【译文】

东方第一列山系，自樕螽山起到竹山止，一共十二座山，绵延三千六百里。诸山神的形貌都是人的身体和龙的头。祭祀的礼仪为：在毛物中用一只狗作为祭品来祭祀，用鱼血图祭。

东次二经

《五藏山经传》卷四载："此经所志，为乌苏里江以南迄于朝鲜南境诸山也。"在吕调阳看来，这一卷说的主要是，今乌苏里江以南至朝鲜半岛南端一系列的山脉。

【原文】

东次二山之首，曰空桑之山，北临食水，东望沮吴，南望沙陵，西望湣（mǐn）泽。有兽焉，其状如牛而虎文，其音如钦[①]，其名曰軨軨（líng），其鸣自叫，见则天下大水。

【注释】

①钦：通"吟"。呻吟。

【译文】

东方第二列山系的首座山叫空桑山，山北面靠近食水，在山上向东可以望见沮吴，向南可以望见沙陵，向西可以望见湣泽。山中有一种野兽，形体像一般的牛却有老虎一样的斑纹，发出的声音如同人在呻吟，名叫軨軨，它的叫声便是自身名字的读音，它一出现则预示着天下就会发生大水灾。

【原文】

又南六百里，曰曹夕之山，其下多穀而无水，多鸟兽。

【译文】

再往南六百里，是曹夕山，山下到处是构树，却没有流水，还有许多禽鸟野兽。

【原文】

又西南四百里，曰峄（yì）皋之山，其上多金玉，其下多白垩。峄皋之水出焉，东流注于激女（rǔ）之水，其中多蜃珧（yáo）[1]。

【注释】

①蜃：大蛤蜊，是一种软体动物。珧：小蚌。

【译文】

再往西南四百里，有座山是峄皋山，山上有丰富的金属矿物和玉石，山下盛产白垩土。峄皋水从这座山发源，向东流入激女水，水中有很多大蛤蜊和小蚌。

【原文】

又南水行五百里，流沙三百里，至于葛山之尾，无草木，多砥砺。

【译文】

再往南沿水路走五百里，经过三百里流沙，便到了葛山的尾端，这里没有花草树木，到处是粗的和细的磨刀石。

【原文】

又南三百八十里，曰葛山之首，无草木。澧（lǐ）水出焉，东流注于余泽，其中多珠蟞鱼，其状如肺而四目，六足有珠，其味酸甘，食之无疠。

【译文】

再往南三百八十里，就是葛山的起点，这里没有花草树木。澧水由此发源，向东流入余泽，水中有很多珠蟞鱼，形状像动物的肺，有四只眼睛，还有六只脚，体内有珠，这种珠蟞鱼的肉味酸中带甜，人吃了它的肉就不会染上恶疮。

【原文】

又南三百八十里，日余峨之山，其上多梓枏，其下多荆芑。杂余之水出焉，东流注于黄水。有兽焉，其状如菟而鸟喙，鸱目蛇尾，见人则眠[①]，名曰犰（qiú）狳（yú）[②]，其鸣自训，见则螽（zhōng）[③]蝗为败。

【注释】

①眠：装死。②犰狳：今指贫齿目犰狳科动物，生活在美洲，但和此处的描述十分相似，所以人们在翻译使用了这个名字。③螽：即螽斯，蝗虫之类的昆虫，体呈绿色或褐色，样子像蚱蜢，以翅摩擦发音。其对农作物的损害不如蝗虫厉害。

【译文】

再往南三百八十里，有座山是余峨山，山上遍布着梓树和楠树，山下有茂密的牡荆树和枸杞树。杂余水从这座山发源，向东流入黄水。山中有一种野兽，形体像一般的兔子却长着鸟嘴，还长着鹞鹰的眼睛和蛇的尾巴，一看见人就躺下装死，名叫犰狳，它发出的叫声便是它自身名字的读音，它一出现就会蝗虫成灾，危害庄稼。

【原文】

又南三百里，曰杜父之山，无草木，多水。

【译文】

再往南三百里，是杜父山，山上不生长花草树木，到处是流水。

【原文】

又南三百里，曰耿山，无草木，多水碧[①]，多大蛇。有兽焉，其状如狐而鱼翼，其名曰朱獳（rú），其鸣自训，见则其国有恐。

【注释】

①水碧：即前文所说的水玉之类的石头，即水晶石。

【译文】

再往南三百里，有座山是耿山，山上没有花草树木，多产水晶石，还有很多大蛇。山中有一种野兽，形体像狐狸却长着鱼鳍，名叫朱獳，发出的叫声便是它自身名字的读音，它在哪个国家出现，哪个国家就会有恐怖的事发生。

【原文】

又南三百里，曰卢其之山，无草木，多沙石。沙水出焉，南流注于涔水，其中多鵹（lí）鹕（hú）[①]，其状如鸳鸯而人足，其鸣自训，见则其国多土功。

【注释】

①鵹鹕：即鹈鹕鸟，也叫作伽蓝鸟、淘河鸟、塘鸟。一种水鸟，体长可达二米，羽毛多是白色，下颌底部有一大的皮囊，能伸缩，可以用来兜食鱼类动物，翅大而阔。因为它的四趾之间有全蹼相连，所以认为其足类似人脚。

【译文】

再往南三百里，有座山是卢其山，山上不生长花草树木，到处是沙子石头。沙水从这座山发源，向南流入涔水。水中有很多鵹鹕，形体像一般的鸳鸯却长着人一样的脚，发出的叫声便是它自身名字的读音，它在哪个国家出现，哪个国家就会有大兴土木的劳役。

【原文】

又南三百八十里，曰姑射（yè）之山，无草木，多水。

【译文】

再往南三百八十里，是姑射山，山上没有花草树木，到处是流水。

【原文】

又南水行三百里，流沙百里，曰北姑射之山，无草木，多石。

【译文】

再往南沿水路走三百里，穿过一百里流沙，是北姑射山，山上没有花草树木，到处是石头。

【原文】

又南三百里，曰南姑射之山，无草木，多水。

【译文】

再往南三百里，是南姑射山，山上没有花草树木，到处是流水。

【原文】

又南三百里，曰碧山，无草木，多大蛇，多碧、水玉。

【译文】

再往南三百里，是碧山，山上不长花草树木，有许多大蛇，还盛产碧玉、水晶石。

【原文】

又南五百里，曰缑（gōu）氏之山，无草木，多金玉。原水出焉，东流注于沙泽。

【译文】

再往南五百里，是缑氏山，山上不生长花草树木，盛产金属矿物和玉石。原水从这座山发源，向东流入沙泽。

【原文】

又南三百里，曰姑逢之山，无草木，多金玉。有兽焉，其状如狐而有翼，其音如鸿雁，其名曰獙獙（bì），见则天下大旱。

【译文】

再往南三百里，有座山是姑逢山，山上没有花草树木，有丰富的金属矿物和玉石。山中有一种野兽，形体像一般的狐狸，长有翅膀，发出的声音如同大雁鸣叫，名叫獙獙，它一出现天下就会发生大旱灾。

【原文】

又南五百里，曰凫丽之山，其上多金玉，其下多箴石。有兽焉，其状如狐而九尾、九首、虎爪，名曰蛮（lóng）蛭，其音如婴儿，是食人。

【译文】

再往南五百里，有座山是凫丽山，山上有丰富的金属矿物和玉石，山下盛产箴石。山中有一种野兽，形体像一般的狐狸，却有九条尾巴、九个脑袋，长着虎一样的爪子，名叫蛮蛭，发出的声音如同婴儿啼哭，是会吃人的。

【原文】

又南五百里，曰硾（zhēn）山，南临硾水，东望湖泽。有兽焉，其状如马而羊首、四角、牛尾，其音如嗥狗，其名曰莜莜（yōu），见则其国多狡客。有鸟焉，其状如凫而鼠尾，善登木，其名曰絜钩，见则其国多疫。

【译文】

再往南五百里，有座山名叫硾山，山的南面紧挨着水，从山上向东可以望见湖泽。山中有一种野兽，形体像普通的马，却长着羊一样的头、四只角、牛一样的尾巴，发出的声音如同狗叫，名叫莜莜，它出现在哪个国家，哪个国家就会聚集一批狡辩的游士。山中还有一种禽鸟，形体像野鸭子却长着老鼠一样的尾巴，擅长攀登树木，名叫絜钩，它出现在哪个国家，哪个国家就会频繁发生瘟疫。

【原文】

凡东次二山之首，自空桑之山至于硾山，凡十七山，六千六百四十里。其神状皆兽身人面载觡（gé）[①]。其祠：毛用一鸡祈，婴[②]用一璧瘗。

【注释】

①觡：骨角。专指麋、鹿等动物的角，这种角的骨质与角质合而为一。②婴：据学者研究，婴是一种古代人祭礼的名称。

卷四 东山经

【译文】

东方第二列山系，自空桑山起到䃌山止，一共十七座山，绵延六千六百四十里。诸山神的形貌都是野兽的身体和人的面孔，头上有鹿角。祭祀山神的礼仪为：在毛物中用一只鸡祈祷，在祀神的玉器中用一块玉璧埋入地下。

东次三经

《五藏山经传》卷四载："此经所志，自今鸭绿江海口南迄朝鲜南境，西尽少海诸山也。"在吕调阳看来，这一卷说的主要是，自今鸭绿江海口南，至朝鲜半岛南端，西到山东半岛之间一系列的山脉。

【原文】

东次三山之首，曰尸胡之山，北望㸲（xiáng）山，其上多金玉，其下多棘。有兽焉，其状如麋而鱼目，名曰妴（wǎn）胡，其鸣自训。

【译文】

东方第三列山系的第一座山叫作尸胡山，从山上向北可以望见㸲山，尸胡山上盛产金属矿物和玉石，山下有茂密的酸枣树。山中有一种野兽，形体像麋鹿却长着鱼一样的眼睛，名叫妴胡，它发出的叫声便是自身名字的读音。

【原文】

又南水行八百里，曰岐山，其木多桃李，其兽多虎。

【译文】

再往南行八百里水路，有座山是岐山，山中的树木多是桃树和李树，而野兽大多是老虎。

【原文】

又南水行五百里，曰诸钩之山，无草木，多沙石。是山也，广员百里，多寐鱼[①]。

【注释】

①鳡鱼：又叫嘉鱼、墨头鱼、卷口鱼。这种鱼体延长，前部呈圆筒形，后部侧扁。体呈暗褐色。须两对，粗长。吻褶发达，裂如缨状。

【译文】

再往南行水路五百里，是诸钩山，山上没有花草树木，到处都是沙子石头。这座山方圆一百里的地方有很多鳡鱼。

【原文】

又南水行七百里，曰中父之山，无草木，多沙。

【译文】

再往南行水路七百里，是中父山，山上没有花草树木，到处是沙子。

【原文】

又东水行千里，曰胡射之山，无草木，多沙石。

【译文】

再往东行水路一千里，是胡射山，山上没有花草树木，到处是沙子石头。

【原文】

又南水行七百里，曰孟子之山，其木多梓桐，多桃李。其草多菌蒲[1]，其兽多麋、鹿。是山也，广员百里。其上有水出焉，名曰碧阳，其中多鳣鲔[2]。

【注释】

①菌：一种野菜。蒲：香蒲，一种野菜。②鳣：鳣鱼，一种大鱼，体形像鲟鱼而鼻子短，口在颔下，体有斜行甲，没有鳞，肉黄色，大的有二三丈长。鲔：鲔鱼，据古人说就是鲟鱼，体形像鳣鱼，鼻子很长，体无鳞甲。鳣、鲔都指鲟科鱼类。

【译文】

再往南行水路七百里，是孟子山，山中的树木大多是梓树和桐树，还生长着茂密的桃树和李树。山中的草大多是菌、蒲，山中的野兽大多是麋、鹿。这座山方圆有一百里。有条河从山上流出，名叫碧阳，水中生长着很多鳣鱼和鲔鱼。

【原文】

又南水行五百里，流沙五百里，有山焉，曰跂（qí）踵之山，广员二百里，无草木，有大蛇，其上多玉。有水焉，广员四十里皆涌[①]，其名曰深泽，其中多蠵（xī）龟[②]。有鱼焉，其状如鲤而六足鸟尾，名曰鲐鲐（gé）之鱼，其鸣自训。

【注释】

①涌：喷涌，沸涌。②蠵龟：据古人说是一种大龟，甲上有纹彩，像玳瑁而薄一些。玳瑁是海中动物，形似龟，背面角质板光，有褐色和淡黄色相间的花纹，大的可达数尺。

【译文】

再往南行水路五百里，经过五百里流沙，有一座山叫作跂踵山，这山方圆有二百里，山上没有花草树木，有大蛇，山里盛产玉石。还有一个水潭，方圆四十里，整个水面都像从地下喷涌而出，名叫深泽，水中有很多蠵龟。水中还生长着一种鱼，形体像一般的鲤鱼，却有六只脚和鸟一样的尾巴，名叫鲐鲐鱼，发出的叫声便是它自身名字的读音。

【原文】

又南水行九百里，曰踇（mǔ）隅（yǔ）之山，其上多草木，多金玉，多赭。有兽焉，其状如牛而马尾，名曰精精，其鸣自叫。

【译文】

再往南行水路九百里，有座山是踇隅山，山上有茂密的花草树木，盛产金属矿物和玉石，还有许多赭石。山中有一种野兽，形体像一般的牛却长着马一样的尾巴，名叫精精，它发出的叫声便是自身名字的读音。

【原文】

又南水行五百里，流沙三百里，至于无皋之山，南望幼海，东望榑（fú）木[①]，无草木，多风。是山也，广员百里。

【注释】

①榑木：即扶桑，意思是日出之处，是神话传说中的神木，叶似桑树叶，长数千丈，大二十围，两两同根生，更相依倚。

【译文】

再往南行五百里水路，经过三百里流沙，便到了无皋山，从山上向南可以望见幼海，向东可以望见扶桑树，山上不生长花草树木，多大风。这座山方圆有一百里。

【原文】

凡东次三山之首，自尸胡之山至于无皋之山，凡九山，六千九百里。其神状皆人身而羊角。其祠：用一牡羊，糈用黍[①]。是神也，见则风雨水为败。

【注释】

①黍：一种黏性谷物，子粒供食用或酿酒。在脱皮以后，北方人称它为黄米。

【译文】

东方第三列山系，自尸胡山起到无皋山止，一共九座山，绵延六千九百里。诸山神的形貌都是人的身体，头上长角。祭祀山神的礼仪为：在毛物中用一只公羊作祭品，祀神的精米用黄米。这些山神一出现，就会有风雨水患造成灾害。

东次四经

《五藏山经传》卷四载：“此经所志，今小潦河以南、鸭绿江以西诸山也。”在吕调阳看来，这一卷说的主要是，自辽宁鞍山以南，至鸭绿江以西的一系列山脉。小潦河，疑为今辽宁鞍山南沙河。

【原文】

东次四山之首，曰北号之山，临于北海。有木焉，其状如杨，赤华，其实如枣而无核，其味酸甘，食之不疟。食水出焉，而东北流注于海。有兽焉，其状如狼，赤首鼠目，其音如豚，名曰猲（gé）狚（dàn），是食人。有鸟焉，其状如鸡而白首，鼠足而虎爪，其名曰鬿（qí）雀，亦食人。

【译文】

东方第四列山系的第一座山，叫作北号山，紧挨在北海边上。山中有一种树木，形状像普通的杨树，开红色花朵，果实与枣相似但没有核，味道是酸中带甜，人吃了它就能不患疟疾病。食水从这座山发源，然后向东北流入大海。山中有一种野兽，形体像狼，长着红色的头和老鼠一样的眼睛，发出的声音如同小猪叫，名叫猲狚，会吃人。山中还有一种禽鸟，形体像普通的鸡，长着白色的脑袋，有老鼠一样的脚和老虎一样的爪子，名叫鬿雀，也是能吃人的。

【原文】

又南三百里，曰旄山，无草木。苍体之水出焉，而西流注于展水。其中多鱃（qiū）鱼[①]，其状如鲤而大首，食者不疣（yóu）[②]。

【注释】

①鱃鱼：即鳅鱼，俗称泥鳅。②疣：同“肬”。俗称瘊子，一种长在人体皮肤上的小肉瘤。

【译文】

再往南三百里，有座山是旄山，山上没有花草树木。苍体水从这座山发源，然后向西流入展水。水中生长着很多鱃鱼，形体像鲤鱼，头长得很大，人吃了它的肉，皮肤上就能不长瘊子。

【原文】

又南三百二十里，曰东始之山，上多苍玉。有木焉，其状如杨而赤理，其汁如血，不实，其名曰芑，可以服马。泚水出焉，而东北流注于海，其中多美贝，多茈鱼，其状如鲋，一首而十身，其臭如蘼芜，食之不糟（pì）[①]。

【注释】

①糟：即“屁”。

【译文】

再往南三百二十里，有座山是东始山，山上盛产青玉。山中有一种树木，形状像一般的杨树而有红色纹理，树干中的汁液像血，这树不结果实，名字叫芑，把这树的汁液涂在马身上就可使马驯服。泚水从这座山发源，然后向东北流入大海，水中有许多美丽的贝壳，还有很多茈鱼，形状像一般的鲫鱼，长着一个头和十个身子，它的气味与蘼芜草相似，人吃了它可以不放屁。

【原文】

又东南三百里，曰女烝（zhēng）之山，其上无草木。石膏水出焉，而西注于鬲（gé）水，其中多薄鱼，其状如鳣鱼而一目，其音如欧[①]，见则天下大旱。

【注释】

①欧：呕吐。

【译文】

再往东南三百里，有座山是女烝山，山上没有花草树木。石膏水从这座山发源，然后向西流入鬲水，水中有很多薄鱼，形体像一般的鳝鱼却只有一只眼睛，发出的叫声如同人在呕吐，它一出现，天下就会发生大旱灾。

【原文】

又东南二百里，曰钦山，多金玉而无石。师水出焉，而北流注于皋泽，其中多鱃鱼，多文贝。有兽焉，其状如豚而有牙[①]，其名曰当康，其鸣自叫，见则天下大穰。

【注释】

①牙：这里指露出嘴唇之外，尖锐锋利而令人害怕的大牙齿。

【译文】

再往东南二百里，有座山是钦山，山中盛产金属矿物和玉石，却没有石头。师水从这座山发源，然后向北流入皋泽，水中有很多鱃鱼，还有很多色彩斑斓的贝壳。山中有一种野兽，形体像小猪却长着大獠牙，名叫当康，它发出的叫声就是自身名字的读音，它一出现，天下就会获得好收成。

【原文】

又东南二百里，曰子桐之山。子桐之水出焉，而西流注于余如之泽。其中多䱻鱼，其状如鱼而鸟翼，出入有光，其音如鸳鸯，见则天下大旱。

【译文】

再往东南二百里，有座山是子桐山。子桐水从这座山发源，然后向西流入余如泽。水中生长着很多䱻鱼，形体与一般的鱼相似，却长着鸟一样的翅膀，出入水中时会闪闪发光，发出的叫声如同鸳鸯鸣叫，它一出现，天下就会发生大旱灾。

【原文】

又东北二百里，曰剡（shàn）山，多金玉。有兽焉，其状如彘而人面，黄身而赤尾，其名曰合窳，其音如婴儿。是兽也，食人，亦食虫蛇，见则天下大水。

【译文】

再往东北二百里，有座山是剡山，山中盛产金属矿物和玉石。山中有一种野兽，形体像猪却长着人的面孔，黄色的身体上长着红色的尾巴，名叫合窳，发出的叫声如同婴儿啼哭。这种野兽是会吃人的，也吃虫和蛇，它一出现天下就会发生大水灾。

【原文】

又东二百里，曰太山，上多金玉、桢木[①]。有兽焉，其状如牛而白首，一目而蛇尾，其名曰蜚，行水则竭，行草则死，见则天下大疫。钩水出焉，而北流注于劳水，其中多鱃鱼。

【注释】

①桢木：即木犀科植物女桢，一种灌木，叶子对生，革质，卵状披针形，在冬季不凋落，四季常青。初夏开花，白色，果实呈椭圆形。

【译文】

再往东二百里，有座山是太山，山上有丰富的金属矿物和玉石，还有茂密的女桢树。山中有一种野兽，形体像一般的牛却长着白色的头，长着一只眼睛和蛇一样的尾巴，名叫蜚，它走到有水的地方水就会干涸，行经有草的地方草就会枯死，它一出现，天下就会发生严重的瘟疫。钩水从这座山发源，然后向北流入劳水，水中有很多鱃鱼。

【原文】

凡东次四山之首，自北号之山至于太山，凡八山，一千七百二十里。

【译文】

东方第四列山系，自北号山起到太山止，一共八座山，绵延一千七百二十里。

【原文】

右东经之山，凡四十六山，万八千八百六十里。

【译文】

以上是东方所有山脉的记录，一共四十六座山，共计一万八千八百六十里。

卷五 中山经

【题解】

经中详细记述了处于中央地域的山系，如薄山山系、济山山系等十二列山系的山川地貌。相传山系中的夸父山是夸父追日途中因渴死变化而来的。夸父的手杖变成了绿叶繁茂，果实累累的桃林。他把鲜美的果实遗赠给后来追求光明的人们，来解除他们的口渴，让他们振奋精神，继续前进。

中次一经

《五藏山经传》卷五载："此经志冀州全境诸山也。冀州，帝都所在，故中经先之。"在吕调阳看来，这一卷说的主要是，今河北全境、河南北部一系列的山脉。因为古冀州是所谓天下之中，为历朝历代的帝都之所在，所以要放在《中山经》的第一卷里说。

【原文】

中山薄山之首，曰甘枣之山。共水出焉，而西流注于河。其上多杻木。其下有草焉，葵本①而杏叶，黄华而荚②实，名曰箨（tuò），可以已瞢③。有兽焉，其状如䖺（huǐ）鼠④而文题，其名曰𪊨（nài），食之已瘿。

【注释】

①本：草木的根或茎干。这里指茎干。②荚：凡草木果实狭长而没有隔膜的，都叫作荚。③瞢：眼睛昏花，看不清东西。④鼠：何兽不详。

山海经全集

【译文】

中央第一列山系薄山山系的首座山，叫作甘枣山。共水从这座山发源，然后向西流入黄河。山上有茂密的杻树。山下有一种草，长着葵菜一样的茎干，杏树一样的叶子，开黄色的花朵，给带荚的果实，名叫箨，人吃了它可以治愈眼睛昏花。山中还有一种野兽，形体像獃鼠，额头上有花纹，名叫難，人吃了它的肉就能治愈脖子上的赘瘤。

【原文】

又东二十里，曰历儿之山，其上多橿，多枥木，是木也，方茎而员叶①，黄华而毛，其实如楝（liàn）②，服之不忘。

【注释】

①员叶：圆叶。②楝：楝树，也叫苦楝，落叶乔木，春夏之交开花，淡紫色，核果呈球形或长圆形，熟时呈黄色。木材坚实，易加工。又据古人说捣碎楝树的子实可以洗衣，而服食它可以益肾。

【译文】

再往东二十里，有座山是历儿山，山上有茂密的橿树，还有许多枥树，这种树木，茎干是方形的，而叶子是圆形的，开黄色的花，花瓣上有绒毛，果实像楝树结的果实，人吃了它可以增强记忆而不忘事。

【原文】

又东十五里，曰渠猪之山，其上多竹。渠猪之水出焉，而南流注于河。其中是多豪鱼，状如鲔，而赤喙赤尾赤羽，可以已白癣①。

【注释】

①癣：皮肤感染真菌后引起的一种疾病。

【译文】

再往东十五里，有座山是渠猪山，山上有许多竹子。渠猪水从这座山发源，然后向南流入黄河。水中有很多豪鱼，形体像一般的鲔鱼，但长着红嘴巴、红尾巴、红羽毛，人吃了它的肉就能治愈白癣病。

【原文】

又东三十五里，曰葱聋之山，其中多大谷，是多白垩，黑、青、黄垩。

【译文】

再往东三十五里，有座山是葱聋山，山中有许多大峡谷，谷中多产白垩土，还有黑垩土、青垩土、黄垩土。

【原文】

又东十五里，曰涹（wō）山，其上多赤铜，其阴多铁。

【译文】

再往东十五里，有座山是涹山，山上有丰富的黄铜矿，山北面盛产铁矿石。

【原文】

又东七十里，曰脱扈之山。有草焉，其状如葵叶而赤华，荚实，实如棕荚，名曰植楮，可以已癙（shǔ）[①]，食之不眯[②]。

【注释】

①癙：忧郁之病。②眯：梦魇（yǎn）。梦魇就是人在睡梦中遇见可怕的事而呻吟、惊叫。

【译文】

再往东七十里，有座山是脱扈山。山中有一种草，形状像葵菜的叶子，开红色的花，结带荚的果实，果实的荚跟棕树的荚差不多，名叫植楮，可以用来治愈精神抑郁，而服食它就能使人不做噩梦。

【原文】

又东二十里，曰金星之山，多天婴[①]，其状如龙骨[②]，可以已痤[③]。

【注释】

①天婴：植物名，具体是何种植物不详。②龙骨：据古人讲，在山岩河岸的土穴中常有死龙的骨骸化石，而生长在这里的植物就叫龙骨，用作壮阳剂。③痤：即痤疮，一种皮肤病。

【译文】

再往东二十里，有座山是金星山，山中有很多天婴[1]，形状与龙骨相似，可以用来治疗痤疮。

【注释】

①天婴：植物名，可入药。

【原文】

又东七十里，曰泰威之山。其中有谷，曰枭谷，其中多铁。

【译文】

再往东七十里，有座山是泰威山。山中有一峡谷叫作枭谷，那里盛产铁矿石。

【原文】

又东十五里，曰橿谷之山，其中多赤铜。

【译文】

再往东十五里，有座山是橿谷山，山中有丰富的黄铜矿。

【原文】

又东百二十里，曰吴林之山，其中多葌（jiān）草[1]。

【注释】

①葌草：葌，通“菅”。菅即兰，菅草就是兰草。

【译文】

再往东一百二十里，有座山是吴林山，山中生长着许多兰草。

【原文】

又北三十里，曰牛首之山。有草焉，名曰鬼草，其叶如葵而赤茎，其秀[①]如禾，服之不忧。劳水出焉，而西流注于潏（jué）水。是多飞鱼，其状如鲋鱼，食之已痔衕[②]。

【注释】

①秀：指禾草类植物开花。又引申而泛指草木开花。②痔衕：又作痔漏，俗称痔疮。

【译文】

再往北三十里，有座山是牛首山。山中生长着一种草，名叫鬼草，叶子像葵菜叶，茎干却是红色的，开的花像禾苗吐出来的穗，人吃了它就可以消除忧愁。劳水从这座山发源，然后向西流入潏水，水中有很多飞鱼，形体像一般的鲫鱼，人吃了它的肉就能治愈痔疮一类的病。

【原文】

又北四十里，曰霍山，其木多榖。有兽焉，其状如狸[①]而白尾，有鬣，名曰朏朏（fěi），养之可以已忧。

【注释】

①狸：俗称野猫，似狐狸而小一些，身肥胖而短。

【译文】

再往北四十里，有座山是霍山，山上到处是茂密的构树。山中有一种野兽，形体像一般的野猫，尾巴是白色的，脖子上有鬃毛，名叫朏朏，人饲养它就可以消除忧愁。

【原文】

又北五十二里，曰合谷之山，是多薝（zhān）棘[①]。

【注释】

①薝棘：似指天门冬，可作药用。

【译文】

再往北五十二里，有座山是合谷山，山上到处是薝棘。

【原文】

又北三十五里，曰阴山，多砺石、文石。少水出焉，其中多雕棠，其叶如榆叶而方，其实如赤菽（shū）[①]，食之已聋。

【注释】

①菽：本义指大豆，引申为豆类的总称。

【译文】

再往北三十五里，有座山是阴山，山上多产粗磨石、纹理美丽的石头。少水从这座山发源。山中有茂密的雕棠树，叶子像榆树叶却呈四方形，结出的果实像红豆，人吃了它就能治愈耳聋病。

【原文】

又东北四百里，曰鼓镫（dēng）之山，多赤铜。有草焉，名曰荣草，其叶如柳，其本如鸡卵，食之已风。

【译文】

再往东北四百里，有座山是鼓镫山，山中盛产黄铜矿。山上有一种草，名叫荣草，叶子与柳树叶相似，根茎像鸡蛋，人吃了它就能治愈风痹病。

【原文】

凡薄山之首，自甘枣之山至于鼓镫之山，凡十五山，六千六百七十里。历儿，冢[①]也。其祠礼：毛，太牢之具；县（xuán）婴以吉玉[②]。其余十三山者，毛用一羊，县婴用藻珪，瘗而不糈。藻珪者，藻玉也，方其下而锐[③]其上，而中穿之加金。

【注释】

①冢：坟墓。此处意同“宗”，宗主。②县：同“悬”。吉玉：古人常常在人、事、物等有关词语前贯以“吉”字，用来表示对其美称。这里的吉玉意思是美好的玉，就是一种美称。③锐：上小下大。这里指三角形的尖角。

【译文】

薄山山系，自甘枣山起到鼓镫山止，一共十五座山，绵延六千六百七十里。历儿山山神是诸山神的宗主，祭祀宗主山山神的礼仪为：在毛物中，用猪、牛、羊齐全的三牲作祭品，再悬挂上吉玉献祭。祭祀其余十三座山的山神是在毛物中用一只羊作祭品，再悬挂上祀神玉器中的藻珪献祭，祭礼完毕只埋祭物而不用精米祭神。所谓藻珪，就是藻玉，下端呈长方形而上端有尖角，中间有穿孔并嵌入金属作装饰。

中次二经

《五藏山经传》卷五载：“此经所志，自孟津南行循伊水南岸诸山也。”在吕调阳看来，这一卷说的主要是，自今河南孟津南，沿伊水南岸一系列的山脉。

【原文】

中次二山济山之首，曰辉诸之山，其上多桑，其兽多闾麋，其鸟多鹖（hé）[①]。

【注释】

①鹖：鹖鸟。据古人说，鹖鸟像野鸡，但比它大一些，羽毛青色，长有毛角，

天性好勇喜斗，一开始战斗就会直到斗死为止。

【译文】

中央第二列山系济山山系的第一座山，叫作辉诸山，山上有茂密的桑树，山中的野兽大多是山驴和麋鹿，而禽鸟以鹖鸟为多。

【原文】

又西南二百里，曰发视之山，其上多金玉，其下多砥砺。即鱼之水出焉，而西流注于伊水。

【译文】

再往西南二百里，有座山是发视山，山上盛产金属矿物和玉石，山下多出产磨刀石。即鱼水从这座山发源，然后向西流入伊水。

【原文】

又西三百里，曰豪山，其上多金玉而无草木。

【译文】

再往西三百里，有座山是豪山，山上有丰富的金属矿物和玉石，却没有花草树木。

【原文】

又西三百里，曰鲜山，多金玉，无草木。鲜水出焉，而北流注于伊水。其中多鸣蛇，其状如蛇而四翼，其音如磬，见则其邑大旱。

【译文】

再往西三百里，有座山是鲜山，山上盛产金属矿物和玉石，但不生长花草树木。鲜水从这座山发源，然后向北流入伊水。水中有很多鸣蛇，形体像一般的蛇，长着四只翅膀，叫声如同敲磬发出的声音，它的出现预示着地方上会遭遇大旱。

【原文】

又西三百里，曰阳山，多石，无草木。阳水出焉，而北流注于伊水。其中多化蛇，其状如人面而豺[①]身，鸟翼而蛇行[②]，其音如叱呼，见则其邑大水。

【注释】

①豺：一种凶猛的动物，体型似狼而小一些，身体一般是棕红色，尾巴的末端是黑色，腹部和喉部是白色。②蛇行：蜿蜒曲折地伏地爬行。

【译文】

再往西三百里，有座山是阳山，山上到处是石头，没有花草树木。阳水从这座山发源，然后向北流入伊水。水中有很多化蛇，形状是人的面孔，长着豺一样的身子，有禽鸟的翅膀，行动却像蛇一样爬行，发出的叫声如同人在呵斥，它出现在哪个地方，哪个地方就会发大水。

【原文】

又西二百里，曰昆吾之山，其上多赤铜[①]。有兽焉，其状如彘而有角，其音如号，名曰蚳蛭，食之不眯。

【注释】

①赤铜：指传说中的昆吾山所特有的一种铜，色泽鲜红如赤火。用这里生产的赤铜制作的刀剑是非常锋利的，切割玉石如同削泥一样。所谓神奇的昆吾之剑，就是由这种铜打造的。

【译文】

再往西二百里，有座山是昆吾山，山上有丰富的赤铜。山中有一种野兽，形状像一般的猪却长着角，发出的叫声如同人在号啕大哭，名叫蚳蛭，人吃了它的肉就能不做噩梦。

【原文】

又西百二十里，曰葌山。葌水出焉，而北流注于伊水。其上多金玉，其下多青、雄黄。有木焉，其状如棠而赤叶，名曰芒草[①]，可以毒鱼。

【注释】

①芒草：又作莽草，也可单称为芒，一种有毒性的草，形状像石楠而叶稀。可能芒草长得高大如树，所以这里称它为树木，其实是草。

【译文】

再往西一百二十里，有座山是葌山。葌水从这座山发源，然后向北流入伊水。山上盛产金属矿物和玉石，山下盛产石青、雄黄。山中有一种树木，形状像棠梨树，但叶子是红色的，名叫芒草，可以用来毒杀鱼。

【原文】

又西一百五十里，曰独苏之山，无草木而多水。

【译文】

再往西一百五十里，有座独苏山，这里没有花草树木，到处是水流。

【原文】

又西二百里，曰蔓渠之山，其上多金玉，其下多竹箭。伊水出焉，而东流注于洛。有兽焉，其名曰马腹，其状如人面虎身，其音如婴儿，是食人。

【译文】

再往西二百里，有座山是蔓渠山，山上盛产金属矿物和玉石，山下到处是小竹丛。伊水从这座山发源，然后向东流入洛水。山中有一种野兽，名叫马腹，长着人一样的面孔和老虎一样的身体，发出的叫声如同婴儿啼哭，是会吃人的。

【原文】

凡济山之首，自辉诸之山至于蔓渠之山，凡九山，一千六百七十里。其神皆人面而鸟身。祠用毛，用一吉玉，投而不糈。

【译文】

济山山系，自辉诸山起到蔓渠山止，一共九座山，绵延一千六百七十里。诸山神的形貌都是人的面孔，鸟的身体。祭祀山神要用毛物作祭品，再献一块美玉，把这些投向山谷而不用精米祀神。

中次三经

《五藏山经传》卷五载："此经所志，巩水、荥阳诸山也。"在吕调阳看来，这一卷说的主要是，今河南巩县、荥阳一带一系列的山脉。

【原文】

中次三山萯（bèi）山之首，曰敖岸之山，其阳多㻬琈之玉，其阴多赭、黄金。神熏池居之。是常出美玉。北望河林，其状如茜（qiàn）如举[①]。有兽焉，其状如白鹿而四角，名曰夫诸，见则其邑大水。

【注释】

①茜：茜草，一种多年生攀援草本植物，根是黄红色，可作染料。举：即榉柳，落叶乔木，生长得又快又高大，木材坚实，用途很广。

【译文】

中央第三列山系萯山山系的第一座山，叫作敖岸山，山南面盛产㻬琈玉，山北面多出产赭石、黄金。名叫熏池的天神住在这里。在这座山中还常常会发现美玉。从山上向北可以望见奔腾的黄河和葱郁的丛林，它们的形状很像茜草和榉柳。山中有一种野兽，形状像一般的白鹿却长着四只角，名叫夫诸，它在哪里出现，哪里就会发生水灾。

【原文】

又东十里，曰青要之山，实惟帝之密都[①]。北望河曲，是多驾鸟[②]。南望墠（shàn）渚，禹父[③]之所化，是多仆累、蒲卢[④]。魁（shēn）[⑤]武罗司之，其状人面而豹文，小要[⑥]而白齿，而穿耳以鐻（qú）[⑦]，其鸣如鸣玉。是山也，宜女子。畛（zhěn）水出焉，而北流注于河。其中有鸟焉，名曰䲹（yǎo），其状如凫，青身而朱目赤尾，食之宜子。有草焉，其状如葌，而方茎、黄华、赤实，其本如藁本[⑧]，名曰荀草，服之美人色。

【注释】

①密都：隐秘深邃的都邑。②驾鸟：即驾鹅，今名鸿雁，俗称野鹅。③禹父：指大禹的父亲鲧（gǔn）。④仆累：即蜗牛。蒲卢：一种具有圆形贝壳的软体动物，属蛤、蚌之类。⑤䰠：一种说法是神鬼，即鬼中的神灵；一种说法是山神。⑥要：同“腰”。⑦鐻：金银制成的耳环。⑧藁本：也叫抚芎、西芎，香草、药草名，与白芷同类，根茎含挥发油，可作药用。

【译文】

再往东十里，有座山是青要山，那里是天帝的密都。从青要山向北可以望见黄河的转弯处，那里有许多野鹅。从青要山向南可以望见墠渚，是大禹的父亲鲧变化成黄熊的地方，那里有很多蜗牛、蒲卢。山神武罗掌管着这里，这位山神的形貌是人的面孔，全身长着豹子一样的斑纹，细小的腰身，洁白的牙齿，而且耳朵上穿着金银耳环，发出的叫声像玉石佩戴在身上走路时相碰撞发出的声音。这座青要山很适宜女子居住。畛水从这座山发源，然后向北流入黄河。山中有一种禽鸟，名叫鴢，形状像野鸭子，身体是青色的，眼睛却是浅红色的，尾巴是深红色的，人吃了它的肉就能多生孩子。山中生长着一种草，形状像兰草，茎干却是四方形的，开黄色的花、结红色的果实，根部像藁本的根，名叫荀草，人服用它就能使气色变好。

【原文】

又东十里，曰騩山，其上有美枣，其阴有㻬琈之玉。正回之水出焉，而北流注于河。其中多飞鱼[①]，其状如豚而赤文，服之不畏雷，可以御兵[②]。

【注释】

①飞鱼：与上文所述飞鱼的形状不同，为同名异物。②兵：指兵器的锋刃。

【译文】

再往东十里，有座山是騩山，山上盛产味道甜美的枣，山北阴面还盛产㻬琈玉。正回水从这座山发源，然后向北流入黄河。水中生长着许多飞鱼，形状像小猪，身上却有红色花纹，人吃了它的肉就会不怕打雷，还可以躲开兵器的伤害。

【原文】

又东四十里，曰宜苏之山，其上多金玉，其下多蔓荆[①]之木。滽滽（yōng）之水出焉，而北流注于河，是多黄贝。

【注释】

①蔓荆：一种牡荆之类的灌木，长在水边，茎枝蔓延，高一丈多，六月开红白色花，九月结成的果实上有黑斑，秋冬叶子凋落。

【译文】

再往东四十里，有座山是宜苏山，山上盛产金属矿物和玉石，山下有繁茂的蔓荆木。滽滽水从这座山发源，然后向北流入黄河，水中有很多黄色的贝壳。

【原文】

又东二十里，曰和山，其上无草木而多瑶、碧，实惟河之九都[①]。是山也，五曲，九水出焉，合而北流注于河，其中多苍玉。吉神[②]泰逢司之，其状如人而虎尾，是好居于萯山之阳，出入有光。泰逢神动天地气也。

【注释】

①都：水流汇聚的意思。②吉神：对神的美称，即善神的意思。

【译文】

再往东二十里，有座山是和山，山上不生长花草树木，多产瑶、碧一类的美玉，这里是黄河中的九条支水汇聚的地方。这座山盘旋回转了五层，有九条水系从这里发源，然后汇合起来向北流入黄河，水中有很多青玉。吉神泰逢主管这座山，他的形貌像人却有一条虎的尾巴，喜欢住在萯山南面向阳的地方，出入时都有亮光。那是泰逢的神灵触动天地之气所致。

【原文】

凡苟山之首，自敖岸之山至于和山，凡五山，四百四十里。其祠：泰逢、熏池、武罗皆一牡羊副（pī）[①]，婴用吉玉。其二神用一雄鸡瘗之。糈用稌。

【注释】

①副：劈开，割裂。

【译文】

苟山山系，自敖岸山起到和山止，一共五座山，绵延四百四十里。祭祀诸山神的礼仪为：祭祀泰逢、熏池、武罗三位神都是把一只公羊劈开来，祀神的玉器要用吉玉。祭祀其余二位山神是用一只公鸡献祭后埋入地下。祀神的精米用稻米。

中次四经

《五藏山经传》卷五载："此经所志，伊水、洛南诸山也。"在吕调阳看来，这一卷说的主要是，今河南伊水流域，洛阳以南一系列的山脉。

【原文】

中次四山厘山之首，曰鹿蹄之山，其上多玉，其下多金。甘水出焉，而北流注于洛，其中多泠（gàn）石[①]。

【注释】

①泠石：一种像泥一样柔软的石头。

【译文】

中央第四列山系厘山山系的第一座山，叫作鹿蹄山，山上盛产玉石，山下盛产黄金。甘水从这座山发源，然后向北流入洛水，水中有很多泠石。

【原文】

西五十里，曰扶猪之山，其上多礝（ruǎn）石[①]。有兽焉，其状如貉

（hé）[2]而人目，其名曰麢（yín）。虢水出焉，而北流注于洛，其中多礝石。

【注释】

①礝石：质地稍次于玉的石头。白色的礝石如冰一样透明，而水中有的礝石是红色的。②貉：又叫狗獾，是一种野兽。外形像狐狸，但体态较肥胖，耳朵短而圆，两颊有长毛，体色棕灰，尾巴较短，尾毛蓬松。

【译文】

往西五十里，有座山是扶猪山，山上多产礝石。山中有一种野兽，形状像貉却长着人的眼睛，名叫麢。虢水从这座山发源，然后向北流入洛水，水中有大量礝石。

【原文】

又西一百二十里，曰厘山，其阳多玉，其阴多蒐（sōu）[1]。有兽焉，其状如牛，苍身，其音如婴儿，是食人，其名曰犀渠[2]。滽滽之水出焉，而南流注于伊水。有兽焉，名曰獅（jié），其状如獳（nòu）犬[3]而有鳞，其毛如彘鬣。

【注释】

①蒐：即茅蒐，现在称作茜草，根是紫红色的，可作染料，并能入药。②犀渠：犀牛之类的动物。③獳犬：被激怒的狗。

【译文】

再往西一百二十里，有座山是厘山，山南面有很多玉石，山北面有茂密的茜草。山中有一种野兽，形状像一般的牛，全身青黑色，发出的叫声如同婴儿啼哭，它是能吃人的，名叫犀渠。滽滽水从这座山发源，然后向南流入伊水。这里还有一种野兽，名叫獅，形体像獳犬，身上有鳞甲，长在鳞甲间的毛像野猪的鬃毛。

【原文】

又西二百里，曰箕尾之山，多榖，多涂石[1]，其上多㻬琈之玉。

【注释】

①涂石：就是上文所说的汵石，如泥一样柔软的石头。

【译文】

再往西二百里，有座山是箕尾山，山上有茂密的构树，山里盛产涂石，还有许多㻬琈玉。

【原文】

又西二百五十里，曰柄山，其上多玉，其下多铜。滔雕之水出焉，而北流注于洛。其中多羬羊。有木焉，其状如樗，其叶如桐而荚实，其名曰茇[①]，可以毒鱼。

【注释】

①茇：原意草根。有学者认为“茇”是“芫”的误写。芫即芫华，又称芫花，是一种落叶灌木，春季先开花，后生叶，根茎有毒性，花蕾可入药。

【译文】

再往西二百五十里，有座山是柄山，山上盛产玉石，山下盛产铜矿石。滔雕水从这座山发源，然后向北流入洛水。山中有许多羬羊。山中还有一种树木，形状像臭椿树，叶子像梧桐叶，结出来的果实带着荚，名叫茇，是能毒杀鱼的。

【原文】

又西二百里，曰白边之山，其上多金玉，其下多青、雄黄。

【译文】

再往西二百里，有座山是白边山，山上盛产金属矿物和玉石，山下盛产石青和雄黄。

【原文】

又西二百里，曰熊耳之山，其上多漆，其下多棕。浮濠之水出焉，而西流注于洛，其中多水玉[①]，多人鱼。有草焉，其状如苏[②]而赤华，名曰葶（tíng）苧（nìng），可以毒鱼。

【注释】

①水玉：水晶。②苏：即紫苏，又叫山苏，一年生草本植物，茎干为方形，叶子呈紫红色。枝、叶、茎、果都可入药。

【译文】

再往西二百里，有座山是熊耳山，山上是茂密的漆树，山下有许多棕树。浮濠水从这座山发源，然后向西流入洛水，水中盛产水晶石，还有很多人鱼。山中有一种草，形状像苏草，花是红色的，名叫葶苧，是能毒杀鱼的。

【原文】

又西三百里，曰牡山，其上多文石，其下多竹箭、竹𥳇。其兽多牸牛、羬羊，鸟多赤鷩[①]。

【注释】

①赤鷩：即鷩雉，也叫锦鸡，像野鸡但体形小一些，冠子羽毛都很美，五色艳丽。

【译文】

再往西三百里，有座山是牡山，山上到处是有漂亮纹理的石头，山下到处是低矮的竹箭、竹𥳇。山中的野兽以牸牛、羬羊居多，而禽鸟以赤鷩最多。

【原文】

又西三百五十里，曰讙举之山。雒（luò）水[①]出焉，而东北流注于玄扈之水。其中多马肠之物[②]。此二山者，洛间[③]也。

【注释】

①雒水：即洛水。②其中：指玄扈山中。据《水经注·洛水》记载，玄扈水

发源于玄扈山。可见，此处是有省文的。马肠：即上文所说的马腹，人面虎身，叫声如婴儿哭，吃人。③洛间：夹在洛水之间。

【译文】

再往西三百五十里，有座山是讙举山。雒水从这座山发源，然后向东北流入玄扈水。玄扈山中有很多马肠这样的怪物。这两座山把洛水夹在中间。

【原文】

凡厘山之首，自鹿蹄之山至于玄扈之山，凡九山，千六百七十里。其神状皆人面兽身。其祠之：毛用一白鸡，祈而不糈；以采衣（yì）①之。

【注释】

①衣：用作动词，这里是包裹的意思。

【译文】

厘山山系，自鹿蹄山起到玄扈山止，一共九座山，绵延一千六百七十里。诸山神的形貌都是人的面孔和兽的身体。祭祀山神的礼仪为：在毛物中用一只白鸡献祭，祀神不用精米；白鸡用彩色帛包裹起来。

中次五经

《五藏山经传》卷五载："此经所志，自上洛东绝大河达于诸山也。"在吕调阳看来，这一卷说的主要是，今河南洛水流域上游至黄河之间一系列的山脉。

【原文】

中次五山薄山之首，曰苟林之山，无草木，多怪石。

【译文】

中央第五列山系薄山山系的第一座山，叫作苟林山，山上不生长花草树木，到处是奇形怪状的石头。

【原文】

东三百里，曰首山，其阴多穀柞，其草多茉（zhú）[①]芫。其阳多㻬琈之玉，木多槐。其阴有谷，曰机谷，多䲦（dài）鸟，其状如枭而三目，有耳，其音如录，食之已垫[②]。

【注释】

①茉：即山蓟，是一种可作药用的草，有苍术、白术两种。②垫：一种因居住在低下潮湿的地方而引发的疾病。

【译文】

往东三百里，有座山是首山，山北面有茂密的构树、柞树，山里的草以茉草、芫华为多。山南面盛产㻬琈玉，树木以槐树居多。这座山的北面有一个峡谷，叫作机谷，峡谷里有许多䲦鸟，形状像猫头鹰，长着三只眼睛，还有耳朵，发出的叫声如同鹿鸣叫，人吃了它的肉可以治疗湿气病。

【原文】

又东三百里，曰县斸（zhú）之山，无草木，多文石。

【译文】

再往东三百里，有座山是县斸山，山上没有花草树木，到处是有漂亮纹理的石头。

【原文】

又东三百里，曰葱聋之山，无草木，多摩（bàng）石[①]。

【注释】

①摩石：即玤石，是品质仅次于玉石的石头。

【译文】

再往东三百里，有座山是葱聋山，山上没有花草树木，到处是摩石。

【原文】

东北五百里，曰条谷之山，其木多槐桐，其草多芍药、蘴冬。

【译文】

往东北五百里，有座山是条谷山，这里的树木多是槐树和桐树，而草以芍药、蘴冬居多。

【原文】

又北十里，曰超山，其阴多苍玉，其阳有井①，冬有水而夏竭。

【注释】

①井：井是人工开挖的，泉是自然形成的，而本书记述的山中所有均为自然事物，所以，这里的井指泉眼下陷而低于地面的水泉，因形似水井而这样称呼。

【译文】

再往北十里，有座山是超山，山北面多产青玉，山南面有一眼水泉，这里冬天有水，而到夏天就枯竭了。

【原文】

又东五百里，曰成侯之山，其上多櫄（chūn）木①，其草多艽（jiāo）②。

【注释】

①櫄木：据古人说这种树与臭椿树很像，高大的树干可以作车辕。②艽：就是秦艽，草本植物，花紫色，根可入药。

【译文】

再往东五百里，有座山是成侯山，山上是茂密的櫄树，草以秦艽居多。

【原文】

又东五百里，曰朝歌之山，谷多美垩。

【译文】

再往东五百里，有座朝歌山，山谷里多出产优质垩土。

【原文】

又东五百里，曰槐山[①]，谷多金锡[②]。

【注释】

①槐山：应为稷山，位于今山西省稷山县。②锡：这里指天然锡矿石，而非提炼的纯锡。以下同此。

【译文】

再往东五百里，有座槐山，山谷里有丰富的黄金和锡矿石。

【原文】

又东十里，曰历山[①]，其木多槐，其阳多玉。

【注释】

①历山：在山西西南部，传说舜曾在此耕种。

【译文】

再往东十里，有座历山，这里的树大多是槐树，山南面盛产玉石。

【原文】

又东十里，曰尸山，多苍玉，其兽多麖（jīng）[①]。尸水出焉，南流注于洛水，其中多美玉。

【注释】

①麖：指鹿科动物马鹿或水鹿，似鹿而小一些，体栗棕色。

【译文】

再往东十里，有座山叫尸山，山上盛产青玉，这里的野兽以麖居多。尸水从这座山发源，向南流入洛水，水中有很多优质的美玉。

【原文】

又东十里，曰良余之山，其上多穀柞，无石。余水[①]出于其阴，而北流注于河；乳水[②]出于其阳，而东南流注于洛。

【注释】

①余水：应作“乳水”。②乳水：应作“余水”。

【译文】

再往东十里，有座山是良余山，山上有茂密的构树和柞树，没有石头。乳水从良余山北麓发源，然后向北流入黄河；余水从良余山南麓发源，然后向东南流入洛水。

【原文】

又东南十里，曰蛊尾之山，多砺石、赤铜。龙余之水出焉，而东南流注于洛。

【译文】

再往东南十里，有座山是蛊尾山，山上盛产粗磨石、黄铜矿。龙余水从这座山发源，然后向东南流入洛水。

【原文】

又东北二十里，曰升山，其木多穀、柞、棘，其草多藷藇、蕙[①]，多寇脱[②]。黄酸之水出焉，而北流注于河，其中多璇玉[③]。

【注释】

①蕙：一种香草。②寇脱：一种生长在南方的草，有一丈多高，叶子与荷叶相似，茎中有瓤，纯白色。其干燥茎髓通称草，可入药。③璇玉：古人说是质料成色比玉差一点的玉石。

【译文】

再往东北二十里，有座山是升山，山上有茂密的构树、柞树、酸枣树，而草以山药、惠草居多，还有很多寇脱草。黄酸水从这座山发源，然后向北流入黄河，水中有很多璇玉。

【原文】

又东二十里，曰阳虚之山，多金，临于玄扈之水。

【译文】

再往东二十里，有座阳虚山，山上盛产黄金，阳虚山紧邻玄扈水。

【原文】

凡薄山之首，自苟林之山至于阳虚之山，凡十六山，二千九百八十二里。升山，冢也，其祠礼：太牢，婴用吉玉。首山，魈（shén）也，其祠用稌、黑牺太牢之具、糵（niè）酿①；干儛②，置鼓③；婴用一璧。尸水，合天也，肥牲祠之，用一黑犬于上，用一雌鸡于下，刉④一牝羊，献血。婴用吉玉，采之⑤，飨之⑥。

【注释】

①糵酿：糵，生芽的谷物，酿酒用的发酵剂。糵酿就是用酒曲酿造的醴（lǐ）酒。这里泛指美酒。②干儛：古代在举行祭祀活动时跳的一种舞蹈。就是武舞，舞者手拿盾牌，表示庄严隆重。干，即盾牌，是古代一种防御性兵器。儛，同“舞”。③置鼓：击鼓来应和节奏。④刉：同“刏”。划破，切割。⑤采之：用彩饰装点祭品。⑥飨之：请神来享用。

【译文】

薄山山系，自苟林山起到阳虚山止，一共十六座山，绵延二千九百八十二里。升山山神是诸山神的宗主，祭祀升山山神的礼仪是：在毛物中用猪、牛、羊齐全的三牲作祭品，祀神的玉器要用吉玉。首山，是有神灵显应的山，祭祀首山山神要用稻米、整只纯黑的猪、牛、羊以及美酒；祭祀时要手持盾牌起舞，鼓要按节奏响起；祀神的玉器用一块玉璧。尸水，能够上通到天界，要用肥壮的牲畜作献祭的祭品，具体操作是用一只黑狗作祭品供在上面，用一只母鸡作祭品供在下面，取一只母羊的血作为祭物献上。祀神的玉器要用吉玉，并用彩色饰物装点，并祈求神明享用。

中次六经

《五藏山经传》卷五载："此经所志，洛北河南诸山也。"在吕调阳看来，这一卷说的主要是，今洛水流域以北，河南北部一系列的山脉。

【原文】

中次六山缟（gǎo）羝（dí）山之首，曰平逢之山，南望伊、洛，东望谷城之山，无草木，无水，多沙石。有神焉，其状如人而二首，名曰骄虫，是为螫（shì）虫[①]，实惟蜂蜜[②]之庐。其祠之：用一雄鸡，禳（ráng）[③]而勿杀。

【注释】

①螫虫：指一切尾部长有毒刺能伤人的昆虫。②蜜：赤蜂，蜂的一个种类。③禳：祭祀祈祷神灵以求除邪消灾。

【译文】

中央第六列山系缟羝山山系之首座山，叫作平逢山，从山上向南可以望见伊水和洛水，向东可以望见谷城山，这座山不生长花草树木，也没有水，到处是沙子石头。山中有一位山神，形貌像人却长着两个头，名叫骄虫，是所有螫虫的首领，这座山是各种蜂聚集做巢的地方。祭祀这位山神的礼仪是：用一只公鸡作祭品，只用来禳祭但不杀掉它。

【原文】

西十里，曰缟羝之山，无草木，多金玉。

【译文】

往西十里，有座缟羝山，没有花草树木，盛产金属矿物和玉石。

【原文】

又西十里，曰廆（guī）山，其阴多㻬琈之玉。其西有谷焉，名曰雚（guàn）谷，其木多柳楮。其中有鸟焉，状如山鸡而长尾，赤如丹火而青喙，名曰鸰（líng）鷚（yāo），其鸣自呼，服之不眯。交觞（shāng）之水出于其阳，而南流注于洛；俞随之水出于其阴，而北流注于谷水。

【译文】

再往西十里，有座山是廆山，山北面盛产㻬琈玉。在这座山的西面有一道峡谷，叫作雚谷，这里的树木大多是柳树、构树。山中有一种禽鸟，形状像野鸡却长着一条长长的尾巴，毛色火红，嘴是青色的，名叫鸰鷚，它发出的叫声便是自身名字的读音，人吃了它的肉就能不做噩梦。交觞水从这座山的南麓流出，然后向南流入洛水；俞随水从这座山的北麓流出，然后向北流入谷水。

【原文】

又西三十里，曰瞻诸之山，其阳多金，其阴多文石。谢（xiè）水出焉，而东南流注于洛；少水出其阴，而东流注于谷水。

【译文】

再往西三十里，有座山是瞻诸山，山南面盛产金属矿物，山北面盛产有美丽花纹的石头。谢水从这座山发源，然后向东南流入洛水；少水从这座山的北麓流出，然后向东流入谷水。

【原文】

又西三十里，曰娄涿之山，无草木，多金玉。瞻水出于其阳，而东流注于洛；陂（bēi）水出于其阴，而北流注于谷水，其中多茈石、文石。

【译文】

再往西三十里，有座山是娄涿山，山上没有花草树木，有丰富的金属矿物和玉石。瞻水从这座山的南麓发源，然后向东流入洛水；陂水从这座山的北麓发源，然后向北流入谷水，水中有很多紫色的石头和带有美丽花纹的石头。

【原文】

又西四十里，曰白石之山。惠水出于其阳，而南流注于洛，其中多水玉。涧水出于其阴，西北流注于谷水，其中多麋石、栌丹[①]。

【注释】

①麋石：麋，通“眉”。麋即眉毛。麋石即画眉石，就是石墨，一种可以描饰眉毛的矿石。栌丹：栌，通“卢”。卢即黑色。卢丹即黑色丹砂，一种黑色矿物，被古人视作祥瑞。

【译文】

再往西四十里，有座山是白石山。惠水从白石山的南麓发源，然后向南流入洛水，水中有很多水晶石。涧水从白石山的北麓流出，向西北流入谷水，水中有很多画眉石和黑丹砂。

【原文】

又西五十里，曰谷山，其上多穀，其下多桑。爽水出焉，而西北流注于谷水，其中多碧绿[①]。

【注释】

①碧绿：据学者研究，可能指石绿，就是现在所说的孔雀石，色彩艳丽，可制作装饰品和绿色染料。

【译文】

再往西五十里，有座山是谷山，山上是茂密的构树，山下遍布着桑树。爽水从这座山发源，然后向西北流入谷水，水中多产孔雀石。

【原文】

又西七十二里，曰密山，其阳多玉，其阴多铁。豪水出焉，而南流注于洛。其中多旋龟，其状鸟首而鳖尾，其音如判木[①]。无草木。

【注释】

①判木：劈木头。

【译文】

再往西七十二里，有座山是密山，山南面盛产玉石，山北面盛产铁矿石。豪水从这座山发源，然后向南流入洛水。水中有很多旋龟，长着鸟一样的头，鳖一样的尾巴，发出的叫声好像劈木头声。这座山不生长花草树木。

【原文】

又西百里，曰长石之山，无草木，多金玉。其西有谷焉，名曰共谷，多竹。共水出焉，西南流注于洛，其中多鸣石[①]。

【注释】

①鸣石：据古人说是一种青色玉石，撞击后发出巨大鸣响，七八里以外都能听到，属于能制作乐器的磬石之类。

【译文】

再往西一百里，有座山是长石山，山上没有花草树木，盛产金属矿物和玉石。这座山的西面有一道峡谷，叫作共谷，生长着许多竹子。共水从这座山发源，向西南流入洛水，水中多产鸣石。

【原文】

又西一百四十里，曰傅山，无草木，多瑶、碧。厌染之水出于其阳，而南流注于洛，其中多人鱼。其西有林焉，名曰墦（fán）冢。谷水出焉，而东流注于洛，其中多珚（yān）玉[①]。

【注释】

①珚玉：玉的一种。

【译文】

再往西一百四十里，有座山是傅山，山上不长花草树木，到处是瑶、碧之类的美玉。厌染水从这座山的南麓发源，然后向南流入洛水，水中有很多人鱼。这座山的西面有一片树林，叫作墦冢。谷水从这里发源，然后向东南流入洛水，水中多产珚玉。

【原文】

又西五十里，曰橐山，其木多樗，多構（bèi）木[1]，其阳多金玉，其阴多铁，多萧[2]。橐水出焉，而北流注于河。其中多脩辟之鱼，状如黾而白喙，其音如鸱，食之已白癣。

【注释】

①構木：即五倍子，古人说这种树在七八月间吐穗，果实可以制炼药材。②萧：蒿草的一种。

【译文】

再往西五十里，有座山是橐山，山中的树木以臭椿树居多，还有很多構树，山南面盛产金属矿物和玉石，山北面有丰富的铁矿石，还有茂密的萧草。橐水从这座山发源，然后向北流入黄河。水中有很多脩辟鱼，形状像一般的蛙，嘴是白色的，发出的叫声如同鹞鹰鸣叫，人吃了它的肉就能治愈白癣病。

【原文】

又西九十里，曰常烝之山，无草木，多垩。潐（qiáo）水出焉，而东北流注于河，其中多苍玉。菑（zī）水出焉，而北流注于河。

【译文】

再往西九十里，有座山是常烝山，山上没有花草树木，有大量垩土。潐水从这座山发源，然后向东北流入黄河，水中有很多青玉。菑水也从这座山发源，然后向北流入黄河。

【原文】

又西九十里，曰夸父之山，其木多棕枏，多竹箭，其兽多㸲牛、羬羊，其鸟多赤鷩[1]，其阳多玉，其阴多铁。其北有林焉，名曰桃林，是广员三百里，其中多马。湖水出焉，而北流注于河，其中多珚玉。

【注释】

①鷩：有文采的红色野鸡。

【译文】

再往西九十里，有座山是夸父山，山中的树木以棕树和楠树为多，还有茂盛的小竹丛，山中的野兽以牨牛、羬羊为多，而禽鸟以赤鷩为多，山南面盛产玉石，山北面盛产铁矿石。这座山北面有一片树林，叫作桃林，这片树林方圆有三百里，林子里有很多马。湖水从这座山发源，然后向北流入黄河，水中多产珚玉。

【原文】

又西九十里，曰阳华之山，其阳多金玉，其阴多青、雄黄，其草多藷萸，多苦辛，其状如橚（qiū）[①]，其实如瓜，其味酸甘，食之已疟。杨水出焉，而西南流注于洛，其中多人鱼。门水出焉，而东北流注于河，其中多玄𥔲[②]。缙（jí）姑之水出于其阴，而东流注于门水，其上多铜。

【注释】

①橚：同“楸”。楸树是落叶乔木，树形高大，树干端直。夏季开花，子实可作药用，主治热毒及各种疮疥。②玄𥔲：黑色磨刀石。

【译文】

再往西九十里，有座山是阳华山，山南面盛产金属矿物和玉石，山北面盛产石青、雄黄，山中的草以藷萸为多，还有茂密的苦辛草，形状像楸木，结的果实像瓜，味道酸中带甜，人服食它就能治好疟疾。杨水从这座山发源，然后向西南流入洛水，水中有很多人鱼。门水也从这座山发源，然后向东北流入黄河，水中有很多黑色磨刀石。缙姑水从阳华山北麓流出，然后向东流入门水，缙姑水两岸山间有丰富的铜矿石。

【原文】

凡缟羝山之首，自平逢之山至于阳华之山，凡十四山，七百九十里。岳[①]在其中，以六月祭之，如诸岳之祠法，则天下安宁。

【注释】

①岳：泛指高大的山。

【译文】

缟羝山山系，自平逢山起到阳华山止，一共十四座山，绵延七百九十里。在这一山系中有高大的山，要在每年六月祭祀它，祭祀的礼仪和其他诸山祭祀的规范一样，祭祀过后就会天下安宁。

中次七经

《五藏山经传》卷五载：“此经所志，自卢氏东抵新郑诸山也。”在吕调阳看来，这一卷说的主要是，自今河南卢氏以东，至河南新郑的一系列山脉。

【原文】

中次七山苦山之首，曰休与之山。其上有石焉，名曰帝台之棋[①]，五色而文，其状如鹑卵。帝台之石，所以祷百神者也，服之不蛊。有草焉，其状如蓍（shì）[②]，赤叶而本丛生，名曰夙条，可以为簳（gǎn）[③]。

【注释】

①帝台：神人之名。棋：指博棋，古时一种游戏用具。②蓍：蓍草，又叫锯齿草、蚰蜒草，多年生菊科植物，叶互生，长线状披针形。古人取蓍草的茎作占筮之用。③簳：小竹子，可以做箭杆。

【译文】

中央第七列山系苦山山系的第一座山，叫作休与山。山上有一种石子，是神仙帝台的棋子，它们有五种颜色并带有纹理，形状像鹌鹑蛋。神仙帝台的石子也是用来向百神祈祷的，人佩戴上它就不会受邪毒之气侵袭。休与山上还有一种草，形状像一般的蓍草，叶子是红色的，根茎连接丛生在一起，名叫夙条，可以用来做箭杆。

【原文】

东三百里，曰鼓钟之山，帝台之所以觞[①]百神也。有草焉，方茎而黄华，员叶而三成[②]，其名曰焉酸，可以为毒[③]。其上多砺，其下多砥。

【注释】

①觞：向人敬酒或自饮。这里指设酒席宴会。②成：重，层。③为毒：除去毒性物质。为，治。

【译文】

往东三百里，有座鼓钟山，神仙帝台正是在此举行宴会招待诸位天神的。山中有一种草，方形的茎干，开着黄色的花朵，圆形的叶子重叠为三层，名叫焉酸，可以用来解毒。山上多出产粗磨刀石，而山下多出产细磨刀石。

【原文】

又东二百里，曰姑媱（yáo）之山，帝女死焉，其名曰女尸，化为䔄（yáo）草，其叶胥成[①]，其华黄，其实如菟丘[②]，服之媚于人[③]。

【注释】

①胥：相互，皆。成：重叠。②菟丘：即菟丝子，一年生缠绕寄生草本植物，叶子黄褐色，可入药，茎细柔，呈丝状，橙黄色，夏秋开花，花细小，白色，果实呈扁球形。③媚于人：这里指女子以美色讨人欢心。媚，喜爱的意思。

【译文】

再往东二百里，有座姑媱山，天帝的一个女儿就死在这座山上，她的名字叫女尸，死后化作了䔄草，叶子都是一层一层相互重叠的，花朵是黄色的，果实与菟丝子的果实相似，女子服用它就能使她妩媚而讨人喜爱。

【原文】

又东二十里，曰苦山。有兽焉，名曰山膏，其状如豚，赤若丹火，善詈（lì）①。其上有木焉，名曰黄棘，黄华而员叶，其实如兰，服之不字②。有草焉，员叶而无茎，赤华而不实，名曰无条③，服之不瘿。

【注释】

①詈：骂，责骂。②字：怀孕，生育。③无条：与上文所述无条草属同名异物，形状并不一样。

【译文】

再往东二十里，有座山是苦山。山中有一种野兽，名叫山膏，形体像普通的小猪，身上火红如同丹火，喜欢骂人。山上有一种树木，名叫黄棘，开黄色的花，叶子是圆的，果实与兰草的果实很像，女人服用了它就会导致不生孩子。山中还有一种草，叶子圆圆的，没有茎干，开红花却不结果实，名叫无条，人服用了它，脖子上就不长肉瘤。

【原文】

又东二十七里，曰堵山，神天愚居之，是多怪风雨。其上有木焉，名曰天楄（biān），方茎而葵状，服者不噎（yè）①。

【注释】

①噎：噎，食物塞住咽喉。

【译文】

再往东二十七里，有一座山是堵山，神人天愚住在这里，所以这座山时常刮怪风下怪雨。山上生长着一种树木，名叫天楄，茎干是方的，形状像葵菜，人服用了它，吃饭时就不会噎住咽喉。

【原文】

又东五十二里，曰放皋之山。明水出焉，南流注于伊水，其中多苍玉。有木焉，其叶如槐，黄华而不实，其名曰蒙木，服之不惑。有兽焉，其状如蜂，枝[1]尾而反舌，善呼，其名曰文文。

【注释】

①枝：分叉。

【译文】

再往东五十二里，有座放皋山。明水从这座山发源，向南流入伊水，水中多产青玉。山中有一种树木，叶子与槐树叶相似，开黄色的花却不结果实，名叫蒙木，服用了它就能使人不迷惑。山中有一种野兽，形体像蜜蜂，长着如树枝分叉一样的尾巴，舌头倒长着，喜欢叫喊，名叫文文。

【原文】

又东五十七里，曰大苦之山，多㻬琈之玉，多麋玉[1]。有草焉，其叶状如榆，方茎而苍伤[2]，其名曰牛伤[3]，其根苍文，服者不厥[4]，可以御兵。其阳狂水出焉，西南流注于伊水，其中多三足龟，食者无大疾，可以已肿。

【注释】

①麋玉：一种像玉的石头。②苍伤：伤就是刺，苍伤即青色的刺。③牛伤：牛棘。④厥：古代中医学上指逆气打嗝。

【译文】

再往东五十七里，有座大苦山，山上盛产㻬琈玉，还有许多麋玉。山中有一种草，叶子与榆树叶相似，茎干是方的，上面长满了青色的刺，名叫牛伤，根茎上有青黑色纹理，人服用了它就能预防逆气打嗝，还能躲避兵器的伤害。狂水从这座山的南麓发源，向西南流入伊水，水中有很多长着三只脚的龟，吃了它的肉就可以不生大病，还能消除痈肿。

【原文】

又东七十里，曰半石之山。其上有草焉，生而秀，其高丈余，赤叶赤华，华而不实，其名曰嘉荣，服之者不畏霆[1]。来需之水出于其阳，而西流注于伊水，其中多鲶（lún）鱼，黑文，其状如鲋，食者不睡。合水出于其阴，而北流注于洛，多螣（téng）鱼[②]，状如鳜（guì），居逵[③]，苍文赤尾，食者不痈，可以为瘘（lòu）[④]。

【注释】

①霆：响声震耳又迅疾的雷。②螣鱼：也叫瞻星鱼，体粗壮，呈圆筒形，后部侧扁，有粗糙骨板。③逵：四通八达的大路。这里指水中相互贯通着的穴道。④瘘：这里指颈部肿大的淋巴结核一类的疾病，也指瘘管。

【译文】

再往东七十里，有座半石山。山上长着一种草，生长之初一破土先抽穗，高一丈多，长红色叶子红色花，开花后不结子实，名叫嘉荣，人服用它就能不害怕霹雳雷响。来需水从半石山南麓发源，然后向西流入伊水，水中生长着很多鲐鱼，浑身长着黑色纹理，形状像普通的鲫鱼，人吃了它的肉可以不打瞌睡。合水从半石山北麓发源，然后向北流入洛水，水中生长着很多螣鱼，形状像一般的鳜鱼，生活在水中道穴交错的地方，浑身有青色斑纹，长着一条红尾巴，人吃了它的肉就可以不患痈肿病，还可以治好瘘管。

【原文】

又东五十里，曰少室之山，百草木成囷[①]。其上有木焉，其名曰帝休，叶状如杨，其枝五衢[②]，黄华黑实，服者不怒。其上多玉，其下多铁。休水出焉，而北流注于洛，其中多鯑鱼，状如盩（zhōu）蜼而长距[③]，足白而对[④]，食者无蛊[⑤]疾，可以御兵。

【注释】

①囷：古代的一种圆形谷仓。②衢：交错歧出的样子，又指街道、道路。③盩蜼：一种像猕猴的野兽。长距：长长的足爪。④对：足趾相向。⑤蛊：疑惑。

【译文】

再往东五十里，有座少室山，山上有各种花草树木，聚集在一起就像圆圆的谷仓。山上有一种树木，名叫帝休，叶子的形状与杨树叶相似，树枝相互交错杂乱着伸向四方，开黄色的花，结黑色的果实，吃了它就能使人心平气和而不发怒。山上多产玉石，山下有丰富的铁矿石。休水从这座山发源，然后向北流入洛水，水中有很多鳑鱼，形状像猕猴却有长长的爪子，有白色对生的足趾，人吃了它的肉就不会生疑心病，还能躲避兵器的伤害。

【原文】

又东三十里，曰泰室之山。其上有木焉，叶状如梨而赤理，其名曰栯（yǒu）木，服者不妒。有草焉，其状如苿，白华黑实，泽如蘡薁（yù），其名曰䔄草[1]，服之不眯[2]。上多美石。

【注释】

①蘡薁：一种藤本植物，俗称山葡萄。夏季开花，果实呈黑色，可以酿酒，也可入药。②䔄草：与上文所述草的形状不一样，当是同名异实。

【译文】

再往东三十里，有座山是泰室山。山上有一种树木，叶子的形状像梨树叶，有红色纹理，名叫栯木，人服用了它就不会产生嫉妒心。山中还有一种草，形状像术草，开白色的花，结黑色的果实，果实的色泽就像山葡萄，名叫䔄草，人服用了它就能眼睛明亮不昏花。山上还有很多美丽的石头。

【原文】

又北三十里，曰讲山，其上多玉，多柘，多柏。有木焉，名曰帝屋，叶状如椒，反伤[1]赤实，可以御凶。

【注释】

①反伤：指倒生的刺。

【译文】

再往北三十里，有座讲山，山上盛产玉石，有很多的柘树和柏树。山中有一种树木，名叫帝屋，其叶子的形状与花椒树叶相似，长着倒钩刺，结红色果实，可以抵御凶邪之气。

【原文】

又北三十里，曰婴梁之山，上多苍玉，錞于玄石。

【译文】

再往北三十里，是婴梁山，山上盛产青玉，而青玉都附着在黑色石头里。

【原文】

又东三十里，曰浮戏之山。有木焉，叶状如樗而赤实，名曰亢木，食之不蛊。汜水出焉，而北流注于河。其东有谷，因名曰蛇谷，上多少辛[①]。

【注释】

①少辛：即细辛，是一种药草。

【译文】

再往东三十里，有座浮戏山。山中生长着一种树木，叶子的形状像臭椿树树叶，结红色的果实，名叫亢木，人吃了它可以驱虫辟邪。汜水从这座山发源，然后向北流入黄河。在浮戏山的东面有一道峡谷，因峡谷里有很多蛇而取名叫蛇谷，峡谷里出产大量细辛。

【原文】

又东四十里，曰少陉（xíng）之山。有草焉，名曰岗（gāng）草，叶状如葵，而赤茎白华，实如蘡薁，食之不愚。器难之水出焉，而北流注于役水。

【译文】

再往东四十里，有座少陉山。山中有一种草，名叫岗草，叶子形状与葵菜叶相似，有红色的茎干，开白色的花，果实很像山葡萄，人服食了它就能够增长智慧而不愚钝。器难水从这座山发源，然后向北流入役水。

【原文】

又东南十里，曰太山。有草焉，名曰梨，其叶状如萩（qiū）[①]而赤华，可以已疽。太水出于其阳，而东南流注于役水；承水出于其阴，而东北流注于役水。

【注释】

①萩：一种蒿类植物，像艾蒿却分杈多，叶子是白色的，茎干尤其高大，约有一丈余。

【译文】

再往东南十里，有座山是太山。山里有一种草，名叫梨，其叶子的形状像萩草叶，开红色的花，可以用来治疗痈疽。太水从这座山的南麓发源，然后向东南流入役水；承水从这座山的北麓流出，然后向东北流入役水。

【原文】

又东二十里，曰末山，上多赤金。末水出焉，北流注于役水。

【译文】

再往东二十里，有座末山，山上多产黄金。末水从这座山发源，向北流入役水。

【原文】

又东二十五里，曰役山，上多白金，多铁。役水出焉，北流注于河。

【译文】

再往东二十五里，有座役山，山上有大量的白银，还有丰富的铁矿石。役水从这座山发源，向北流入黄河。

【原文】

又东三十五里，曰敏山。上有木焉，其状如荆，白华而赤实，名曰蓟柏[①]，服者不寒。其阳多㻬琈之玉。

【注释】

①葥柏：葥，通“蓟”。柏树之一种。

【译文】

再往东三十五里，有座敏山。山上生长着一种树木，形状与牡荆相似，开白色的花，结红色果实，名叫葥柏，吃了它的果实就能使人不怕寒冷。敏山南面盛产瑀琈玉。

【原文】

又东三十里，曰大騩之山，其阴多铁、美玉、青垩。有草焉，其状如蓍（shī）而毛，青华而白实，其名曰䓘（hěn），服之不夭，可以为腹病。

【译文】

再往东三十里，有座大騩山，山北面盛产铁矿石、优质玉石和青色垩土。山中有一种草，形状像蓍草却长着绒毛，开青色的花，结白色的果实，名字叫䓘，人服食了它就能延年益寿，还可以治疗各种腹部疾病。

【原文】

凡苦山之首，自休与之山至于大騩之山，凡十有九山，千一百八十四里。其十六神者，皆豕身而人面。其祠：毛牷用一羊羞①，婴用一藻玉瘗。苦山、少室、太室皆冢也，其祠之：太牢之具，婴以吉玉。其神状皆人面而三首，其余属皆豕身人面也。

【注释】

①羞：进献食品。这里指贡献祭祀品。

【译文】

苦山山系，自休与山起到大騩山止，一共十九座山，绵延一千一百八十四里。其中有十六座山的山神，形貌都是猪的身子，人的面孔。祭祀这些山神的礼仪为：在毛物中用一只完整纯色的羊作为进献的供物，祀神的玉器用一块藻玉，在祭祀后埋入地下。苦山、少室山、太室山山神是诸山神的宗主，祭祀这三位山神的礼仪为：在毛物中用猪、牛、羊齐全的三牲作祭品，在祀神的玉器中用吉玉。这三位山神的形貌都是人的面孔却长着三个头，另外那十六座山的山神都是猪身人面。

中次八经

《五藏山经传》卷五载："此经所志，荆州大江以北、汉东西诸山也。近江陵无高山，所有皆陵阜。"在吕调阳看来，这一卷说的主要是，今湖北境内长江以北，汉水流域以东以西的一系列山脉。因为湖北南部、江陵周边没有崇山峻岭，只有起伏的小山包，与这一卷里的内容非常符合。

【原文】

中次八山荆山之首，曰景山，其上多金玉，其木多杼檀。睢水出焉，东南流注于江，其中多丹粟，多文鱼。

【译文】

中央第八列山系荆山山系的第一座山，叫作景山，山上有丰富的金属矿物和玉石，山里的树木以柞树和檀树为多。睢水从这座山发源，向东南流入江水，水中有很多粟米粒大小的丹砂，还生长着许多有彩色斑纹的鱼。

【原文】

东北百里，曰荆山，其阴多铁，其阳多赤金，其中多犛（máo）牛①，多豹虎，其木多松柏，多橘櫾（yòu）②，其草多竹。漳水出焉，而东南流注于睢，其中多黄金，多鲛鱼③。其兽多闾麋。

【注释】

①犛牛：属于牦牛之类，一种毛皮纯黑的牛。②櫾：同"柚"。柚子与橘子相似而大一些，皮厚而且味道酸。③鲛鱼：就是现在所说的鲨鱼，性凶猛，体形很大，能吃人。

【译文】

往东北一百里，有座山是荆山，山北面盛产铁矿石，山南面有丰富的黄金，山中生长着许多犛牛，还有众多的豹子和老虎，这里的树木以松树和柏树居多，还有许多的橘子树和柚子树，花草以丛生的小竹子最多。漳水从这座山发源，然后向东南流入雎水，水中盛产黄金，并生长着很多鲛鱼。山中的野兽以山驴和麋鹿居多。

【原文】

又东北百五十里，曰骄山，其上多玉，其下多青雘，其木多松柏，多桃枝钩端[①]。神䰠（tuó）围处之，其状如人而羊角虎爪，恒游于雎漳之渊，出入有光。

【注释】

①桃枝钩端：桃枝和钩端，小竹名。

【译文】

再往东北一百五十里，有座山是骄山，山上有丰富的玉石，山下盛产青雘，这里的树木以松树和柏树居多，到处是桃枝和钩端一类的小竹丛。名叫䰠围的神仙居住在这座山中，形貌像人，长着羊一样的角、虎一样的爪子，常常在雎水和漳水的深渊一带畅游，出入时会发出光亮。

【原文】

又东北百二十里，曰女几之山，其上多玉，其下多黄金，其兽多豹虎，多闾、麋、麖、麂（jǐ）[①]，其鸟多白鷮（jiāo）[②]，多翟，多鸩（zhèn）[③]。

【注释】

①麂：一种小鹿。②白鷮：也叫"鷮雉"，一种像野鸡而尾巴较长的鸟，常常是一边飞行一边鸣叫。③鸩：鸩鸟，传说中一种有剧毒的鸟，体形大小如雕鹰，羽毛呈紫绿色，长脖子红嘴巴，吃有毒蝮蛇的头。用它的羽毛浸的酒是著名的毒药。

【译文】

再往东北一百二十里，有座女几山，山上盛产玉石，山下盛产黄金，山中的野兽以豹子和老虎为多，还有许多的山驴、麋鹿、麖、麂，这里的禽鸟以白鸫居多，还有很多的长尾巴野鸡、鸩鸟。

【原文】

又东北二百里，曰宜诸之山，其上多金玉，其下多青雘。洈（wéi）水出焉，而南流注于漳，其中多白玉。

【译文】

再往东北二百里，有座宜诸山，山上盛产金属矿物和玉石，山下多出产青雘。洈水从这座山发源，然后向南流入漳水，水中有很多白色玉石。

【原文】

又东北三百五十里，曰纶山，其木多梓枏，多桃枝，多柤、栗、橘、櫾，其兽多闾、麈（zhǔ）[①]、麢、㚟。

【注释】

①麈：即驼鹿，俗名四不像。

【译文】

再往东北三百五十里，有座纶山，山中有很多梓树、楠树，还有很多丛生的桃枝竹，以及大量的柤树、栗子树、橘子树、柚子树，山中野兽以山驴、驼鹿、羚羊、㚟居多。

【原文】

又东二百里，曰陆郈（guǐ）之山，其上多㻬琈之玉，其下多垩，其木多杻橿。

【译文】

再往东二百里，有座陆郈山，山上盛产㻬琈玉，山下遍布垩土，这里的树木以杻树和橿树居多。

【原文】

又东百三十里，曰光山，其上多碧，其下多水。神计蒙处之，其状人身而龙首，恒游于漳渊，出入必有飘风①暴雨。

【注释】

①飘风：暴风，旋风。

【译文】

再往东一百三十里，有座光山，山上盛产碧玉，山下到处是流水。神仙计蒙居住在这座山里，其形貌是人的身体、龙的头，常常在漳水的深渊里畅游，出入时一定有急风骤雨相伴随。

【原文】

又东百五十里，曰岐山，其阳多赤金，其阴多白珉（mín）①，其上多金玉，其下多青雘，其木多樗。神涉䰠处之，其状人身而方面三足。

【注释】

①珉：一种似玉的美石。

【译文】

再往东一百五十里，有座岐山，山南面多出产黄金，山北面多出产白色珉石，山上盛产金属矿物和玉石，山下有丰富的青雘，这里的树木以臭椿树居多。神仙涉䰠就住在这座山里，其形貌是人的身体，面孔呈方形，长着三只脚。

【原文】

又东百三十里，曰铜山，其上多金、银、铁，其木多穀、柞、柤、栗、橘、櫾，其兽多犳。

【译文】

再往东一百三十里，有座铜山，山上盛产金、银、铁三种矿石，这里的树木以构树、柞树、柤树、栗子树、橘子树、柚子树居多，而野兽最多的是长着豹子斑纹的犳。

【原文】

又东北一百里，曰美山，其兽多兕牛，多闾麈，多豕鹿，其上多金，其下多青雘。

【译文】

再往东北一百里，有座美山，山中的野兽以兕、野牛居多，又有许多山驴、驼鹿，还有很多野猪、鹿，山上多出产黄金，山下多出产青雘。

【原文】

又东北百里，曰大尧之山，其木多松柏，多梓桑，多机①，其草多竹，其兽多豹、虎、麢、㚟。

【注释】

①机：即桤树，是一种落叶乔木，生长很快，容易成林，木材坚韧。

【译文】

再往东北一百里，有座山是大尧山，山里的树木以松树和柏树居多，又有许多的梓树和桑树，还有很多机木树，这里的草大多是丛生的小竹子，而野兽以豹子、老虎、羚羊、㚟为多。

【原文】

又东北三百里，曰灵山，其上多金玉，其下多青雘，其木多桃、李、梅、杏。

【译文】

再往东北三百里，有座灵山，山上盛产金属矿物和玉石，山下有很多青雘，这里的树木大多是桃树、李树、梅树、杏树。

【原文】

又东北七十里，曰龙山，上多寓木[①]，其上多碧，其下多赤锡，其草多桃枝钩端。

【注释】

①寓木：又叫宛童，即寄生树，俗称寄生草，桑寄生科植物。因这种植物是寄寓在其他树木上生长的，像鸟站立在树上，所以称作寄生、寓木、茑木。

【译文】

再往东北七十里，有座龙山，山上到处是寄生树，还盛产碧玉，山下有丰富的红色锡土，而草多是桃枝、钩端之类的小竹丛。

【原文】

又东南五十里，曰衡山，上多寓木、榖、柞，多黄垩、白垩。

【译文】

再往东南五十里，有座衡山，山上有许多寄生树、构树、柞树，还盛产黄色垩土、白色垩土。

【原文】

又东南七十里，曰石山，其上多金，其下多青雘，多寓木。

【译文】

再往东南七十里，有座石山，山上多出产黄金，山下有丰富的青雘，还有许多寄生树。

【原文】

又南百二十里，曰若山，其上多㻬琈之玉，多赭，多封石[①]，多寓木，多柘。

【注释】

①封石：据古人说是一种可作药用的矿物，味道是甜的，没有毒性。

【译文】

再往南一百二十里，有座若山，山上多出产㻬琈玉，又多产赭石，还有很多封石，山上遍布着寄生树以及柘树。

【原文】

又东南一百二十里，曰彘山，多美石，多柘。

【译文】

再往东南一百二十里，有座彘山，山上有很多美丽的石头，到处生长着柘树。

【原文】

又东南一百五十里，曰玉山，其上多金玉，其下多碧、铁，其木多柏。

【译文】

再往东南一百五十里，有座玉山，山上有丰富的金属矿物和玉石，山下多产碧玉、铁矿石，树木以柏树居多。

【原文】

又东南七十里，曰讙山，其木多檀，多封石，多白锡。郁水出于其上，潜于其下，其中多砥砺。

【译文】

再往东南七十里，有座讙山，这里的树木大多是檀树，还盛产封石，又多产白色锡土。郁水从这座山顶上发源，潜流到山下，水中有很多磨刀石。

【原文】

又东北百五十里，曰仁举之山，其木多榖柞，其阳多赤金，其阴多赭。

【译文】

再往东北一百五十里，有座仁举山，山上的树木以构树和柞树居多，山南面有丰富的黄金，山北面多产赭石。

【原文】

又东五十里，曰师每之山，其阳多砥砺，其阴多青雘，其木多柏，多檀，多柘，其草多竹。

【译文】

再往东五十里，有座师每山，山南面多出产磨刀石，山北面多出产青雘，山中的树木以柏树居多，也有很多檀树和柘树，而草大多是丛生的小竹子。

【原文】

又东南二百里，曰琴鼓之山，其木多榖、柞、椒[1]、柘，其上多白珉，其下多洗石，其兽多豖、鹿，多白犀，其鸟多鸩。

【注释】

①椒：与上文所记椒树指花椒树者略有不同。据古人说这种椒树矮小而丛生，如果在它下面有草木生长就会被刺死。

【译文】

再往东南二百里，有座山是琴鼓山，这里的树木大多是构树、柞树、椒树、柘树，山上多出产白色珉石，山下多出产洗石，这里的野兽以野猪和鹿居多，还有许多白色犀牛，而禽鸟大多是鸩鸟。

【原文】

凡荆山之首，自景山至琴鼓之山，凡二十三山，二千八百九十里。其神状皆鸟身而人面。其祠：用一雄鸡祈瘗，婴用一藻圭，糈用稌。骄山，冢也。其祠：用羞酒少牢祈瘗，婴用一璧。

【译文】

荆山山系，自景山起到琴鼓山止，一共二十三座山，绵延二千八百九十里。诸山神的形貌都是鸟的身体，人的面孔。祭祀山神的礼仪为：在毛物中用一只公鸡祭祀后埋入地下，并用一块藻圭献祭，祀神的米用稻米。骄山山神是诸山神之宗主。祭祀骄山山神的礼仪为：用进献的美酒和猪、羊来祭祀，然后埋入地下，在祀神的玉器中用一块玉璧。

中次九经

《五藏山经传》卷五载：“此经所志，今川蜀诸山也。”在吕调阳看来，这一卷说的主要是，今四川境内一系列的山脉。

【原文】

中次九山岷山之首，曰女几之山，其上多石涅[①]，其木多杻橿，其草多菊[②]茓。洛水出焉，东流注于江[③]。其中多雄黄，其兽多虎、豹。

【注释】

①石涅：即涅石，一种可作黑色染料的矿物。②菊：通称菊花，品种繁多，大约有九百种，古人将其概括为两大类，一类是栽种在庭院中供观赏的，叫真菊；一类是在山野生长的，叫野菊，别名苦薏。这里就是指野菊。③江：古人单称“江”或“江水”而不贯以名的，则大多是专指长江，这里即指长江。但本书

记述山丘河流的方位走向都不甚确实，所述长江也不例外，与今天用科学方法测量出的长江不甚相符。

【译文】

中央第九列山系岷山山系之首座山，叫作女几山，山上多出产石涅，这里的树木以杻树、橿树居多，而花草以野菊、茉草居多。洛水从这座山发源，向东流入长江。山里有很多雄黄，而野兽多是老虎、豹子。

【原文】

又东北三百里，曰岷山。江水出焉，东北流注于海，其中多良龟，多鼍（tuó）[①]。其上多金玉，其下多白珉。其木多梅棠，其兽多犀、象，多夔（kuí）牛[②]，其鸟多翰、鷩。

【注释】

①鼍：古人说这种动物长得像蜥蜴，身上有花纹鳞，大的长达二丈，皮可以用来制作鼓。其实也就是现在所说的爬行纲鼍科动物扬子鳄。②夔牛：古人说是一种重达几千斤的野牛。

【译文】

再往东北三百里，有座山是岷山。长江从岷山发源，向东北流入大海，水中生长着许多优良的龟，还有许多鼍。山上有丰富的金属矿物和玉石，山下盛产白色珉石。山中的树木以梅树和海棠树居多，而野兽多犀牛和大象，还有很多的夔牛，这里的禽鸟大多是白翰鸟和赤鷩鸟。

【原文】

又东北一百四十里，曰崃山。江水出焉，东流注于大江。其阳多黄金，其阴多麋麈，其木多檀柘，其草多䪥、韭，多药、空夺[①]。

【注释】

①药：指白芷，一种香草。空夺：就是上文所说的寇脱。

【译文】

再往东北一百四十里，有座崍山。江水从这座山发源，向东流入长江。山南面盛产黄金，山北面到处都是麋鹿和驼鹿，这里的树木大多是檀树和柘树，而花草大多是䪥菜和野韭菜，还有许多白芷和寇脱。

【原文】

又东一百五十里，曰崌（jū）山。江水出焉，东流注于大江，其中多怪蛇[①]，多鰲（zhì）鱼[②]。其木多楢（yóu）[③]杻，多梅梓，其兽多夔牛、麢、㚟、犀、兕。有鸟焉，状如鸮而赤身白首，其名曰窃脂[④]，可以御火。

【注释】

①怪蛇：据古人讲指一种钩蛇，身长达几丈，尾巴分叉，在水中钩取岸上的人、牛、马而吞食掉。②鰲鱼：何种鱼不详。③楢：一种树木，木材刚硬，可以用来制造车辆。④窃脂：疑为桑扈，雀科动物，俗称腊嘴。

【译文】

再往东一百五十里，有座崌山。江水从这座山发源，向东流入长江，水中生长着许多怪蛇，还有很多鰲鱼。这里的树木以楢树和杻树居多，还有很多梅树和梓树，而野兽以夔牛、羚羊、㚟、犀牛、兕居多。山中有一种禽鸟，形状像鸮，却有红色的身体、白色的头，名叫窃脂，人饲养它可以防火。

【原文】

又东三百里，曰高梁之山，其上多垩，其下多砥砺，其木多桃枝钩端。有草焉，状如葵而赤华，荚实、白柎，可以走马。

【译文】

再往东三百里，有座高梁山，山上盛产垩土，山下盛产磨刀石，这里的草木大多是桃枝和钩端之类的小竹丛。山中生长着一种草，形状像葵菜，开的是红色的花朵，结带荚的果实，有白色的花萼，用来喂马能使马跑得更快。

【原文】

又东四百里，曰蛇山，其上多黄金，其下多垩，其木多栒，多豫章，其草多嘉荣、少辛。有兽焉，其状如狐，而白尾长耳，名狏（yǐ）狼，见则国内有兵。

【译文】

再往东四百里，有座山是蛇山，山上多出产黄金，山下多出产垩土，这里的树木以栒树居多，还有许多豫章树，而花草以嘉荣、细辛为多。山中有一种野兽，形体像一般的狐狸，却长着白色的尾巴和长耳朵，名叫狏狼，它出现在哪个国家，哪个国家就会发生战争。

【原文】

又东五百里，曰鬲山，其阳多金，其阴多白珉。蒲鸏（hōng）之水出焉，而东流注于江，其中多白玉。其兽多犀、象、熊、罴，多猿、蜼。

【译文】

再往东五百里，有座鬲山，山南面盛产黄金，山北面盛产白色珉石。蒲鸏水从这座山发源，然后向东流入长江，水中有很多白色玉石。山中的野兽以犀牛、大象、熊、罴居多，还有许多猿猴、长尾猿。

【原文】

又东北三百里，曰隅阳之山，其上多金玉，其下多青雘，其木多梓桑，其草多茈。徐之水出焉，东流注于江，其中多丹粟。

【译文】

再往东北三百里，有座隅阳山，山上盛产金属矿物和玉石，山下有丰富的青雘，这里的树木大多是梓树和桑树，而草大多是紫草。徐水从这座山发源，向东流入长江，水中有许多粟米粒大小的细丹砂。

【原文】

又东二百五十里，曰岐山，其上多白金，其下多铁，其木多梅梓，多杻楢。減水出焉，东南流注于江。

【译文】

再往东二百五十里，有座岐山，山上盛产白银，山下有丰富的铁矿石，这里的树木以梅树和梓树居多，还有许多杻树和楢树。減水从这座山发源，向东南流入长江。

【原文】

又东三百里，曰勾㭐（mí）之山，其上多玉，其下多黄金，其木多栎柘，其草多芍药。

【译文】

再往东三百里，有座勾㭐山，山上盛产玉石，山下盛产黄金，这里的树木大多是栎树和柘树，而花草大多是芍药。

【原文】

又东一百五十里，曰风雨之山，其上多白金，其下多石涅，其木多棷（zōu）椫（shàn）[①]，多杨。宣余之水出焉，东流注于江，其中多蛇。其兽多闾麋麈，多豹虎，其鸟多白鸫。

【注释】

①棷：何种树木不详。椫：椫树，也叫白理木，木纹洁白，木质坚硬，可制作梳子、勺子等器物。

【译文】

再往东一百五十里，有座风雨山，山上多出产白银，山下多出产石涅，这里的树木以棷树和椫树居多，还有许多杨树。宣余水从这座山发源，向东流入长江，水中有很多水蛇。山里的野兽以山驴、麋鹿、驼鹿居多，还有许多的豹子、老虎，而禽鸟多是白鸡。

【原文】

又东北二百里，曰玉山，其阳多铜，其阴多赤金，其木多豫章、楢、杻，其兽多豕、鹿、麢、㚟，其鸟多鸩。

【译文】

再往东北二百里，有座玉山，山南面多出产铜矿石，山北面多出产黄金，这里的树木以豫章树、楢树、杻树居多，而野兽以山猪、鹿、羚羊、㚟居多，禽鸟大多是鸩鸟。

【原文】

又东一百五十里，曰熊山。有穴焉，熊之穴，恒①出神人。夏启而冬闭；是穴也，冬启乃必有兵。其上多白玉，其下多白金。其木多樗柳，其草多寇脱。

【注释】

①恒：经常，常常。

【译文】

再往东一百五十里，有座熊山。山中有一洞穴，是熊的巢穴，也时常有神人出入。洞穴一般是夏季开启，冬季关闭；这个洞穴如果冬季开启就必定会发生战争。山上多出产白色玉石，山下多出产白银。山里的树木以臭椿树和柳树居多，而花草以寇脱为多。

【原文】

又东一百四十里，曰騩山，其阳多美玉、赤金，其阴多铁，其木多桃枝、荆、芑。

【译文】

再往东一百四十里，有座騩山，山南面盛产美玉、黄金，山北面盛产铁矿石，这里的草木以桃枝竹、牡荆树、枸杞树居多。

【原文】

又东二百里，曰葛山，其上多赤金，其下多瑊（jiān）石[①]，其木多柤、栗、橘、櫾、楢、杻，其兽多麢、㚟，其草多嘉荣。

【注释】

①瑊石：是一种像玉但质地差一等的美石。

【译文】

再往东二百里，有座葛山，山上多出产黄金，山下多出产瑊石，树木以柤树、栗子树、橘子树、柚子树、楢树、杻树居多，而野兽以羚羊和㚟为多，花草大多是嘉荣。

【原文】

又东一百七十里，曰贾超之山，其阳多黄垩，其阴多美赭，其木多柤、栗、橘、櫾，其中多龙脩[①]。

【注释】

①龙脩：即龙须草，与莞草相似而细一些，生长在山石缝隙中，茎倒垂，可以用来编织席子。

【译文】

再往东一百七十里，有座山是贾超山，山南面多出产黄色垩土，山北面多出产精美赭石，这里的树木大多是柤树、栗子树、橘子树、柚子树，山中的花草多为龙须草。

【原文】

凡岷山之首，自女几山至于贾超之山，凡十六山，三千五百里。其神状皆马身而龙首。其祠：毛用一雄鸡瘗，糈用稌。文山[①]、勾㭫、风雨、骢山，是皆冢也。其祠之：羞酒，少牢具，婴用一吉玉。熊山，帝[②]也。其祠：羞酒，太牢具，婴用一璧。干儛，用兵以禳[3]；祈，璆（qiú）冕舞[4]。

【注释】

①文山：指岷山。②帝：主体。这里是首领的意思。③禳：祈祷消灾，驱妖逐邪。④璆：同“球”。美玉。冕：即冕服，礼帽，是古代帝王、诸侯及卿大夫的礼服。这里泛指礼服。

【译文】

岷山山系，自女几山起到贾超山止，一共十六座山，绵延三千五百里，诸山神的形貌都是马的身体、龙的头。祭祀山神的礼仪为：在毛物中用一只公鸡作祭品埋入地下，祀神的精米用稻米。文山、勾祢山、风雨山、騩山山神，是诸山山神的宗主。祭祀这几位山神的礼仪为：先进献美酒，再用猪、羊作祭品，在祀神的玉器中用一块吉玉。熊山山神，是诸山山神的首领。祭祀熊山山神的礼仪为：进献美酒，用猪、牛、羊齐全的三牲作祭品，在祀神的玉器中用一块玉璧。还要手拿盾牌起舞，用兵器禳祭；祈求福祥，要穿戴礼服并手持美玉跳舞。

中次十经

《五藏山经传》卷五载：“此经所志，陇首以西，会宁、安定诸山也。”在吕调阳看来，这一卷说的主要是，今甘肃六盘山以西，会宁、安定一带一系列的山脉。

【原文】

中次十山之首，曰首阳之山，其上多金玉，无草木。

【译文】

中央第十列山系的第一座山，叫作首阳山，山上有丰富的金属矿物和玉石，不长花草树木。

【原文】

又西五十里，曰虎尾之山，其木多椒椐，多封石，其阳多赤金，其阴多铁。

【译文】

再往西五十里，有座虎尾山，山上的树木以花椒树、椐树居多，到处都是封石，山南面盛产黄金，山北面有丰富的铁矿石。

【原文】

又西南五十里，曰繁缋（kuì）之山，其木多楢杻，其草多枝钩[①]。

【注释】

①枝钩：就是上文所说的桃枝竹、钩端竹，矮小而丛生。

【译文】

再往西南五十里，有座繁缋山，这里的树木大多是楢树和杻树，而草大多是桃枝、钩端之类的小竹丛。

【原文】

又西南二十里，曰勇石之山，无草木，多白金，多水。

【译文】

再往西南二十里，有座勇石山，山上不生长花草树木，有丰富的白银，到处都是流水。

【原文】

又西二十里，曰复州之山，其木多檀，其阳多黄金。有鸟焉，其状如鸮，而一足彘尾，其名曰跂（qí）踵，见则其国大疫。

【译文】

再往西二十里，有座复州山，这里的树木以檀树居多，山南面有丰富的黄金。山中有一种禽鸟，形状像鹗，却只长着一只脚和猪一样的尾巴，名叫跂踵，它出现在哪个国家，哪个国家就要发生大瘟疫。

【原文】

又西三十里，曰楮山，多寓木，多椒椐，多柘，多垩。

【译文】

再往西三十里，有座楮山，山上生长着茂密的寄生树，也遍布着花椒树、椐树和柘树，还有大量的垩土。

【原文】

又西二十里，曰又原之山，其阳多青雘，其阴多铁，其鸟多鸜（qú）鹆（yù）[①]。

【注释】

①鸜鹆：即八哥。

【译文】

再往西二十里，有座又原山，山南面有丰富的青雘，山北面盛产铁矿石，这里的禽鸟以八哥居多。

【原文】

又西五十里，曰涿山，其木多穀、柞、杻，其阳多㻬琈之玉。

【译文】

再往西五十里，有座涿山，这里的树木大多是构树、柞树、杻树，山南面多出产㻬琈玉。

【原文】

又西七十里，曰丙山，其木多梓、檀，多弞（shěn）杻[①]。

【注释】

①欤杻：一种长而直的杻树。

【译文】

再往西七十里，有座丙山，山上的树木大多是梓树、檀树，还有很多欤杻树。

【原文】

凡首阳山之首，自首山至于丙山，凡九山，二百六十七里。其神状皆龙身而人面。其祠之：毛用一雄鸡瘗，糈用五种之糈[1]。堵山[2]，冢也，其祠之：少牢具，羞酒祠，婴用一璧瘗。騩山，帝也，其祠：羞酒，太牢具，合巫祝二人儛[3]，婴一璧。

【注释】

①五种之糈：指黍、稷、稻、粱、麦五种粮米。②堵山：指楮山。③巫：古时能以舞降鬼神者，即女巫。祝：古代在祠庙中主管祭礼的人，即男巫。

【译文】

首阳山山系，自首阳山起到丙山止，一共九座山，绵延二百六十七里。诸山神的形貌都是龙的身体，人的面孔。祭祀山神的礼仪为：在毛物中用一只公鸡献祭后埋入地下，祀神的精米用五种粮米。楮山山神是诸山神的宗主，祭祀这位山神的礼仪为：用猪、羊二牲作祭品，进献美酒来祭祀，在玉器中用一块玉璧，祀神后埋入地下。騩山山神是诸山神的首领，祭祀騩山山神的礼仪为：要先进献美酒，然后用猪、牛、羊齐全的三牲作祭品，还要让巫师和祝师一起跳舞，在玉器中用一块玉璧来祭祀。

中次十一经

《五藏山经传》卷五载："此经所志，自湍汝而南旋，逾江东抵于越诸山也。"在吕调阳看来，这一卷说的主要是，自今河南东南部湍水、汝水流域，向南绵延，经安徽、江苏，直到浙江南部其间一系列的山脉。

【原文】

中次一十一山荆山之首，曰翼望之山。湍（zhuān）水出焉，东流注于济；贶（kuàng）水出焉，东南流注于汉，其中多蛟[①]。其上多松柏，其下多漆梓，其阳多赤金，其阴多珉。

【注释】

①蛟：据古人说长得像蛇的样子，有四只脚，头小脖细，脖颈上有白色肉瘤，大的有十几围粗，卵有一二十瓮大小，能吞食人。

【译文】

中央第十一列山系荆山山系的第一座山，叫作翼望山。湍水从这座山发源，向东流入济水；贶水也从这座山发源，向东南流入汉水，水中有很多蛟。山上多是松树和柏树，山下有茂密的漆树和梓树，山南面多出产黄金，山北面多出产珉石。

【原文】

又东北一百五十里，曰朝歌之山。潕（wǔ）水出焉，东南流注于荥（xíng），其中多人鱼。其上多梓枏，其兽多麢麋。有草焉，名曰莽（wàng）草[①]，可以毒鱼。

【注释】

①莽草：就是上文所说的芒草，又叫鼠莽。

【译文】

再往东北一百五十里，有座朝歌山。潕水从这座山发源，向东南流入荥水，水中生长着很多人鱼。山上有茂密的梓树、楠树，这里的野兽以羚羊、麋鹿居多。山中有一种草，名叫莽草，能够用来毒杀鱼。

【原文】

又东南二百里，曰帝囷之山，其阳多㻬琈之玉，其阴多铁。帝囷[①]之水出于其上，潜于其下，多鸣蛇。

【注释】

①囷：或作“菌”。

【译文】

再往东南二百里，有座帝囷山，山南面盛产㻬琈玉，山北面有丰富的铁矿石。帝囷水从这座山顶上发源，潜流到山下，水中有很多鸣蛇。

【原文】

又东南五十里，曰视山，其上多韭。有井焉，名曰天井，夏有水，冬竭。其上多桑，多美垩、金、玉。

【译文】

再往东南五十里，有座视山，山上到处是野韭菜。山中有一口井，叫作天井，这井夏天有水，冬天则会干涸。山上有茂密的桑树，还有丰富的优质垩土、金属矿物、玉石。

【原文】

又东南二百里，曰前山，其木多槠（zhū）[①]，多柏，其阳多金，其阴多赭。

【注释】

①槠：槠树，果实如同橡树的果实，可以吃，木质因耐腐蚀常用来做房屋的柱子。

【译文】

再往东南二百里，有座前山，山上的树木以槠树居多，还有许多的柏树，山南面盛产黄金，山北面盛产赭石。

【原文】

又东南三百里，曰丰山。有兽焉，其状如蝯（yuán）[①]，赤目、赤喙、黄身，名曰雍和，见则国有大恐。神耕父处之，常游清泠（líng）之渊，出入有光，见则其国为败。有九钟焉，是和霜鸣。其上多金，其下多榖、柞、杻、橿。

【注释】

①蝯：即猿。

【译文】

再往东南三百里，有座山是丰山。山中有一种野兽，形体像猿猴，长着红眼睛、红嘴巴、黄色的身体，名叫雍和，它在哪个国家出现，哪个国家就会发生大恐慌。神仙耕父住在这座山里，常常在清泠渊畅游，出入时会发出光亮，它在哪个国家出现，哪个国家就要走向衰败。这座山还有九口钟，它们都会随着霜降而鸣响。山上有丰富的黄金，山下有茂密的构树、柞树、杻树、橿树。

【原文】

又东北八百里，曰兔床之山，其阳多铁，其木多槠芧，其草多鸡谷[①]，其本如鸡卵，其味酸甘，食者利于人。

【注释】

①鸡谷：即蒲公英。下文夫夫山又作“鸡鼓”。

【译文】

再往东北八百里，有座兔床山，山南面有丰富的铁矿石，山里的树木以槠树和芧树最多，而花草以鸡谷草最多，它的根茎像鸡蛋，味道是酸中带甜，服食它会对人的身体有好处。

【原文】

又东六十里，曰皮山，多垩，多赭，其木多松柏。

【译文】

再往东六十里，有座皮山，山上有大量的垩土，还有大量的赭石，这里的树木多是松树和柏树。

【原文】

又东六十里，曰瑶碧之山，其木多梓枏，其阴多青雘，其阳多白金。有鸟焉，其状如雉，恒食蜚①，名曰鸩②。

【注释】

①蜚：传说中的灾兽。②鸩：鸩鸟，和上文所说的有毒鸩鸟不是一种鸟，是同名异物。

【译文】

再往东六十里，有座瑶碧山，山里的树木以梓树和楠树居多，山北面盛产青雘，山南面盛产白银。山中有一种禽鸟，形状像一般的野鸡，常吃蜚虫，名叫鸩。

【原文】

又东四十里，曰攻离之山。淯水出焉，南流注于汉。有鸟焉，其名曰婴勺，其状如鹊，赤目、赤喙、白身，其尾若勺，其鸣自呼。多㸲牛，多羬羊。

【译文】

再往东四十里，有座攻离山。淯水从这座山发源，向南流入汉水。山中有一种禽鸟，名叫婴勺，形状像普通的喜鹊，却长着红眼睛、红嘴巴、白色的身体，尾巴与勺子的形状相似，它发出的叫声便是自身名字的读音。这座山中还有很多㸲牛、羬羊。

【原文】

又东北五十里，曰袟（zhì）筒（diāo）之山，其上多松、柏、机、桓（huán）①。

【注释】

①桓：桓树，树叶像柳叶，树皮是黄白色。古人说它又叫无患子，可以洗涤衣服，除去污垢。

【译文】

再往东北五十里，有座柍簡山，山上有茂密的松树、柏树、楷树、桓树。

【原文】

又西北一百里，曰堇（jǐn）理之山，其上多松柏，多美梓，其阴多丹臒，多金，其兽多豹虎。有鸟焉，其状如鹊，青身白喙，白目白尾，名曰青耕，可以御疫，其鸣自叫。

【译文】

再往西北一百里，有座堇理山，山上有茂密的松树和柏树，还有很多质地优良的梓树，山北阴面多出产青臒，并且有丰富的黄金，这里的野兽以豹子和老虎为最多。山中有一种禽鸟，形状像一般的喜鹊，身体是青色的，嘴巴是白色的，还有白色的眼睛和白色的尾巴，名叫青耕，人饲养它可以抵御瘟疫，它发出的叫声就是自身名字的读音。

【原文】

又东南三十里，曰依轱（kū）之山，其上多杻橿，多苴（jū）①。有兽焉，其状如犬，虎爪有甲，其名曰獜（lín），善駚（yāng）坌（fèn）②，食者不风③。

【注释】

①苴：通“柤”。即柤树。②駚坌：跳跃腾扑。③风：“天风”，即风湿症。

【译文】

再往东南三十里，有座依轱山，山上有茂密的杻树和橿树，还有很多柤树。山中有一种野兽，形体像普通的狗，长着老虎一样的爪子，身上又有鳞甲，名叫獜，擅长跳跃腾扑，吃了它的肉就能使人不患风湿症。

【原文】

又东南三十五里，曰即谷之山，多美玉，多玄豹，多闾麈，多麢㚟。其阳多瑉，其阴多青雘。

【译文】

再往东南三十五里，有座即谷山，这里多出产优质的玉石，山里有很多黑豹，还有不少的山驴和驼鹿，羚羊和㚟也很多。山南阳面盛产珉石，山北阴面盛产青雘。

【原文】

又东南四十里，曰鸡山，其上多美梓，多桑，其草多韭。

【译文】

再往东南四十里，有座鸡山，山上有很多优质的梓树，还有茂密的桑树，而草以野韭菜为多。

【原文】

又东南五十里，曰高前之山。其上有水焉，甚寒而清①，帝台②之浆也，饮之者不心痛。其上有金，其下有赭。

【注释】

①清：或作“潜”。②帝台：治理一方之小天帝。

【译文】

再往东南五十里，有座高前山。山上有一条溪水，寒冽而又特别清澈，是神仙帝台饮用过的浆水，人饮用了它就不会患心痛病。山上盛产黄金，山下有丰富的赭石。

【原文】

又东南三十里，曰游戏之山，多杻、橿、穀，多玉，多封石。

【译文】

再往东南三十里，有座游戏山，山上有茂密的杻树、橿树、构树，还有丰富的玉石，封石也很多。

【原文】

又东南三十五里，曰从山，其上多松柏，其下多竹。从水出于其上，潜于其下，其中多三足鳖，枝尾，食之无蛊疾。

【译文】

再往东南三十五里，有座从山，山上有茂密的松树和柏树，山下有茂密的小竹丛。从水从这座山的山顶上发源，潜流到山下，水中有很多三足鳖，长着分叉的尾巴，人吃了它的肉就能不得疑心病。

【原文】

又东南三十里，曰婴硜（zhēn）之山，其上多松柏，其下多梓櫄（chūn）[①]。

【注释】

①櫄：杶树，又叫椿树，指香椿树。

【译文】

再往东南三十里，有座婴硜山，山上到处是松树和柏树，山下有茂密的梓树、櫄树。

【原文】

又东南三十里，曰毕山。帝苑之水出焉，东北流注于溉（qìn），其中多水玉，多蛟。其上多㻬琈之玉。

【译文】

再往东南三十里，有座毕山。帝苑水从这座山发源，向东北流入溉水，水中多出产水晶石，还有很多蛟。山上盛产㻬琈玉。

【原文】

又东南二十里，曰乐马之山。有兽焉，其状如彙，赤如丹火，其名曰狭

（lì），见则其国大疫。

【译文】

再往东南二十里，有座乐马山。山中有一种野兽，形体像一般的刺猬，全身赤红如丹火，名叫猴，它在哪个国家出现，哪个国家就会发生大瘟疫。

【原文】

又东南二十五里，曰葴（zhēn）山，视水出焉，东南流注于汝水，其中多人鱼，多蛟，多颉（xié）[①]。

【注释】

①颉：据古人说是一种皮毛青色而形态像狗的动物。可能就是今天所说的水獭。

【译文】

再往东南二十五里，有座葴山，视水从这座山发源，向东南流入汝水，水中有很多人鱼，又有很多蛟和颉。

【原文】

又东四十里，曰婴山，其下多青雘，其上多金玉。

【译文】

再往东四十里，有座婴山，山下有丰富的青雘，山上盛产金属矿物和玉石。

【原文】

又东三十里，曰虎首之山，多苴、椆（diāo）[①]、椐。

【注释】

①椆：据古人说是一种耐寒冷的树木，即使冬天树叶也不会凋落。

山海经全集

【译文】

再往东三十里，有座虎首山，山上有茂密的柤树、椆树、椐树。

【原文】

又东二十里，曰婴侯之山，其上多封石，其下多赤锡。

【译文】

再往东二十里，有座婴侯山，山上多出产封石，山下多出产红色锡土。

【原文】

又东五十里，曰大孰之山。杀水出焉，东北流注于瀙水，其中多白垩。

【译文】

再往东五十里，有座大孰山。杀水从这座山发源，向东北流入瀙水，水中到处是白色垩土。

【原文】

又东四十里，曰卑山，其上多桃、李、苴、梓，多纍（lěi）[①]。

【注释】

①纍：又叫作滕，古人说是一种与虎豆同类的植物。虎豆是缠蔓于树枝而生长的，所结的豆荚成熟后是黑色，有毛刺外露，像老虎的爪子，而荚中豆子有斑点，就像老虎身上的斑纹，所以又叫虎櫐，即现在所说的紫藤。櫐，同“藟”。蔓生植物。

【译文】

再往东四十里，有座卑山，山上有茂密的桃树、李树、柤树、梓树，还有很多藤蔓。

【原文】

又东三十里，曰倚帝之山，其上多玉，其下多金。有兽焉，状如鼣（fèi）

鼠[1]，白耳白喙，名曰狙（jū）如，见则其国有大兵。

【注释】

①鼣鼠：《尔雅》中所述鼠有十三种，此为其中之一，具体形态不详。

【译文】

再往东三十里，有座倚帝山，山上有丰富的玉石，山下盛产黄金。山中有一种野兽，形体像鼣鼠，长着白耳朵和白嘴巴，名字叫狙如，它出现在哪个国家，哪个国家就会发生大规模的战争。

【原文】

又东三十里，曰鲵（ní）山。鲵水出于其上，潜于其下，其中多美垩。其上多金，其下多青雘。

【译文】

再往东三十里，有座鲵山。鲵水从这座山的山顶上发源，潜流到山下，水中有很多优质的垩土。山上有丰富的黄金，山下盛产青雘。

【原文】

又东三十里，曰雅山。澧水出焉，东流注于瀙水，其中多大鱼。其上多美桑，其下多苴，多赤金。

【译文】

再往东三十里，有座雅山。澧水从这座山发源，向东流入瀙水，水中有很多大鱼。山上有茂密的优质的桑树，山下遍布着柤树，山中还多出产黄金。

【原文】

又东五十五里[1]，曰宣山。沦水出焉，东南流注于瀙水，其中多蛟。其上有桑焉，大五十尺[2]，其枝四衢，其叶大尺余，赤理、黄华、青柎，名曰帝女之桑。

【注释】

①五十五里：或作“五十里”。②大五十尺：合抱五十尺。

【译文】

再往东五十五里，有座山名叫宣山。沦水从这座山发源，向东南流入溉水，水中有很多蛟。山上有一种桑树，树干合抱有五十尺粗，树枝交错伸向四方，树叶有一尺多大，上面有红色的纹理、黄色的花朵、青色的花萼，名字叫帝女桑。

【原文】

又东四十五里，曰衡山①，其上多青雘，多桑，其鸟多鸜鹆。

【注释】

①衡山：此山并非是南岳之衡山。

【译文】

再往东四十五里，有座衡山，山上盛产青雘，还有茂密的桑树，山里的禽鸟以八哥居多。

【原文】

又东四十里，曰丰山，其上多封石，其木多桑，多羊桃①，状如桃而方茎，可以为皮张（zhàng）②。

【注释】

①羊桃：或作“鬼桃”。②为：治理。这里是治疗的意思。张：通“胀”。浮肿。

【译文】

再往东四十里，有座丰山，山上多出产封石，这里的树木大多是桑树，还有大量的羊桃，其形状像一般的桃树，茎干是方的，用它可以医治人的浮肿病。

【原文】

又东七十里，曰妪山，其上多美玉，其下多金，其草多鸡谷。

【译文】

再往东七十里，有座妪山，山上盛产优质的玉石，山下盛产黄金，这里的草以鸡谷草最为茂盛。

【原文】

又东三十里，曰鲜山，其木多楢、杻、苴，其草多亹冬，其阳多金，其阴多铁。有兽焉，其状如膜犬[1]，赤喙、赤目、白尾，见则其邑有火，名曰狢（yí）即。

【注释】

①膜犬：据古人说是西膜之犬，这种狗的体形高大，毛发浓密，性情猛悍，力量很大。

【译文】

再往东三十里，有座山是鲜山，这里的树木以楢树、杻树、柤树居多，花草以蔷薇居多，山南阳面有丰富的黄金，山北阴面盛产铁矿石。山中有一种野兽，形体像膜犬，长着红嘴、红眼睛、白尾巴，它出现在哪个地方，哪个地方就会有火灾，名字叫狢即。

【原文】

又东三十里，曰皋山，其阳多金，其阴多美石。皋水出焉，东流注于澧水，其中多脃（cuì）石[1]。

【注释】

①脃石：一种又轻又软，易断裂、破碎的石头。脃，即“脆”的本字。

【译文】

再往东三十里，有座皋山，山南阳面多出产黄金，山北阴面多出产优质的石头。皋水从这座山发源，向东流入澧水，水中有许多脆石。

【原文】

又东二十五里，曰大支之山，其阳多金，其木多榖柞，无草。

【译文】

再往东二十五里，有座大支山，山南阳面有丰富的黄金，山上的树木大多是构树和柞树，但没有长草。

【原文】

又东五十里，曰区吴之山，其木多苴。

【译文】

再往东五十里，有座区吴山，这里的树木以柤树最为繁茂。

【原文】

又东五十里，曰声匈之山，其木多榖，多玉，上多封石。

【译文】

再往东五十里，有座声匈山，这里有茂密的构树、大量的玉石，山上还盛产封石。

【原文】

又东五十里，曰大騩之山，其阳多赤金，其阴多砥石。

【译文】

再往东五十里，有座大騩山，山南阳面多出产黄金，山北阴面多出产细磨刀石。

【原文】

又东十里，曰踵臼之山，无草木。

【译文】

再往东十里，有座踵臼山，山上不生长花草树木。

【原文】

又东北七十里，曰历[①]石之山，其木多荆芑，其阳多黄金，其阴多砥石。有兽焉，其状如狸，而白首虎爪，名曰梁渠，见则其国有大兵。

【注释】

①历：或作"磨"。

【译文】

再往东北七十里，有座历石山，这里的树木以牡荆和枸杞居多，山南阳面盛产黄金，山北阴面盛产细磨刀石。山中有一种野兽，形体像野猫，却长着白色的头和老虎一样的爪子，名叫梁渠，它出现在哪个国家，哪个国家就会发生大规模的战争。

【原文】

又东南一百里，曰求山，求水出于其上，潜于其下，中有美赭。其木多苴，多䉋。其阳多金，其阴多铁。

【译文】

再往东南一百里，有座求山，求水从这座山的山顶上发源，潜流到山下，水中有很多优质的赭石。山中到处是柤树，还有很多矮小丛生的竹。山南阳面盛产黄金，山北阴面盛产铁矿石。

【原文】

又东二百里，曰丑阳之山，其上多椆椐。有鸟焉，其状如乌而赤足，名曰䳅（zhǐ）鵌（tú），可以御火。

【译文】

再往东二百里，有座山是丑阳山，山上有茂密的椆树和椐树。山中有一种禽鸟，形状像一般的乌鸦却长着红色的爪子，名叫䑏鵌，人饲养它可以防火。

【原文】

又东三百里，曰奥山，其上多柏、杻、橿，其阳多㻬琈之玉。奥水出焉，东流注于㶟水。

【译文】

再往东三百里，有座奥山，山上有茂密的柏树、杻树、橿树，山南阳面盛产㻬琈玉。奥水从这座山发源，向东流入㶟水。

【原文】

又东三十五里，曰服山，其木多苴，其上多封石，其下多赤锡。

【译文】

再往东三十五里，有座服山，这里的树木以柤树居多，山上有丰富的封石，山下多出产红色锡土。

【原文】

又东百十里①，曰杳山，其上多嘉荣草，多金玉。

【注释】

①百十里：或作“三百里”。

【译文】

再往东三百里，有座杳山，山上有很多嘉荣草，还有丰富的金属矿物和玉石。

【原文】

又东三百五十里，曰几山，其木多楢、檀、杻，其草多香。有兽焉，其状如彘，黄身、白头、白尾，名曰闻獜，见则天下大风。

【译文】

再往东三百五十里，有座几山，这里的树木以楢树、檀树、杻树居多，而草类主要是各种香草。山中有一种野兽，形体像普通的猪，却是黄色的身体、白色的头、白色的尾巴，名叫闻獜，它一出现，天下就会刮起大风。

【原文】

凡荆山之首，自翼望之山至于几山，凡四十八山，三千七百三十二里。其神状皆彘身人首。其祠：毛用一雄鸡祈瘗，婴用一珪，糈用五种之精。禾山[①]，帝也。其祠：太牢之具，羞瘗，倒毛[②]；婴用一璧。牛无常。堵山、玉山，冢也，皆倒祠[③]，羞用少牢，婴用吉玉。

【注释】

①禾山：这一山并未在文中出现，疑为“云求山”的误写。②倒毛：毛，指毛物，即作为祭品的牲畜。倒毛就是在祭礼举行完后，把猪、牛、羊三牲倒着身子埋到土里。③倒祠：也是倒毛的意思。

【译文】

荆山山系，自翼望山起到几山止，一共四十八座山，绵延三千七百三十二里。诸山神的形貌都是猪的身体，人的头。祭祀山神的礼仪为：在毛物中用一只公鸡来祭祀后埋入地下，在祀神的玉器中用一块玉珪献祭，祀神的精米用黍、稷、稻、粱、麦五种粮米。禾山山神是诸山神的首领。祭祀禾山山神的礼仪为：在毛物中用猪、牛、羊齐全的三牲作祭品，进献后将牲畜倒着埋入地下；在祀神的玉器中用一块玉璧献祭。虽是用太牢礼，但也不一定要三牲全备。堵山和玉山的山神，是诸山神的宗主，祭祀后都要将牲畜倒着埋掉，进献的毛物是用猪、羊，在祀神的玉器中要用一块吉玉。

中次十二经

《五藏山经传》卷五载："此经所志，洞庭以西以东诸洞山也。"在吕调阳看来，这一卷说的主要是，洞庭湖以东以西（今湖北南部、湖南北部、江西西部）一系列的山脉。

【原文】

中次十二山洞庭山之首，曰篇[①]遇之山，无草木，多黄金。

【注释】

①篇：或作"肩"。

【译文】

中央第十二列山系洞庭山山系的第一座山，叫篇遇山，这里不生花草树木，蕴藏着丰富的黄金。

【原文】

又东南五十里，曰云山，无草木，有桂竹[①]，甚毒，伤[②]人必死。其上多黄金，其下多㻬琈之玉。

【注释】

①桂竹：竹子的一种。据古人说它有四五丈高，叶大节长，形状像甘竹，皮是红色的，竹干合围有二尺粗。②伤：这里作动词用，是刺的意思。

【译文】

再往东南五十里，有座云山，这里不生长花草树木，但有一种桂竹，毒性很强，枝叶刺到人必定致死。山上盛产黄金，山下盛产㻬琈玉。

【原文】

又东南一百三十里，曰龟山，其木多榖、柞、椆、椐，其上多黄金，其下多青、雄黄，多扶竹[①]。

【注释】

①扶竹：即邛竹，又叫扶老竹，节杆较长，中间实心，可以制作手杖。

【译文】

再往东南一百三十里，有座龟山，这里的树木以构树、柞树、椆树、椐树居多，山上多出产黄金，山下多出产石青、雄黄，还有很多扶竹。

【原文】

又东七十里，曰丙山，多筀（guì）竹[1]，多黄金、铜、铁，无木。

【注释】

①筀竹：就是上文所说的桂竹。

【译文】

再往东七十里，有座丙山，这里有茂密的桂竹，还有丰富的黄金、铜矿石、铁矿石，但没有树木。

【原文】

又东南五十里，曰风伯之山，其上多金玉，其下多痠（suān）石[1]、文石，多铁，其木多柳、杻、檀、楮。其东有林焉，曰莽浮之林，多美木鸟兽。

【注释】

①痠石：何种石头不详。

【译文】

再往东南五十里，有座风伯山，山上盛产金属矿物和玉石，山下盛产痠石和有美丽纹理的石头，还盛产铁矿石，这里的树木以柳树、杻树、檀树、构树居多。在风伯山东面有一片树林，名叫莽浮林，里面有许多的优质树木和禽鸟野兽。

【原文】

又东一百五十里，曰夫夫之山，其上多黄金，其下多青、雄黄，其木多桑、楮，其草多竹、鸡鼓。神于儿居之，其状人身而手操两蛇，常游于江渊，出入有光。

【译文】

再往东一百五十里，有座夫夫山，山上多出产黄金，山下多出产石青、雄黄，这里的树木以桑树、楮树为多，而草类以竹子、鸡谷草居多。神仙于儿就住在这座山里，形貌是人的身体，手握两条蛇，常常在长江的深渊中畅游，出没时会发出光亮。

【原文】

又东南一百二十里，曰洞庭之山，其上多黄金，其下多银铁，其木多柤、梨、橘、櫾，其草多葌、蘪芜[①]、芍药、芎䓖。帝之二女居之，是常游于江渊。澧沅之风，交潇[②]湘之渊，是在九江之间，出入必以飘风暴雨。是多怪神，状如人而载[③]蛇，左右手操蛇。多怪鸟。

【注释】

①蘪芜：即蘼芜，一种香草，可以入药。②潇：水又清又深的样子。③载：携带。

【译文】

再往东南一百二十里，有座山是洞庭山，山上多出产黄金，山下多出产银和铁矿石，这里的树木以柤树、梨树、橘子树、柚子树居多，而花草以兰草、蘼芜、芍药、芎䓖居多。天帝的两个女儿住在这座山里，她们常在长江的深渊中畅游。从澧水和沅水吹来的清风，交会在幽清的湘水之渊中，这里正是九条江水汇合的中心地带，她们出入时都伴有暴风急雨。洞庭山中还住着很多神怪，形貌像人，身上携带着蛇，左右两只手也握持着蛇。这里还有许多怪鸟。

【原文】

又东南一百八十里，曰暴山[①]，其木多棕、枏、荆、芑、竹、箭、䉋、箘（jùn）[②]，其上多黄金、玉，其下多文石、铁，其兽多麋、鹿、麢[③]，就[④]。

【注释】

①暴山：或作"景山"。②箘：一种小竹子，可以制作箭杆。③麢：一种小型鹿，仅雄性有角。④就：通"鹫"。一种大型猛禽，属于雕鹰之类。

【译文】

再往东南一百八十里，有座暴山，这里的草木以棕树、楠树、牡荆树、枸杞树和竹子、箭竹、竹䉋、箘竹居多。山上多出产黄金、玉石，山下多出产有漂亮纹理的石头和铁矿石，这里的野兽以麋鹿、鹿、麢居多，禽鸟大多是鹫鹰。

【原文】

又东南二百里，曰即公之山[①]，其上多黄金，其下多㻬琈之玉，其木多柳、杻、檀、桑。有兽焉，其状如龟，而白身赤首，名曰蛫（guǐ），是可以御火。

【注释】

①即公之山：或作"即山"。

【译文】

再往东南二百里，有座即公山，山上多出产黄金，山下多出产㻬琈玉，这里的树木以柳树、杻树、檀树、桑树居多。山中生长着一种野兽，形体像一般的乌龟，长着白色的身体、红色的头，名叫蛫，人饲养它可以防御火灾。

【原文】

又东南一百五十九里，有尧山，其阴多黄垩，其阳多黄金，其木多荆、芑、柳、檀，其草多藷萸、苿。

【译文】

再往东南一百五十九里，有座尧山，山北阴面盛产黄色垩土，山南阳面多出产黄金，这里的树木以牡荆树、枸杞树、柳树、檀树居多，而草以藷藇、苿草为多。

【原文】

又东南一百里，曰江浮之山，其上多银、砥砺，无草木，其兽多豕，鹿。

【译文】

再往东南一百里，有座江浮山，山上盛产银、粗细磨刀石，这里没有花草树木，野兽以野猪、鹿居多。

【原文】

又东二百里，曰真陵之山，其上多黄金，其下多玉，其木多榖、柞、柳、杻，其草多荣草[①]。

【注释】

①荣草：草名，可以医治风痹病。

【译文】

再往东二百里，有座真陵山，山上多出产黄金，山下多出产玉石，这里的树木以构树、柞树、柳树、杻树居多，而草大多是荣草。

【原文】

又东南一百二十里，曰阳帝之山，多美铜，其木多橿、杻、檿（yǎn）[①]、楮，其兽多麢麝。

【注释】

①檿：即山桑树，是一种野生桑树，叶尖而长，木质坚硬，可以制作弓和车辕。

卷五　中山经

【译文】

再往东南一百二十里，有座阳帝山，山上多产优质铜矿石，这里的树木大多是橿树、杻树、山桑树、楮树，野兽以羚羊和麝香鹿居多。

【原文】

又南九十里，曰柴桑之山，其上多银，其下多碧，多泠石、赭，其木多柳、芑、楮、桑，其兽多麋鹿，多白蛇、飞蛇[①]。

【注释】

①飞蛇：即螣（téng）蛇，也作“腾蛇”。传说是能够腾云驾雾而飞行的蛇。

【译文】

再往南九十里，有座柴桑山，山上盛产银，山下盛产碧玉，到处是柔软如泥的泠石和赭石，这里的树木以柳树、枸杞树、楮树、桑树居多，而野兽以麋鹿、鹿居多，还有许多白色的蛇、飞蛇。

【原文】

又东二百三十里，曰荣余之山，其上多铜，其下多银，其木多柳、芑，其虫[①]多怪蛇、怪虫。

【注释】

①虫：古时南方人也称蛇为虫。

【译文】

再往东二百三十里，有座荣余山，山上多出产铜矿石，山下多出产银，这里的树木大多是柳树、枸杞树，而虫类有很多怪蛇、怪虫。

【原文】

凡洞庭山之首，自篇遇之山至于荣余之山，凡十五山，二千八百里。其神状皆鸟身而龙首。其祠：毛用一雄鸡、一牝豚刉，糈用稌。凡夫夫之山、即公之山、尧山、阳帝之山，皆冢也，其祠：皆肆[①]瘗，祈用酒，毛用少牢，婴用一吉玉。洞庭、荣余山，神也，其祠：皆肆瘗，祈酒太牢祠，婴用圭璧十五，五采惠[②]之。

【注释】

①肆：陈设。②惠：这里是绘的意思。惠、绘二字同音而假借。

【译文】

洞庭山山系，自篇遇山起到荣余山止，一共十五座山，绵延二千八百里。诸山山神的形貌都是鸟的身体，龙的头。祭祀山神的礼仪为：在毛物中宰杀一只公鸡、一头母猪作祭品，祀神的米用稻米。夫夫山、即公山、尧山、阳帝山山神，都是诸山神的宗主，祭祀这几位山神的礼仪为：供奉的牲畜、玉器在陈列后埋入地下，用美酒献祭，在毛物中用猪、羊二牲作祭品，在祀神的玉器中要用吉玉。洞庭山、荣余山，是有神灵显圣之山，祭祀这二位山神的礼仪为：供奉的牲畜、玉器在陈列后埋入地下，祀神用美酒及猪、牛、羊齐全的三牲献祭，玉器要用十五块玉圭和十五块玉璧，用青、黄、赤、白、黑五种色彩描绘装饰它们。

【原文】

右中经之山，大凡百九十七山，二万一千三百七十一里。大凡天下名山五千三百七十，居地，大凡六万四千五十六里。

【译文】

以上是中央所有山的记录，总共一百九十七座山，二万一千三百七十一里。总计天下名山共有五千三百七十座，分布在大地的东西南北中各方，总计长达六万四千零五十六里。

【原文】

禹曰：天下名山，经五千三百七十山，六万四千五十六里，居地也。言其《五藏（zàng）》[①]，盖其余小山甚众，不足记云。天地之东西二万八千里，南北二万六千里，出水者八千里，受水者八千里，出铜之山四百六十七，出铁之山三千六百九十。此天地之所分壤树谷也[2]，戈矛之所发也，刀铩（shā）[3]之所起也，能者有余，拙者不足。封于太山[4]，禅（shàn）[5]于梁父，七十二家，得失之数[6]，皆在此内，是谓国用。[7]

【注释】

①五藏：藏，通“脏”。即五脏，指人的脾、肺、肾、肝、心五种主要器官。这里用来比喻《五藏山经》中所记的重要之山，如同人的五脏六腑一样，也是天地山海之间的五脏。②树：种植，栽培。谷：这里泛指农作物。③铩：古代一种兵器，即铍（pī），长矛。④封：古时把帝王在泰山上筑土为坛、报天之功的活动称为“封”。太山：即泰山。⑤禅：古时把帝王在泰山南面的小山梁父山上辟场祭地，报地之德的活动称为“禅”。⑥数：命运。⑦据学者研究，这段话非书中原有，而是先秦人的相传之语及注释之话，后被校勘本书的人采录附加于此。因底本原有，故一仍其旧。

【译文】

大禹说：天下的名山，他经历了五千三百七十座，长达六万四千零五十六里，这些山分布在大地东西南北中各方。之所以把这些山脉记载到《五藏山经》中，原因是其余的小山数不胜数，不能够一一记述。广阔的天地之间，从东到西一共二万八千里，从南到北一共二万六千里，江河源头所在之山有八千里，江河流经之地也有八千里，出产铜矿的山有四百六十七座，出产铁矿的山有三千六百九十座。这些是天地授予人划分疆土、种植庄稼的空间，也是天下的刀兵所产生的原因，所有武器出现的缘由，因而能力强的人富裕有余，能力差的人贫困不足。帝王在泰山上行祭天礼，在梁父山上行祭地礼，有德行能力封禅的帝王一共有七十二家，他们的兴衰成败，都在这些山川间上演，国家财富用度也都是从这些土地上获得的。

【原文】

右《五藏山经》五篇，大凡一万五千五百三字。

【译文】

以上是《五藏山经》五篇，一共有一万五千五百零三个字。

卷六　海外南经

【题解】

《海外南经》是自西南角到东南角各地的区域，其间记载了十三个奇特的国家，这一带所载之山、水并不多，但记载有二十多位神仙和大量的动植物，还有为数不少的矿产资源。

【原文】

地之所载，六合①之间，四海之内，照之以日月，经之以星辰，纪之以四时②，要之以太岁③。神灵所生，其物异形，或夭或寿，唯圣人能通其道。

【注释】

①六合：古人以东、西、南、北、上、下六方为六合。②四时：古人以春、夏、秋、冬四季为四时。③太岁：又叫岁星，即木星。古人以地球为观测点，以相对不动的恒星为背景来观测岁星在天空的视运动，正好约十二年绕天一周，也就是说，岁星每年要行经一个特定的星空区域，每一星空区域都有一个特定的名称，共有十二个这样的星空区域，即十二次，这样就可以纪年了，十二年周而复始。

【译文】

大地所负载的，包括上下四方之间的万物，在四海以内，有太阳和月亮照耀着，有无数星辰运行着，用春夏秋冬四个季节来划分，用木星的运行轨迹来纪年。大凡神灵所生的万物，他们各有不同的形状，有的早亡，有的长寿，只有那些品德高尚、智慧超群之人才能通晓其中的道理。

【原文】

海外自西南陬至东南陬（zōu）[1]者。

【注释】

①陬：角落。又本书自《海外南经》以下各篇，大概最早成书时是先有图画，后有文字，而文字只是说明图画的，所以每篇一开始都有表示方位的一句话。西南陬、东南陬，即在图之西南角落或东南角落。

【译文】

海外从西南角到东南角的国家、山川、物产分别如下所述。

【原文】

结匈国在其[1]西南，其为人结匈[2]。

【注释】

①其：指代邻近结匈国的灭蒙鸟，在结匈国的北边。②结匈：可能指现在所说的鸡胸，是一种畸形。匈，"胸"的古字。

【译文】

结匈国在灭蒙鸟的西南面，那里的人都长着像鸡一样凸出的胸脯。

【原文】

南山在其[1]东南。自此山来，虫为蛇，蛇号为鱼。一曰南山在结匈东南。

【注释】

①其：指代灭蒙鸟，否则，后面"一曰南山在结匈东南"一句就重复而多余了。以下同此。

【译文】

南山在灭蒙鸟的东南面。从这座山出来的人，把虫叫作蛇，而把蛇叫作鱼。也有一种说法认为南山在结匈国的东南方。

【原文】

比翼鸟[1]在其东，其为鸟青、赤，两鸟比翼。一曰在南山东。

【注释】

①比翼鸟：即《西次三经》所提的“蛮蛮”，它一出现天下就会发大水。

【译文】

比翼鸟在灭蒙鸟的东面，这种鸟身上长有青色、红色间杂的羽毛，之所以叫比翼鸟是因为两只鸟的翅膀配合在一起才能飞翔。也有一种说法认为比翼鸟在南山的东面。

【原文】

羽民国在其东南，其为人长头，身生羽。一曰在比翼鸟东南，其为人长颊[1]。

【注释】

①颊：面颊，脸的两侧。

【译文】

羽民国在灭蒙鸟的东南面，那里的人都长着长长的头，全身生满羽毛。另一种说法认为羽民国在比翼鸟的东南边，那里的人都长着一副长脸颊。

【原文】

有神人二八，连臂，为帝司[1]夜于此野。在羽民东，其为人小颊赤肩。

【注释】

①司：视察。这里是守候的意思。

【译文】

有位叫二八的神人，他的两条手臂是连在一起的，为天帝在这旷野中守夜。这位神人住在羽民国的东边，那里的人都长着狭小的脸颊和赤红的肩膀。

【原文】

毕方鸟在其东，青水西，其为鸟一脚。一曰在二八神东。

【译文】

毕方鸟在它的东边，在青水的西边，这种鸟只有一只脚。另一种说法认为毕方鸟在二八神人所在地的东面。

【原文】

讙头国在其南，其为人人面有翼，鸟喙，方[①]捕鱼。一曰在毕方东。或曰讙朱国。

【注释】

①方：正在，正当。因为是配合图画的说明文字，所以出现了这种记述具体的一举一动的词语。以下此类词语尚多。

【译文】

讙头国在它的南面，那里的人都是人的面孔，却长有两只翅膀，还长着鸟嘴，正在捕鱼。另一种说法认为讙头国在毕方鸟的东面。还有人认为讙头国也叫讙朱国。

【原文】

厌火国在其南，其为人兽身黑色，火出其口中。一曰在讙朱东。

【译文】

厌火国在它的南面，那里的人都长着野兽一样的身体而且是黑色的，口中能吐出火焰来。另一种说法认为厌火国在讙朱国的东面。

【原文】

三珠树在厌火北，生赤水上，其为树如柏，叶皆为珠。一曰其为树若彗[①]。

【注释】

①彗：即彗星，俗称扫把星。因为它拖着一条又长又散的尾巴就像扫帚。这里实际是指树的形状像一把扫帚。

【译文】

三珠树在厌火国的北面，生长在赤水边上，这种树与普通的柏树相似，叶子都是珍珠。另一种说法认为珠树的样子像彗星。

【原文】

三苗国在赤水东，其为人相随。一曰三毛国。

【译文】

三苗国在赤水的东面，那里的人是彼此跟随着结伴行走。另一种说法认为三苗国就是三毛国。

【原文】

载（zhì）国在其东，其为人黄[①]，能操弓射蛇。一曰盛国在三毛[②]东。

【注释】

①人黄：黄皮肤。②三毛：古人认为"苗""毛"音相近，三毛国就是三苗国。

【译文】

载国在它的东面，那里的人都是黄色皮肤，能操持弓箭射杀蛇。另一种说法认为盛国在三毛国的东面。

【原文】

贯匈国在其东，其为人匈有窍[①]。一曰在载国东。

【注释】

①窍：洞。

【译文】

贯匈国在它的东边，那里的人胸膛上都有个洞。另一种说法认为贯匈国在载国的东面。

【原文】

交胫（jìng）国在其东，其为人交胫[①]。一曰在穿匈[②]东。

【注释】

①胫：人的小腿。②穿匈：即贯匈。

【译文】

交胫国在它的东面，那里的人小腿是互相交叉着的。另一种说法认为交胫国在穿匈国的东面。

【原文】

不死民在其东，其为人黑色，寿[①]，不死。一曰在穿匈国东。

【注释】

①寿：或作“考”，指长寿。

【译文】

不死民在它的东面，那里的人皮肤都是黑色的，并且都长生不老，不会死。另一种说法认为不死民在穿匈国的东面。

【原文】

岐舌[①]国在其东，其为人反舌。一曰支舌国，在不死民东。

【注释】

①岐舌：即反舌。舌头是反转生的。

【译文】

反舌国在它的东面，那里的人都是舌根在前、舌尖伸向喉部。另一种说法认为叫支舌国，在不死民的东面。

【原文】

昆仑虚在其东，虚[1]四方。一曰在岐舌东，为虚四方。

【注释】

①虚：指山脚、山基。

【译文】

昆仑山在它的东面，山基呈四方形。另一种说法认为，昆仑山在反舌国的东面，山基是四方形的。

【原文】

羿与凿齿战于寿华之野[1]，羿射杀之。在昆仑虚东。羿持弓矢，凿齿持盾。一曰持戈。

【注释】

①羿：神话传说中的天神名。凿齿：传说是亦人亦兽的神人，手持盾牌，有一个牙齿露在嘴外，形状像一把凿子，有五六尺长。

【译文】

羿与凿齿在南方一个叫寿华的荒野交战厮杀，羿射死了凿齿。这个地方就在昆仑山的东面。在那次交战中羿手执弓箭，凿齿手拿盾牌。另一种说法认为凿齿拿着戈。

【原文】

三首国在其东，其为人一身三首。一曰在凿齿东。

【译文】

三首国在昆仑山的东面，那里的人是一个身体、三个头。另有一种说法认为三首国在凿齿的东边。

【原文】

周饶国在其东，其为人短小，冠带[①]。一曰焦侥国[②]在三首东。

【注释】

①冠带：这里都作动词用，即戴上冠帽、系上衣带。②焦侥国：即周饶国，就是现在所说的小人国。“焦侥”“周饶”都是“侏儒”之声转。侏儒是身材短小的人。

【译文】

周饶国在它的东面，那里的人都身材矮小，戴帽子系衣带很文明。另一种说法认为周饶国在三首国的东面。

【原文】

长臂国在其东，捕鱼水中，两手各操一鱼。一曰在焦侥东，捕鱼海中。

【译文】

长臂国在它的东面，那里的人在水中捕鱼，捕鱼时左右两只手各抓着一条鱼。另一种说法认为长臂国在周饶国的东面，那里的人是在大海中捕鱼的。

【原文】

狄山，帝尧葬于阳，帝喾（kù）[①]葬于阴。爰有熊、罴、文虎、蜼、豹、离朱、视肉[②]。吁咽、文王皆葬其所[③]。一曰汤山。一曰爰有熊、罴、文虎、蜼、豹、离朱、鸱（chī）久、视肉、虖交[④]。

【注释】

①帝喾：传说中的上古帝王唐尧的父亲。②离朱：可能是神话传说中的三足乌，与乌鸦相似。视肉：传说中的一种怪兽，形状像牛肝，有两只眼睛，割去它

的肉，不长时间就又重新生长出来，完好如故。③吁咽：可能指传说中的上古帝王虞舜。文王：即周文王姬昌，是西周的奠基者。④鸱久：即上文中“鸺鹠”一类的鸟。虖交：何物不详。

【译文】

狄山，唐尧死后就葬在这座山的南面，而帝喾死后葬在这座山的北面。山里有熊、罴、花斑虎、长尾猿、豹子、三足乌、视肉兽。吁咽和文王也都埋葬在这里。另一种说法认为是在汤山。还有一种说法认为这里有熊、罴、花斑虎、长尾猿、豹子、离朱鸟、鸱久、视肉兽、虖交。

【原文】

有范林[①]方三百里。

【注释】

①范林：树林繁衍茂密。

【译文】

有一片繁衍茂盛的森林，方圆大约有三百里。

【原文】

南方祝融[①]，兽身人面，乘两龙。

【注释】

①祝融：神话传说中的火神。

【译文】

南方的祝融神，长着野兽的身体和人的面孔，乘驾着两条龙。

卷七　海外西经

【题解】

《海外西经》是自西南角到西北角各地的区域，其间记载了近十个国家，还有一系列山、水，十多位神仙，其中很多神话故事更是源远流传，也有很多珍贵的动植物和大量的矿产资源。

【原文】

海外自西南陬至西北陬者。

【译文】

海外从西南角到西北角的国家、山川、物产分别如下所述。

【原文】

灭蒙鸟在结匈国北，为鸟青，赤尾。

【译文】

灭蒙鸟在结匈国的北面，那里的鸟长着青色的羽毛，拖着红色的尾巴。

【原文】

大运山高三百仞，在灭蒙鸟北。

【译文】

大运山高三百仞，屹立在灭蒙鸟的北面。

【原文】

大乐之野，夏后启[1]于此儛《九代》，乘两龙，云盖三层。左手操翳（yì）[2]，右手操环，佩玉璜[3]。在大运山北。一曰大遗之野。

【注释】

①夏后启：夏启王，夏朝的开国君主，大禹的儿子。②翳：用羽毛做的形状像伞的华盖。③璜：一种半圆形玉器。

【译文】

大乐野，是夏后启观看乐舞《九代》的地方，他乘驾着两条龙，飞腾在三重云雾之上。他左手握着一把羽毛做的华盖，右手拿着一只玉环，腰间佩戴着一块玉璜。大乐野就在大运山的北面。另一种说法认为夏后启欢看乐舞《九代》的地方是大遗野。

【原文】

三身国在夏后启北，一首而三身。

【译文】

三身国在夏后启所在之地的北面，那里的人都长着一个头和三个身子。

【原文】

一臂国[1]在其北，一臂、一目、一鼻孔。有黄马，虎文，一目而一手[2]。

【注释】

①一臂国：可能为后来的半体国。②手：这里指马的腿蹄。

【译文】

一臂国在三身国的北面，那里的人只有一只手臂、一只眼睛、一个鼻孔。那里还有一种黄色的马，身上有老虎的斑纹，长着一只眼睛和一只腿蹄。

【原文】

奇（jī）肱（gōng）之国在其北，其人一臂三目，有阴有阳，乘文马[1]。有鸟焉，两头，赤黄色，在其旁。

【注释】

①文马：即吉良马，是白色身体、红色鬃毛，眼睛为金色。

【译文】

奇肱国在一臂国的北面，那里的人都是一只手臂和三只眼睛，眼睛分阴阳，阴眼在上，阳眼在下，骑着吉良马。那里还有一种鸟，长着两个头，身体是红黄色的，栖息在人身边。

【原文】

刑天[1]与帝争神，帝断其首，葬之常羊之山。乃以乳为目，以脐为口，操干戚以舞。

【注释】

①刑：割、杀之意。天：颠顶之意，指人的头。刑天，是神话传说中一个没有头的神。此神原本无名，在被断首之后才有了刑天神的名称。

【译文】

刑天与天帝争夺神位，天帝砍断了刑天的头，把他的头埋在常羊山。没了头的刑天便以乳头作眼睛，以肚脐为嘴巴，一手持盾牌一手舞动大斧继续作战。

【原文】

女祭、女薎（miè）[1]在其北，居两水间。薎操鱼觛（dàn）[2]，祭操俎[3]。

【注释】

①女祭、女薎：两位女巫的名字。②觛：就是小觯，是古代的一种兕角酒器。③俎：古代祭祀时盛肉的礼器。

【译文】

女巫祭和女巫薎住在刑天与天帝争斗之地的北面，正好处于两条水流的中间，女巫薎手里拿着兕角小酒杯，女巫祭手里捧着俎器。

【原文】

䳐（cì）鸟、鸇（zhuān）鸟，其色青黄，所经国亡。在女祭北。䳐鸟人面，居山上。一曰维鸟，青鸟、黄鸟所集。

【译文】

䳐鸟和鸇鸟，它们的颜色是青中带黄，经过哪个国家，哪个国家就会衰败而亡。它们栖息在女巫祭所在地的北面。䳐鸟长着人的面孔，立在山上。另一种说法认为这两种鸟统称维鸟，是青鸟、黄鸟聚集在一起的混称。

【原文】

丈夫国在维鸟北，其为人衣冠带剑。

【译文】

丈夫国在维鸟栖息地的北面，那里的人都穿衣戴帽，腰佩宝剑。

【原文】

女丑之尸，生而十日炙①杀之。在丈夫北。以右手鄣②其面。十日居上，女丑居山之上。

【注释】

①炙：烧烤。②鄣：同“障”。挡住，遮掩。

【译文】

有一具女丑的尸体，她生前是被十个太阳活活炙烤而死。她的尸体在丈夫国的北面，死时用右手遮着她的脸。十个太阳高高挂在天上，女丑的尸体就横卧在山顶上。

【原文】

巫咸国在女丑北，右手操青蛇，左手操赤蛇。在登葆山，群巫所从上下也。

【译文】

巫咸国在女丑尸体所在地的北面，那里的人是右手握着一条青蛇，左手握着一条红蛇。有座登葆山，是众巫师来往于天界与人间的通道。

【原文】

并封①在巫咸东，其状如彘，前后皆有首，黑。

【注释】

①并封：怪兽名，又名“屏蓬”。

【译文】

名叫并封的怪兽在巫咸国的东面，它的形体像普通的猪，却前后都有头，全身是黑色的。

【原文】

女子国在巫咸北，两女子居，水周之。一曰居一门中。

【译文】

女子国在巫咸国的北面，有两个女子住在这里，水环绕在她们的四周。另一种说法认为她们居住在一道门里面。

【原文】

轩辕之国在此穷山之际，其不寿者八百岁。在女子国北，人面蛇身，尾交首上。

【译文】

轩辕国在穷山边上，那里的人最短的寿命也有八百岁。轩辕国在女子国的北面，他们长着人的面孔、蛇的身体，尾巴盘绕在头顶上。

【原文】

穷山在其北，不敢西射，畏轩辕之丘。在轩辕国北，其丘方，四蛇相绕。

【译文】

穷山在轩辕国的北面，那里的人拉弓射箭不敢向着西方射，是因为敬畏黄帝威灵所在的轩辕丘。轩辕丘位于轩辕国的北边，丘的形状是方形的，被四条大蛇围绕着。

【原文】

诸沃之野[①]，鸾鸟自歌，凤鸟自舞。凤皇卵，民食之；甘露[②]，民饮之，所欲自从也。百兽相与群居。在四蛇北，其人两手操卵食之，两鸟居前导之。

【注释】

①诸沃之野：即称为“沃野”的富饶原野。②甘露：古人所谓甜美的露水，以为天下太平，则天降甘露。

【译文】

有个叫沃野的富饶原野，鸾鸟在那里自由自在地歌唱，凤鸟在那里自由自在地舞蹈。凤凰生下蛋，那里的居民就可以食用它；苍天降下甘露，那里的居民就饮用它，凡是他们所想要的都能随意获得。那里的各种野兽与人一起居住。沃野在四条蛇的北面，那里的人正在用双手捧着凤凰蛋吃着，有两只鸟在他们身前引导。

【原文】

龙鱼[①]陵居在其北，状如鲤。一曰鰕（xiā）[②]。即有神圣乘此以行九[③]野。一曰鳖鱼在沃野北，其为鱼也如鲤。

【注释】

①龙鱼：或作“龙鲤”，神话传说中的人鱼。②鰕：体型大的鲵鱼叫作鰕鱼。鲵鱼是一种水陆两栖类动物，有四只脚，长尾巴，眼小口大，生活在山谷溪水中。因叫声如同小孩啼哭，所以俗称娃娃鱼。③九：表示多数。这里是广阔的意思。

【译文】

在水中和山陵中都能居住的龙鱼在沃野的北面，龙鱼的形体像一般的鲤鱼。另一种说法认为像鰕鱼。于是就有神人骑着它遨游在广阔的原野上。还有一种说法认为鳖鱼在沃野的北面，这种鱼的形体也与鲤鱼相似。

【原文】

白民之国在龙鱼北，白身被[1]发。有乘黄，其状如狐，其背上有角，乘之寿二千岁。

【注释】

①被：通“披”。

【译文】

白民国在龙鱼所在地的北面，那里的人都是全身雪白且披散着头发。有一种叫作乘黄的野兽，形体像一般的狐狸，脊背上有角，人要是骑上它就能活两千岁的寿命。

【原文】

肃慎之国在白民北，有树名曰雒棠，圣人代立，于此取衣[1]。

【注释】

①圣人代立，于此取衣：据古人解说，肃慎国的习俗是人们平时不穿衣服，一旦中原地区有英明的帝王继立，雒棠树就会生长出一种树皮，那里的人用它可以制成衣服穿。

【译文】

肃慎国在白民国的北面，那里有一种树木叫作雒棠树，每当中原地区有圣明的天子继位，那里的人就会用雒棠树的树皮来做衣服。

【原文】

长股之国在雒棠北，被发。一曰长脚。

【译文】

长股国在雒棠树所在地的北面，那里的人都披散着头发。另一种说法认为长股国又叫长脚国。

【原文】

西方蓐收①，左耳有蛇，乘两龙。

【注释】

①蓐收：神话传说中的金神，形貌是人面、虎爪、白毛发，手执钺斧。

【译文】

西方的蓐收神，左耳上挂着一条蛇，乘驾两条龙飞行。

卷八　海外北经

【题解】

《海外北经》是自西北角到东北角各地的区域，其间记载了十多个国家，记录的山、水比较少，有十多位神仙，以及十多种珍贵而怪异的动植物，还有大量的矿产资源。

【原文】

海外自西北陬至东北陬者①。

【译文】

海外从西北角到东北角的国家、山川、物产分别如下所述。

【原文】

无启之国①在长股东，为人无启。

【注释】

①无启之国：无启，即无嗣，就是没有后代的国家。传说无启国的人住在洞穴中，平常吃泥土，不分男女，一死就埋了，但他们的心脏不会腐朽，死后一百二十年就又重新化成人。

【译文】

无启国在长股国的东面，那里的人不繁衍子孙后代。

【原文】

钟山之神，名曰烛阴，视为昼，瞑为夜，吹为冬，呼为夏，不饮，不食，不息，息为风，身长千里。在无启之东。其为物，人面，蛇身，赤色，居钟山下。

【译文】

钟山的山神，名叫烛阴，他睁开眼睛便是白昼，闭上眼睛便是黑夜，一吹气便是寒冬，一呼气便是炎夏，他不喝水，不吃食物，不呼吸，一呼吸就生成风，身体有千里长。这位烛阴神在无启国的东面。他的形貌是人的面孔，蛇的身体，全身赤红色，住在钟山脚下。

【原文】

一目国在其东，一目中其面而居。

【译文】

一目国在钟山的东面，那里的人只长着一只眼睛，位于脸的中间。另一种说法认为那里的人像普通人一样有手有脚。

【原文】

柔利国在一目东，为人一手一足，反厀[①]，曲足居上。一云留利之国，人足反折。

【注释】

①反厀：膝盖反转而生。厀，“膝”的本字。

【译文】

柔利国在一目国的东面，那里的人只有一只手一只脚，膝盖反转而生，脚弯曲，足弓长在脚背上。另一种说法认为柔利国叫作留利国，那里的人脚是反着弯曲的。

【原文】

共工之臣曰相柳氏，九首，以食于九山。相柳之所抵[①]，厥（jué）[②]为泽溪。禹杀相柳，其血腥，不可以树五谷[③]种。禹厥之，三仞三沮[④]，乃以为众帝[⑤]之台。在昆仑之北，柔利之东。相柳者，九首人面，蛇身而青。不敢北射，畏共工之台。台在其东，台四方，隅[⑥]有一蛇，虎色[⑦]，首冲南方。

【注释】

①抵：触。②厥：通掘，挖掘。③五谷：五种谷物。泛指庄稼。④三：表示次数众多。仞：充满。沮：败坏。这里是陷落的意思。⑤众帝：指帝尧、帝喾、帝丹朱、帝舜等传说中的上古帝王。⑥隅：角落。⑦虎色：虎文，即老虎身上纹理的颜色。

【译文】

天神共工的臣子叫相柳氏，有九个头，九个头分别在九座山上觅食。相柳氏所经过的地方，都会被挖掘成沼泽和溪流。大禹杀死了相柳氏，相柳氏血流经的地方，土地就会变得腥臭，不能再栽种五谷。大禹只好挖了这里的土，用别处的土填塞，多次填满而又多次塌陷下去，于是大禹便把挖出来的泥土为众帝修造了帝台。这帝台在昆仑山的北面，柔利国的东面。这个相柳氏，长着九个头，每个头都长着人的面孔，他还有蛇的身体，全身是青色的。射箭的人不敢向北方射，因为敬畏共工威灵所在的共工台。共工台在相柳氏所在地的东面，台是四方形的，每个角上有一条蛇，蛇身上的斑纹与老虎的相似，头向着南方。

【原文】

深目国在其东，为人深目，举一手。一日在共工台东。

【译文】

深目国在相柳氏所在地的东面，那里的人眼眶很高，眼睛深陷在眼窝里，总是举起一只手。另一种说法认为深目国在共工台的东面。

【原文】

无肠之国在深目东，其为人长而无肠。

【译文】

无肠国在深目国的东面，那里的人身材高大，但肚子里却没有肠子。

【原文】

聂（shè）耳之国在无肠国东，使两文虎[①]，为人两手聂[②]其耳。县（xuán）[③]居海水中，及水所出入奇物。两虎在其东。

【注释】

①文虎：身上有花纹的老虎。②聂："摄"的古字，握持。③县：通"悬"。无所依倚。这里是孤单的意思。

【译文】

聂耳国在无肠国的东面，那里的人能够使唤两只花斑大老虎，并且在行走时用手托着自己的大耳朵。聂耳国孤悬在海边的岛屿上，所以能看到海水中经常出入一些奇怪的生物。有两只老虎在聂耳国的东面。

【原文】

夸父与日逐走，入日。渴，欲得饮，饮于河渭，河渭不足，北饮大泽，未至，道渴而死。弃其杖，化为邓林。

【译文】

夸父追赶太阳，渐渐追上了太阳。这时夸父很渴，想要喝水，于是就到黄河和渭河去饮水，喝干了两条河的水还是不解渴，又想向北去喝大泽中的水，但是还没走到就渴死在半路上了。他死时所抛掉的拐杖就变成了邓林。

【原文】

夸父国在聂耳东，其为人大，右手操青蛇，左手操黄蛇。邓林在其东，二树木。一曰博父。

【译文】

夸父国在聂耳国的东面，那里的人身材高大，右手握着条青蛇，左手握着条黄蛇。邓林在夸父国的东面，实际上树林只由两颗树冠非常大的树木组成。另一种说法认为夸父国叫博父国。

【原文】

禹所积石之山在其东，河水所入。

【译文】

禹所积石山在夸父国的东边，是黄河流入的地方。

【原文】

拘瘿（yǐng）之国在其东，一手把瘿。一曰利瘿之国。

【译文】

拘瘿国在禹所积石山的东面，那里的人常用一只手托着脖颈上的肉瘤。另一种说法认为拘瘿国又叫利瘿国。

【原文】

寻木长千里，在拘瘿南，生河上西北。

【译文】

有种叫作寻木的树有一千里高，在拘瘿国的南边，生长在黄河岸上的西北方。

【原文】

跂踵[①]国在拘瘿东，其为人两足皆支。一曰反踵[②]。

【注释】

①跂踵：走路时脚跟不着地。②反踵：脚是反转生长的，走路时行进的方向和脚印的方向是相反的。

【译文】

跂踵国在拘瘿国的东面，那里的人走路双脚都不着地。另一种说法认为跂踵国叫反踵国。

【原文】

欧丝之野在反踵东，一女子跪据树欧丝[①]。

【注释】

①据树：据古人解说，是倚靠桑树一边吃桑叶一边吐出丝，像蚕似的。欧：同“呕”，吐出。

【译文】

欧丝野在反踵国的东边，那里有一女子跪倚着桑树在吐丝。

【原文】

三桑无枝，在欧丝东，其木长百仞，无枝。

【译文】

有三棵没有树枝的桑树生长在欧丝野的东面，这种树虽高达百仞，却不生长树枝。

【原文】

范林方三百里，在三桑东，洲[①]环其下。

【注释】

①洲：水中的小块陆地。

【译文】

范林方圆三百里，在三棵桑树所在地的东边，范林下面有沙洲环绕。

【原文】

务隅[1]之山，帝颛顼[2]葬于阳，九嫔葬于阴。一曰爰有熊、罴、文虎、离朱、鸱久、视肉。

【注释】

①务隅：与“附禺”声近字通。②颛顼：传说中的上古帝王。

【译文】

有座务隅山，帝颛顼就埋葬在山的南面，他的九个嫔妃埋葬在山的北面。另一种说法认为这里有熊、罴、花斑虎、离朱鸟、鸱久和视肉兽。

【原文】

平丘在三桑东，爰有遗玉[1]、青马、视肉、杨柳、甘柤、甘华，百[2]果所生。在两山夹上谷，二大丘居中，名曰平丘。

【注释】

①遗玉：据古人说是一种玉石，由松枝先经过千年之后化为茯苓，再过千年之后化为琥珀，又过千年之后化为遗玉。②百：这里表示很多的意思，并非实指。

【译文】

平丘在三棵桑树的东边。这里有遗玉、青马、视肉兽、杨柳树、甘柤树、甘华树，是很多种果树生长的地方。在两座山相夹的一道山谷里，有两个大土丘处于其间，名字叫作平丘。

【原文】

北海内有兽，其状如马，名曰騊（táo）駼（tú）[1]。有兽焉，其名曰駮，状如白马，锯牙，食虎豹。有素兽焉，状如马，名曰蛩蛩。有青兽焉，状如虎，名曰罗罗。

【注释】

①驹骀：野马之类的动物，体形似马，但身体是青色的。

【译文】

北海内有一种野兽，形体像一般的马，名叫驹骀。又有一种野兽，名叫驳，形体像白马，长着锯齿般的牙，能吃老虎和豹子。又有一种白色的野兽，形体像马，名叫蛩蛩。还有一种青色的野兽，形体像老虎，名叫罗罗。

【原文】

北方禺彊（qiáng）①，人面鸟身，珥（ěr）②两青蛇，践③两青蛇。

【注释】

①禺彊：也叫玄冥，神话传说中的水神。②珥：插。这里指悬挂着。③践：践踏。这里引申为驾驶。

【译文】

北方的禺彊神，长着人的面孔和鸟的身体，耳朵上悬挂着两条青蛇，脚底下踩驾着两条青蛇。

卷九　海外东经

【题解】

《海外东经》所记的是海外从东南角到东北角的国家地区，期间记载了近十个国家和一系列山水，很多神仙的故事也来源于此，并且还有十多种动植物和大量的矿产资源。

【原文】

海外自东南陬至东北陬者。

【译文】

海外从东南角到东北角的国家、山川、物产分别如下所述。

【原文】

䃌（jiē）丘，爰有遗玉、青马、视肉、杨桃、甘柤、甘华，百果所生。在东海，两山夹丘，上有树木。一曰嗟丘。一曰百果所在，在尧葬东。

【译文】

䃌丘，这里有遗玉、青马、视肉兽、杨桃树、甘柤树、甘华树，是多种果树生长的地方。在东海边，两座山夹着䃌丘，上面有树木。另一种说法认为䃌丘就是嗟丘。还有一种说法认为䃌丘是各种果树生长的地方，在帝尧埋葬之地的东面。

【原文】

大人国在其北，为人大，坐而削（shāo）船①。一曰在䃌丘北。

【注释】

①削船：削，通“梢”。梢是长竿子，这里作动词用。梢船就是用长竿子划船。

【译文】

大人国在它的北面，那里的人身材高大，都坐在船上划船。一种说法认为大人国在䃌丘的北面。

【原文】

奢比[①]之尸在其北，兽身、人面、大耳，珥两青蛇。一曰肝榆之尸在大人北。

【注释】

①奢比：也叫奢龙，传说中的神。

【译文】

奢比尸神所在地在大人国的北面，那里的人都长着野兽的身体、人的面孔、大大的耳朵，耳朵上悬挂着两条青蛇。另一种说法认为肝榆尸神在大人国的北面。

【原文】

君子国在其北，衣冠[①]带剑，食兽，使二文虎在旁，其人好（hào）让不争。有薰华草，朝生夕死。一曰在肝榆之尸北。

【注释】

①衣冠：这里都用作动词，即穿上衣服戴上帽子。

【译文】

君子国在奢比尸神所在地的北边，那里的人穿衣戴帽，腰间佩剑，能吃野兽，听候使唤的两只花斑老虎就在身旁，君子国的人喜欢谦让而不好争斗。那里有一种薰华草，早晨开花，傍晚就凋谢了。另一种说法认为君子国在肝榆尸神所在地的北面。

【原文】

䖡䖡（hóng）[①]在其北，各有两首。一曰在君子国北。

【注释】

①䖡䖡：就是虹霓，俗称美人虹。据古人说，虹双出而颜色鲜艳的为雄，称作虹；颜色暗淡的为雌，称作霓。

【译文】

䖡䖡国在它的北面，那里人人都有两个头。另一种说法认为䖡䖡国在君子国的北面。

【原文】

朝阳之谷，神曰天吴，是为水伯。在䖡䖡北两水间。其为兽也，八首人面，八足八尾，背青黄。

【译文】

朝阳谷中有一个神叫天吴，就是传说中的水伯。他住在北面的两条水流中间。他是野兽的样子，长着八个头，每个头都长着人的脸面，还有八只脚、八条尾巴，背部的颜色是青中带黄。

【原文】

青丘国在其北，其人食五谷，衣丝帛。其狐四足九尾。一曰在朝阳北。

【译文】

青丘国在它的北边，那里的人吃五谷，穿丝帛。那里有一种狐狸，长着四只脚、九条尾巴。另一种说法认为青丘国在朝阳谷的北面。

【原文】

帝命竖亥[①]步，自东极至于西极，五亿十选（suàn）[②]九千八百步。竖亥右手把算[3]，左手指青丘北。一曰禹令竖亥。一曰五亿十万九千八百步。

【注释】

①竖亥：传说中一个走得很快的神人，为大禹的臣子。②选：量词，万。③算：古代人计数用的筹码，长六寸。

【译文】

天帝命令竖亥用脚步测量大地的长度，从最东端走到最西端，是五亿零十万九千八百步。竖亥右手拿着算筹，左手指向青丘国的北方。另一种说法认为是大禹命令竖亥测量大地的。还有一种说法认为测量结果为五亿零十万九千八百步。

【原文】

黑齿国在其北，为人黑齿，食稻啖[1]蛇，一赤一青，在其旁。一曰在竖亥北，为人黑齿，食稻使蛇，其一蛇赤。

【注释】

①啖：吃。

【译文】

黑齿国在它的北面，那里的人牙齿漆黑，吃稻米也吃蛇，还有一条红蛇和一条青蛇围在身旁。另一种说法认为黑齿国在竖亥所在地的北边，那里的人牙齿漆黑，吃稻米，能够使唤蛇，所使唤的蛇中有一条是红色的。

【原文】

下有汤（yáng）谷[1]。汤谷上有扶桑，十日所浴，在黑齿北。居水中，有大木，九日居下枝，一日居上枝。

【注释】

①汤谷：或作“旸谷”。据古人解说，这条谷中的水很热。

【译文】

黑齿国的下面有汤谷。汤谷边上有一棵扶桑树，是十个太阳洗澡的地方，就在黑齿国的北边。在浩瀚的海水中间，有一棵高大的树木，九个太阳在树的下枝休息，一个太阳在树的上枝休息。

【原文】

雨师妾国在其北，其为人黑，两手各操一蛇，左耳有青蛇，右耳有赤蛇。一曰在十日北，为人黑身人面，各操一龟。

【译文】

雨师妾国在汤谷的北面。那里的人全身黑色，两只手各操握着一条蛇，左边耳朵上挂有一条青色蛇，右边耳朵上挂着一条红色蛇。另一种说法认为雨师妾国在十个太阳所在地的北面，那里的人身体是黑色的，有人的面孔，两只手各托着一只龟。

【原文】

玄股之国在其北，其为人股黑，衣鱼食鴎（ōu）[①]，两鸟夹之。一曰在雨师妾国北。

【注释】

①衣鱼：穿着用鱼皮做的衣服。鴎：也作“鸥”，即鸥鸟，在海边活动的叫海鸥，在江边活动的叫江鸥。食鸥，即拿鸥鸟当食物。

【译文】

玄股国在它的北面。那里的人大腿是黑色的，穿着鱼皮做的衣服，拿鸥鸟当食物，两只听从使唤的鸟围在他们身边。另一种说法认为玄股国在雨师妾国的北面。

【原文】

毛民之国[①]在其北，为人身生毛。一曰在玄股北。

【注释】

①毛民之国：传说毛民是黄帝之后裔。

【译文】

毛民国在它的北面，那里的人全身长满了毛。另一种说法认为毛民国在玄股国的北面。

【原文】

劳民国在其北，其为人黑，食草果实。有一鸟两头。或曰教民。一曰在毛民北，为人面目手足尽黑。

【译文】

劳民国在它的北边，那里的人全身是黑色的，他们拿野果和草莓做食物。这里还有种两个头的鸟。有人把劳民国称为教民国。另一种说法认为劳民国在毛民国的北面，那里的人脸面、眼睛、手脚全都是黑色的。

【原文】

东方句（gōu）芒[①]，鸟身人面，乘两龙。

【注释】

①句芒：神话传说中的木神。

【译文】

东方有一位句芒神，长有鸟的身子人的面孔，乘着两条龙。

【原文】

建平元年四月丙戌，待诏太常属臣望校治，侍中光禄勋臣龚、侍中奉车都尉光禄大夫臣秀领主省[①]。

【注释】

①这段文字不是《山海经》原文，而是整理者对本卷文字做完校勘工作后的署名。建平是西汉哀帝的年号，而建平元年相当于公元前六年。龚即王龚。秀即刘秀，原名刘歆，后来改名为秀，西汉末年人，是著名的经学家、目录学家。他曾继承其父刘向的事业，领导主持整理古籍、编撰目录的工作，成就很大。

【译文】

建平元年四月丙戌日，待诏太常属臣丁望校对整理，侍中光禄勋臣王龚、侍中奉车都尉光禄大夫臣刘秀领导主持。

卷十　海内南经

【题解】

《海内南经》所记的是海内从东南角往西的国家地区，其间记载了近十个国家，这一带记录的山、水较少，但动植物很多，并且这些动植物都十分怪异、独特，这里还有大量的矿产资源。

【原文】

海内东南陬以西者。

【译文】

海内东南角向西的国家、山川、物产情况如下所述。

【原文】

瓯（ōu）居海中。闽在海中，其西北有山。一曰闽中山在海中。

【译文】

瓯在海中。闽也在海中，它的西北方有座山。另一种说法认为闽所属的山在海中央。

【原文】

三天子鄣山①在闽西海北。一曰在海中。

【注释】

①三天子鄣山：鄣又作“都”。今称为三王山。

【译文】

三天子鄣山在闽的西边，海的北方。另一种说法认为三天子鄣山也在海中。

【原文】

桂林八树，在番（pān）隅东。

【译文】

由八颗巨大的桂树组成的树林，在番隅的东面。

【原文】

伯虑国、离耳国、雕题国、北朐（qú）国皆在郁水[1]南。郁水出湘陵南海[2]。一曰相虑。

【注释】

①郁水：或作“郁林”。②南海：或作“南山”。

【译文】

伯虑国、离耳国、雕题国、北朐国都在郁水的南岸。郁水发源于湘陵南山。另一种说法认为伯虑国应作相虑国。

【原文】

枭阳国在北朐之西，其为人人面长唇，黑身有毛，反踵，见人则笑，左手操管。

【译文】

枭阳国在北朐国的西面，那里的人长着人的面孔和长长的嘴唇，黑黑的身体上有长毛，脚跟在前而脚尖在后，一看见人就会张口笑，左手握着一根竹筒。

【原文】

兕在舜葬东，湘水南。其状如牛，苍黑，一角。

【译文】

兕在帝舜埋葬之地的东面，在湘水的南岸。兕的形体像一般的牛，全身是青黑色的，长着一只角。

【原文】

苍梧之山，帝舜葬于阳，帝丹朱葬于阴。

【译文】

苍梧山，帝舜就埋葬在这座山的南面，帝尧的儿子帝丹朱葬在这座山的北面。

【原文】

氾林[1]方三百里，在狌狌东。

【注释】

①氾林：就是前文所说的范林。

【译文】

氾林方圆三百里，在猩猩聚居地的东边。

【原文】

狌狌知人名，其为兽如豕而人面，在舜葬西。

【译文】

猩猩能知道人的姓名，这种野兽的形体像一般的猪却长着人的面孔，生活在帝舜埋葬之地的西边。

【原文】

狌狌西北有犀牛，其状如牛而黑。

【译文】

猩猩聚居地的西北边有犀牛，它的形体像一般的牛，全身是黑色的。

【原文】

夏后启之臣曰孟涂，是司神于巴。巴人讼于孟涂之所，其衣有血者乃执之，是请生。居山上，在丹山西。

【译文】

夏后启的一个臣子叫孟涂，是主管巴地的神。巴地的人到孟涂那里去打官司，孟涂看到告状人中谁的衣服上沾有血迹，就把他拘禁起来。据说这样就不会有冤情出现，算是有好生之德。孟涂住在一座山上，这座山在丹山的西面。

【原文】

窫窳居弱水中，在狌狌之西，其状如貙（chū）[①]，龙首，食人。

【注释】

①貙：一种像野猫但体形略大的野兽。

【译文】

窫窳住在弱水中，位置在猩猩聚居地的西边，它的形状像貙，长着龙头，会吃人。

【原文】

有木，其状如牛，引之有皮，若缨、黄蛇。其叶如罗[①]，其实如栾[②]，其木若蓲（ōu）[③]，其名曰建木。在窫窳西弱水上。

【注释】

①罗：捕鸟用的网。②栾：传说中的一种树木，树根是黄色的，树枝是红色的，树叶是青色的，生长在云雨山中。③莁：树名，即刺榆树。

【译文】

有一种树木，形状像牛，牵引它就有皮掉下来，树皮像冠帽上的缨带，又像黄蛇。它的叶子像罗网，果实像栾树结的果子，树干像刺榆，名叫建木。这种建木生长在窫窳所在地西边的弱水岸上。

【原文】

氐（dǐ）人国在建木西，其为人人面而鱼身，无足。

【译文】

氐人国在建木所在地的西面，那里的人长着人的面孔，鱼的身子，没有脚。

【原文】

巴蛇食象，三岁而出其骨，君子服之，无心腹之疾。其为蛇青、黄、赤、黑。一曰黑蛇青首，在犀牛西。

【译文】

巴蛇能吞下大象，吞吃三年后才吐出大象的骨头，有才德的人吃了巴蛇的肉，就不会患心痛或肚子痛之类的病。这种巴蛇的颜色是青色、黄色、红色、黑色混合间杂的。另一种说法认为巴蛇是黑色的身体、青色的头，在犀牛所在地的西边。

【原文】

旄马，其状如马，四节有毛。在巴蛇西北，高山南。

【译文】

旄马这种动物，形状像普通的马，但四条腿的关节上都有长毛。旄马在巴蛇所在地的西北面，高山的南面。

卷十一　海内西经

【题解】

《海内西经》所记的是海内从西南角往北的国家地区的情况。其间记载了近十个国家，十余座山，七条水，十多位神仙，二十四种动植物，还有大量的矿产资源。

【原文】

海内西南陬以北者。

【译文】

海内由西南角向北的国家、山川、物产情况如下所述。

【原文】

后稷之葬，山水环之。在氐国①西。

【注释】

①氐国：就是上文所说的氐人国。

【译文】

后稷的埋葬之地，有青山绿水环绕。墓地在氐人国的西面。

【原文】

流黄酆（fēng）氏之国，中①方三百里，有涂②四方，中有山。在后稷葬西。

【注释】

①中：域中，即国土以内的意思。②涂：同“途”。道路。

【译文】

流黄酆氏国，疆域有方圆三百里。那里有道路通向四方，国土中间有一座大山。流黄酆氏国在后稷葬地的西面。

【原文】

流沙[①]出钟山，西行又南行昆仑之虚，西南入海，黑水之山。

【注释】

①流沙：沙子和水一起流行移动的一种自然现象。

【译文】

流沙发源于钟山，向西流动，又拐向南流过昆仑山，接着继续往西南流入大海，直到黑水山。

【原文】

国在流沙中者埻（dūn）端、玺唤（huàn），在昆仑虚东南。一曰海内之郡，不为郡县，在流沙中。

【译文】

国家地处流沙中的有埻端国、玺唤国，都在昆仑山的东南面。另一种说法认为埻端国和玺唤国是建置在海内的郡，不把它们称为郡县是因为处在流沙中的缘故。

【原文】

国在流沙外者，大夏、竖沙[①]、居繇（yáo）、月支之国。

【注释】

①竖沙：疑是宿沙国。

【译文】

在流沙以外的国家，有大夏国、竖沙国、居繇国、月支国。

【原文】

西胡白玉山在大夏东，苍梧在白玉山西南，皆在流沙西，昆仑虚东南。昆仑山在西胡西。皆在西北。

【译文】

西方胡人的白玉山国在大夏国的东边，苍梧国在白玉山国的西南边，都处在流沙的西面，昆仑山的东南面。昆仑山位于西方胡人所在地的西边。它们总的位置都在西北方。

【原文】

海内昆仑之虚，在西北，帝之下都。昆仑之虚，方八百里，高万仞。上有木禾，长五寻[①]，大五围。面[②]有九井，以玉为槛（jiàn）[③]。面有九门，门有开明兽守之，百神之所在。在八隅之岩，赤水之际，非仁羿[④]莫能上冈之岩。

【注释】

①寻：古代的长度单位，八尺为一寻。②面：或作“上”。③槛：窗户下或长廊旁的栏杆。这里指井栏。④羿，即后羿，神话传说中的英雄人物，善于射箭，曾经射掉九个太阳，射死毒蛇猛兽，为民除害。

【译文】

海内的昆仑山，屹立在西北方，是天帝在下界的都邑。昆仑山，方圆八百里，高达万仞。山顶有一棵像大树似的稻谷，高达五寻，粗细要五人合抱。昆仑山的每一面有九眼井，每眼井周围都有用玉石制成的围栏。昆仑山的每一面还有九道门，而每道门都有叫开明的神兽守卫，那里是众天神聚集的地方。众天神聚集的场所在八方山岩之间，赤水的岸边，若不是具有像后羿那样的仁德才智的人，都不能攀上那些冈岭、山岩。

【原文】

赤水出东南隅，以行其东北，西南流注南海厌火东。

【译文】

赤水从昆仑山的东南角发源，然后流到昆仑山的东北方，又转向西南流去，最后注入南海厌火国的东边。

【原文】

河水出东北隅，以行其北，西南又入渤海，又出海外，即西而北，入禹所导积石山。

【译文】

黄河水从昆仑山的东北角发源，然后流到昆仑山的北面，再转向西南流入渤海，又流出海外，就此向西而后往北，一直流入大禹输导过的积石山。

【原文】

洋（xiáng）水、黑水出西北隅，以东，东行，又东北，南入海，羽民南。

【译文】

洋水和黑水从昆仑山的西北角发源，然后弯向东方，朝东流去，再转向东北方，又朝南流入大海，直到羽民国的南边。

【原文】

弱水、青水出西南隅，以东，又北，又西南，过毕方鸟东。

【译文】

弱水和青水从昆仑山的西南角发源，然后转向东方，又朝北流去，再折向西南方，流经毕方鸟所在地的东边。

【原文】

昆仑南渊深三百仞。开明兽身大类虎而九首，皆人面，东向立昆仑上。

【译文】

昆仑山的南面有一个深三百仞的渊潭。开明神兽的身体像老虎大小，却长着九个头，每个头都长着人一样的面孔，脸朝东站立在昆仑山上。

【原文】

开明西有凤皇[①]、鸾鸟，皆戴蛇践蛇，膺[②]有赤蛇。

【注释】

①凤皇：即“凤凰”。②膺：胸脯。

【译文】

开明神兽所在地的西面栖息有凤凰、鸾鸟，它们都是头上缠着蛇，脚下踩着蛇，胸前还挂着红色的蛇。

【原文】

开明北有视肉、珠树、文玉树、玗（yú）琪树、不死树[①]。凤皇、鸾鸟皆戴瞂（fá）[②]。又有离朱、木禾、柏树、甘水、圣木曼兑[③]，一曰挺木牙交。

【注释】

①珠树：神话传说中能结珍珠的树，生长在赤水边。文玉树：神话传说中生长五彩美玉的树。玗琪树：神话传说中生长红色玉石的树。不死树：神话传说中的一种长生不死的树，人服食了它也可长寿不老。②瞂：盾牌。③离朱：即太阳里的踆乌，也叫三足乌。甘水：即古人所谓的醴泉，甜美的泉水。圣木曼兑：一种叫作曼兑的圣树，服食了它可使人圣明智慧。

【译文】

开明神兽所在地的北边有视肉兽、珠树、文玉树、玗琪树、不死树。栖息在那里的凤凰、鸾鸟都戴着盾牌。还有离朱、像树似的稻谷、柏树、甜美的泉水、圣木曼兑。另一种说法认为圣木曼兑也叫作挺木牙交。

【原文】

开明东有巫彭、巫抵、巫阳、巫履、巫凡、巫相，夹窫窳之尸，皆操不死之药以距[①]之。窫窳者，蛇身人面，贰负臣所杀也。

【注释】

①距：通“拒”。抗拒。

【译文】

开明神兽所在地的东面有巫彭、巫抵、巫阳、巫履、巫凡、巫相几位巫师，他们围在窫窳的尸体周围，手捧不死药来抵抗死亡之气，救治窫窳。这位窫窳，长着蛇的身体、人的面孔，是被贰负和他的臣子危合伙杀死的。

【原文】

服常树[①]，其上有三头人，伺琅玕树[②]。

【注释】

①服常树：疑为海棠树。②伺：伺查，守护。琅玕树：传说这种树上结出的果实就是珠玉。

【译文】

有一种服常树，树上有个长着三颗头的人，观察着附近的琅玕树的情况（因为那是凤凰的食物）。

【原文】

开明南有树鸟，六首；蛟、蝮、蛇、蜼、豹、鸟秩树[①]，于表池树[②]木；诵鸟、鶽（sǔn）、视肉[③]。

【注释】

①蝮：大蛇。鸟秩树：何种树木不详。②树：这里是动词，环绕、排列。③

诵鸟：何种禽鸟不详。鹌：雕鹰。

【译文】

开明神兽所在地的南面有种树鸟，长着六个头；那里还有蛟、蝮蛇、长尾猿、豹子、鸟秩树，它们环列在一个水池的四周，令水池显得华美；那里还有诵鸟、鹌鸟、视肉兽。

【原文】

蛇巫之山，上有人操柸（bēi）[①]而东乡立。一曰龟山。

【注释】

①柸：同“杯”。盛酒的礼器。

【译文】

蛇巫山上有人手捧着杯子面向东站着。另一种说法认为蛇巫山应叫作龟山。

【原文】

西王母梯几而戴胜[①]。其南有三青鸟[②]，为西王母取食。在昆仑虚北。

【注释】

①梯：凭倚，凭靠。几：矮小的桌子。胜：古时妇女的首饰。②青鸟：神话传说中勇猛善飞的禽鸟。

【译文】

西王母靠倚着一张短小案桌，头上戴着玉胜。在西王母的南边有三只勇猛善飞的青鸟，正在为西王母觅取食物。西王母和三青鸟的所在地在昆仑山的北边。

卷十二　海内北经

【题解】

《海内北经》所记的是海内从西北角往东的国家地区，其间记载了近十个国家，七座山和十余种动植物，还有大量的矿产资源。

【原文】

海内西北陬以东者。

【译文】

海内由西北角向东的国家、山川、物产如下所述。

【原文】

匈奴、开题之国、列人之国并在西北。

【译文】

匈奴国、开题国、列人国都在西北方。

【原文】

贰负[①]之臣曰危，危与贰负杀窫窳，帝乃梏[②]之疏属之山，桎[③]其右足，反缚两手，系之山上木。在开题西北。

【注释】

①贰负：神话传说中的天神，形貌是人面蛇身。②梏：手械，古代木制的手铐。这里是指用刑具、拘禁。③桎：足械，古代拘系罪人双脚的刑具。

【译文】

贰负神有个臣子叫危，危与贰负合伙杀死了窫窳神。天帝便把贰负拘禁在疏属山中，并给他的右脚戴上刑具，反绑上他的双手，拴在山上的一棵大树下。这个地方在开题国的西北面。

【原文】

有人曰大行伯，把戈。其东有犬封国。贰负之尸在大行伯东。

【译文】

有个神人叫大行伯，手握一把长戈。在他的东面有个犬封国。贰负的尸体在大行伯所在地的东边。

【原文】

犬封国曰犬戎国，状如犬。有一女子，方[①]跪进杯食。有文马，缟[②]身朱鬣，目若黄金，名曰吉量[③]，乘之寿千岁。

【注释】

①方：正在。原图上就是这样画的，所以用这类词语加以说明。以下此类情况尚多。②缟：白色的丝绸织物，这里指代白色。③吉量：或作“吉良”。

【译文】

犬封国也叫犬戎国，那里的人都是狗的模样。犬封国有一女子，正跪在地上捧着一杯酒食向人进献。那里还出产一种有纹彩的马，是白色的身体和红色的鬃毛，眼睛如同黄金一样闪闪发光，名叫吉量，人骑上它就能长寿千岁。

【原文】

鬼国在贰负之尸北，为物人面而一目。一曰贰负神在其东，为物人面蛇身。

【译文】

鬼国在贰负之尸所在地的北边，那里的人是人的面孔，但只长着一只眼睛。另一种说法认为贰负神在鬼国的东边，他长着人的面孔和蛇的身子。

【原文】

蜪（táo）犬如犬，青，食人从首始。

【译文】

蜪犬的样子像一般的狗，全身青色，吃人是从人的头开始吃起。

【原文】

穷奇状如虎，有翼，食人从首始，所食被发。在蜪犬北。一曰从足。

【译文】

穷奇的形体像一般的老虎，却长有翅膀，它吃人是从人的头开始吃，被吃的人是披头散发的。穷奇的位置在蜪犬所在地的北面。另一种说法认为穷奇吃人是从脚开始吃起。

【原文】

帝尧台、帝喾台、帝丹朱台、帝舜台，各二台，台四方，在昆仑东北。

【译文】

帝尧台、帝喾台、帝丹朱台、帝舜台，各自有两座台，每座台都是四方形，在昆仑山的东北边。

【原文】

大蜂，其状如螽；朱蛾，其状如蛾[①]。

【注释】

①蛾：古人说是蚍蜉，就是现在所说的蚂蚁。

【译文】

有一种大蜂，形状长得像螽斯；有一种朱蛾，形状长得像蚍蜉。

【原文】

蟜（qiáo），其为人虎文，胫有䏿（qǐ）[1]。在穷奇东。一曰状如人，昆仑虚北所有。

【注释】

①䏿：指小腿肚子上的肌肉。

【译文】

蟜，长着人的身子却有着老虎身上的斑纹，小腿肚子上有强健的肌肉。蟜在穷奇所在地的东边。另一种说法认为蟜的形体像人，是在昆仑山北面所独有的。

【原文】

阘（tà）非[1]，人面而兽身，青色。

【注释】

①阘非：传说中的野人。

【译文】

阘非，长着人的面孔和野兽的身体，全身都是青色的。

【原文】

据比之尸，其为人折颈被发，无一手。

【译文】

天神据比的尸首，他的模样是被折断了脖子，披散着头发，没了一只手。

【原文】

环狗，其为人兽首人身。一曰蝟状如狗，黄色。

【译文】

环狗，长着野兽的头和人的身子。另一种说法认为是刺猬的形状而又像狗，全身是黄色的。

【原文】

袜（mèi）[①]，其为物人身、黑首、从（zòng）[②]目。

【注释】

①袜：鬼魅、精怪。②从：通“纵”。竖立。

【译文】

袜这种怪物长着人的身子，黑色的头，眼睛是竖着长的。

【原文】

戎，其为人人首三角。

【译文】

戎，长着人的头，而头上却有三只角。

【原文】

林氏国有珍兽，大若虎，五采毕具，尾长于身，名曰驺（zōu）吾，乘之日行千里。

【译文】

林氏国有一种珍奇的野兽，大小与老虎差不多，身上有五种颜色的斑纹，尾巴比身体还长，名叫驺吾，骑上它就能在一日之间行千里路程。

【原文】

昆仑虚南所，有氾林方三百里。

【译文】

昆仑山南面的地方，有一片茂密的树林，方圆有三百里。

【原文】

从极之渊[1]，深三百仞，维[2]冰夷恒都焉。冰夷[3]人面，乘两龙。一曰忠[4]极之渊。

【注释】

①渊：或作“川”。②维：通“惟”“唯”。独，只有。③冰夷：也叫冯（píng）夷、无夷，即河伯，传说中的河神。④忠：或作“中”。

【译文】

从极渊有三百仞深，只有河神冰夷常常住在这里。冰夷神长着人的面孔，乘着两条龙。另一种说法认为从极渊应叫作忠极渊。

【原文】

阳汙（yū）之山，河出其中；凌门之山，河出其中。

【译文】

阳汙山，黄河的一条支流从这座山发源；凌门山，黄河的另一条支流从这座山发源。

【原文】

王子夜之尸，两手、两股、胸、首、齿，皆断异处。

【译文】

王子夜的尸体的样子，是两只手、两条腿、胸脯、脑袋、牙齿都被斩断而散落在不同地方。

【原文】

大泽方百里，群鸟所生及所解。在雁门北。

【译文】

大泽方圆一百里，这里是各种禽鸟生蛋孵化幼鸟和脱毛换羽的地方。大泽在雁门的北面。

【原文】

雁门山，雁出其间。在高柳北。

【译文】

雁门山，是大雁迁徙时出入的地方。它在高柳山的北边。

【原文】

高柳在代北。

【译文】

高柳山在代地的北面。

【原文】

舜妻登比氏生宵明、烛光，处河大泽，二女之灵能照此所方百里。一曰登北氏。

【译文】

帝舜的妻子登比氏，生了宵明、烛光两个女儿，她们住在黄河边上的大泽，两位神女的灵光能照耀这方圆一百里的地方。另一种说法认为帝舜的妻子叫登北氏。

【原文】

东胡在大泽东。

【译文】

东胡国在大泽的东面。

【原文】

夷人在东胡东。

【译文】

夷人国在东胡国的东面。

【原文】

貊（mò）国在汉水东北。地近于燕，灭之。

【译文】

貊国在汉水的东北面。它靠近燕国的地界，后来被燕国灭掉了。

【原文】

孟鸟在貊国东北。其鸟文赤、黄、青，东乡（xiàng）[①]。

【注释】

①乡：通“向”。

【译文】

孟鸟在貊国的东北面。这种鸟的羽毛由红、黄、青三种颜色的花纹杂错而成，面向东方站立着。

卷十三　海内东经

【题解】

《海内东经》所记的是海内从东北角往南的国家地区。其间记载了十一个国家、二十座山、三十条水，这一部分所记载的神仙、动植物并不多，但也有大量的矿产资源。

【原文】

海内东北陬以南者。

【译文】

海内由东北角向南的国家、山川、物产如下所述。

【原文】

钜燕在东北陬。

【译文】

大燕国在海内的东北角。

【原文】

盖国在钜①燕南，倭（wō）北。倭属燕。

【注释】

①钜：同“巨”。这里是形容词，巨大。

【译文】

盖国在大燕国的南边，倭国的北边。倭国隶属于燕国。

【原文】

朝鲜在列阳东，海北山南。列阳属燕。

【译文】

朝鲜在列阳的东面，北面有大海，南面有高山。列阳隶属于燕国。

【原文】

列姑射（yè）在海河州①中。姑射国在海中，属列姑射；西南，山环之。大蟹②在海中。

【注释】

①河州：据古人说是黄河流入海中的泥沙冲刷堆积形成的小块陆地。州是水中高出水面的陆地部分。②大蟹：据古人说是一种方圆千里大小的蟹。

【译文】

列姑射在大海的河州上。姑射国在海中，隶属于列姑射；姑射国的西南部有高山环绕着它。大蟹生活在海里。

【原文】

陵鱼①人面，手足，鱼身，在海中。

【注释】

①陵鱼：即上文所说的人鱼、鲵鱼，俗称娃娃鱼。

【译文】

陵鱼长着人的面孔，而且有手有脚，却是鱼的身子，生活在海里。

【原文】

大鳊（biān）[①]居海中。

【注释】

①鳊：同“鳊”。即鳊鱼，像现在的武昌鱼，肉味鲜美。

【译文】

大鳊鱼生活在海里。

【原文】

明组邑[①]居海中。

【注释】

①明组邑：邑即邑落，指人所聚居的部落、村落。明组邑可能是生活在海岛上的一个部落。

【译文】

明组邑生活在海岛上。

【原文】

蓬莱山[①]在海中。

【注释】

①蓬莱山：传说中的仙山，上面有神仙居住的宫室，都是用黄金玉石建造成的，飞鸟走兽皆纯白色，远望如白云一般。

【译文】

蓬莱山屹立在海中。

【原文】

大人之市在海中。

【译文】

大人贸易的集市在海里。

【原文】

琅邪（yá）台[①]在渤海间，琅邪[②]之东。其北有山。一曰在海间。

【注释】

①琅邪台：据古人讲，琅邪台本来是一座山，高耸突起，形状如同高台，所以被称为琅邪台。还有种说法认为此琅邪台是指春秋时越王勾践入霸中原时修筑的琅邪台，周长七里，用来观望东海。

【译文】

琅邪山位于渤海与海岸之间，在琅邪台的东边。琅邪台的北面有座山。另一种说法认为琅邪山在海中间。

【原文】

都州在海中。一曰郁州。

【译文】

都州在海中的岛屿上。一种说法认为都州应叫作郁州。

【原文】

韩雁[①]在海中，都州南。

【注释】

①韩雁：难以断定是国名还是鸟名。如果是国名，则应在海中的岛屿上。

【译文】

韩雁在海中的岛屿上，且在都州的南面。

【原文】

始鸠[1]在海中的岛屿上，韩雁南。

【注释】

①始鸠：难以断定是国名还是鸟名。

【译文】

始鸠在海中的岛屿上，且在韩雁的南面。

【原文】

雷泽中有雷神，龙身而人头，鼓其腹[1]。在吴西。

【注释】

①鼓其腹：鼓即鼓动，敲打。据传雷神鼓动自己的肚子，天上就会打雷。

【译文】

雷泽中有一位雷神，长着龙的身体、人的头，他一鼓起肚子天上就打雷。雷泽在吴地的西面。

【原文】

会稽山在大楚南。

【译文】

会稽山在大楚的南边。

卷十四　大荒东经

【题解】

《大荒东经》所记的是东海之外的山形地貌和大川大河的情况。其间记载了十六个国家、二十二座山、五条水、十六位神仙、十七种动植物，还有大量的矿产资源。

【原文】

东海之外大壑[1]，少昊之国。少昊孺[2]帝颛顼于此，弃其琴瑟。

【注释】

①壑：山间的深谷。②孺：通“乳”。用乳奶喂养。这里是抚育、养育的意思。

【译文】

东海以外有一道深不可测的沟壑，那里是少昊建国的地方。少昊就在那里抚养帝颛顼长大，帝颛顼幼年操练过的琴瑟现在还丢在沟壑里。

【原文】

有甘山者，甘水出焉，生甘渊。

【译文】

有一座甘山，甘水从这座山发源，然后流下来汇集成了甘渊。

【原文】

东南海之外，甘水之间，有羲和之国。有女子名曰羲和，方浴日于甘渊[1]。

羲和者，帝俊之妻，是生十日。

【译文】

在东南海的外面，甘水的中间，有个羲和国。这里有个女子叫羲和，正在甘渊中给太阳洗澡。羲和是帝俊的妻子，她生了十个太阳。

【原文】

大荒东南隅有山，名皮母地丘。

【译文】

大荒的东南角有座高山，名叫皮母地丘。

【原文】

东海之外，大荒之中，有山名曰大言[①]，日月所出。

【注释】

①大言：或作“大谷”。

【译文】

东海以外，大荒当中，有座山叫作大言山，那里是太阳和月亮升起的地方。

【原文】

有波谷山者，有大人之国，有大人之市，名曰大人之堂[①]。有一大人踆其上，张其两臂。

【注释】

①大人之堂：本是一座山，因为山的形状就像是一座堂屋，所以称作大人堂。

【译文】

有座波谷山，山中有个大人国。还有大人们做买卖的集市，集市就在叫作大人堂的山上。有一个大人正蹲在山上，张开他的两只手臂。

【原文】

有小人国，名靖人[①]。

【注释】

①靖人：古代传说中矮小的人，身高只有九寸。

【译文】

有个小人国，那里的人叫作靖人。

【原文】

有神，人面兽身，名曰犁䰱（líng）之尸。

【译文】

有一个神，长着人的面孔和野兽的身子，叫作犁䰱尸。

【原文】

有潏（jué）山，杨水出焉。

【译文】

有座潏山，杨水就从这座山发源。

【原文】

有蒍（wěi）国，黍[①]食，使四鸟[②]：虎、豹、熊、罴。

【注释】

①黍：一种黏性谷米，可供食用和酿酒，古时主要在北方种植，脱去糠皮就称作黄米。②鸟：这里实指野兽，古时鸟兽通名。以下同此。

【译文】

有一个蒍国，那里的人以黄米为食物，能够驯化并驱使四种野兽：老虎、豹子、熊、罴。

【原文】

大荒之中，有山名曰合虚，日月所出。

【译文】

在大荒当中，有座山名叫合虚山，是太阳和月亮升起的地方。

【原文】

有中容之国。帝俊生中容[①]，中容人食兽、木实，使四鸟：豹、虎、熊、罴。

【注释】

①帝俊：本书屡屡出现叫帝俊的上古帝王，具体所指，各有不同，似指颛顼。而神话传说，分歧已大，历时既久，更相矛盾，实难确指，只可疑似而已。以下同此。中容：传说颛顼生有八个儿子，其中就有中容。

【译文】

有一个国家名叫中容国。帝俊在这里生了中容。中容国的人吃野兽的肉、树木的果实，能够驯化并驱使四种野兽：豹子、老虎、熊、罴。

【原文】

有东口之山。有君子之国，其人衣冠带剑。

【译文】

有座东口山。有个君子国就在那里，那里的人穿衣戴帽，腰间佩剑。

【原文】

有司幽之国。帝俊生晏龙，晏龙生司幽，司幽生思士，不妻；思女，不夫[①]。食黍，食兽，是使四鸟[②]。

【注释】

①思士，不妻；思女，不夫：神话传说他们不娶亲，不嫁人，但因精气感应、魂魄相合而生育孩子，延续后代。②四鸟：当作“四兽”。

【译文】

有个国家叫司幽国。帝俊生了晏龙，晏龙生了司幽，司幽生了思士，而思士没有娶妻；司幽还生了思女，而思女也没有出嫁。司幽国的人以黄米为主食，也吃兽肉，能驯化并驱使四种野兽。

【原文】

有大阿之山者。

【译文】

有一座山叫作大阿山。

【原文】

大荒之中，有山名曰明星[1]，日月所出。

【注释】

①明星：明星山。

【译文】

大荒当中有一座山，名叫明星山，是太阳和月亮升起的地方。

【原文】

有白民之国。帝俊生帝鸿[1]，帝鸿生[2]白民，白民销姓，黍食，使四鸟：虎、豹、熊、罴。

【注释】

①帝俊：似指少典，传说中的上古帝王，娶有蟜氏，生黄帝、炎帝二子。帝鸿：即黄帝，姓公孙，居轩辕之丘，所以号称轩辕氏。有土德之瑞，所以又号称

黄帝。后取代神农氏为天子。②生：本书中“生”字的用法，并不一定都指某人生下某人，也多指某人所遗存的后代子孙。这里就是指后代而言。

【译文】

有个国家叫白民国。在那里帝俊生了帝鸿，帝鸿的后裔是白民，白民国的人姓销，以黄米为主食，能驯化并驱使四种野兽：老虎、豹子、熊、罴。

【原文】

有青丘之国。有狐，九尾。

【译文】

有个国家叫青丘国。青丘国有一种狐狸，长有九条尾巴。

【原文】

有柔仆民，是维嬴土[①]之国。

【注释】

①维：句中语气助词，无实意。嬴土：肥沃的土地。

【译文】

有一群人被称为柔仆民，他们所在的国土很肥沃。

【原文】

有黑齿之国。帝俊生黑齿，姜姓，黍食，使四鸟。

【译文】

有个国家叫黑齿国。帝俊的后裔是黑齿，那里的人姓姜，以黄米为主食，能驯化并驱使四种野兽。

【原文】

有夏州之国。有盖余之国。

【译文】

有个国家叫夏州国。在夏州国附近还有一个盖余国。

【原文】

有神人，八首人面，虎身十尾，名曰天吴。

【译文】

有个神人，长着八个头，每个头都长着人的脸面，有老虎的身体和十条尾巴，名叫天吴。

【原文】

大荒之中，有山名曰鞠陵于天、东极、离瞀（mào），日月所出。有神名曰折丹——东方曰折，来风曰俊——处东极以出入风。

【译文】

在大荒当中，有三座高山分别叫作鞠陵于天山、东极山、离瞀山，都是太阳和月亮升起的地方。有个神名叫折丹——东方人称他为“折”，从东方吹来的风称为俊——他就处在大地的最东边，主管风起风停。

【原文】

东海之渚[①]中，有神，人面鸟身，珥两黄蛇，践两黄蛇，名曰禺虢（hào）。黄帝生禺虢，禺虢生禺京。禺京[②]处北海，禺虢处东海，是为海神。

【注释】

①渚：水中的小洲。这里指海岛。②禺京：即禺彊，传说中的海神。

【译文】

在东海的岛屿上有一个神，长着人的面孔和鸟的身子，耳朵上挂着两条黄色的蛇，脚底下踩着两条黄色的蛇，名叫禺虢。黄帝生了禺虢，禺虢生了禺京。禺京住在北海，禺虢住在东海，他们都是海神。

【原文】

有招摇山，融水出焉。有国曰玄股，黍食，使四鸟。

【译文】

有座招摇山，融水从这座山发源。有一个国家叫玄股国，那里的人以黄米为主食，能驯化并驱使四种野兽。

【原文】

有因民国，勾姓，黍食。有人曰王亥，两手操鸟，方食其头。王亥托于有易、河伯仆牛。有易杀王亥[①]，取仆牛。河伯念有易，有易潜出，为国于兽，方食之，名曰摇民[②]。帝舜生戏，戏生摇民。

【注释】

①有易杀王亥：据古史传说，有易族人因愤恨王亥对有易妻子奸淫暴虐而杀了他，强占了他的牛。②摇民：即因民国。

【译文】

有个国家叫因民国，那里的人姓勾，以黄米为主食。有个人叫王亥，他用两手抓着一只鸟，正在吃鸟的头。王亥曾把一群肥壮的牛寄养在有易族人和水神河伯那里。有易族人把王亥杀死，强占了那群肥牛。后来王亥的后人来报仇，河伯同情有易族人，便帮助有易族人偷偷地逃出来，在野兽出没的荒凉地界建立了国家，他们正在吃野兽肉，这个国家叫摇民国。另一种说法认为帝舜生了戏，戏又生了摇民。

【原文】

海内有两人[①]，名曰女丑[②]。女丑有大蟹[③]。

【注释】

①两人：一人为摇民，一人为女丑。下面只说了一个，大概文字上有逸脱。②女丑：就是上文所说的女丑之尸，是一个女巫。③大蟹：就是上文所说的大小有方圆一千里的螃蟹。

【译文】

海内有两个神人，其中的一个叫女丑。女丑有一只巨大无比的螃蟹。

【原文】

大荒之中，有山名曰孽摇頵（jūn）羝。上有扶木[1]，柱[2]三百里，其叶如芥[3]。有谷曰温源谷[4]。汤（yáng）谷上有扶木，一日方至，一日方出，皆载于乌[5]。

【注释】

①扶木：就是上文所说的扶桑树，传说太阳由此升起。②柱：像柱子般直立着。③芥：芥菜。④温源谷：就是上文所说的汤谷，谷中水很热，太阳在此洗澡。⑤乌：就是上文所说的踆乌、离朱鸟、三足乌之类，异名同物，除了所长三只爪子外，其他形状像乌鸦，栖息在太阳里。

【译文】

在大荒当中，有一座山名叫孽摇頵羝。山上有一棵扶桑树，高达三百里，叶子的形状像芥菜叶。有一道山谷叫作温源谷。汤谷上面也长了棵扶桑树，一个太阳刚刚回到汤谷，另一个太阳就从扶桑树升上去，这两个太阳都乘载于三足乌的背上。

【原文】

有神，人面、犬耳、兽身，珥两青蛇，名曰奢比尸。

【译文】

有一个神，长着人的面孔、狗的耳朵、野兽的身体，耳朵上挂着两条青色的蛇，名叫奢比尸。

【原文】

有五采之鸟，相乡弃沙[1]。惟[2]帝俊下友。帝下两坛，采鸟是司。

【注释】

①弃沙：何意不详。有些学者认为“弃沙”二字是“婆娑”二字的讹误，而婆娑的意思是鸟类羽毛飘举翩翩起舞的样子。②惟：句首语助词，无意。

【译文】

有一群长着五彩羽毛的鸟，正相对着翩翩起舞，帝俊从天上下来和它们交友。帝俊在下界的两座祭坛就是由这群五彩鸟掌管着。

【原文】

大荒之中，有山名曰猗天苏门，日月所出。有壎（xūn）民之国。

【译文】

在大荒当中，有一座山名叫猗天苏门山，是太阳和月亮升起的地方。有个国家叫壎民国。

【原文】

有綦（qí）山。又有摇山。有䰝（zèng）山。又有门户山。又有盛山。又有待山。有五采之鸟。

【译文】

有一座綦山。又有座摇山。又有座䰝山。又有座门户山。又有座盛山。又有座待山。还有一群五彩鸟。

【原文】

东荒之中，有山名曰壑明俊疾，日月所出。有中容之国。

【译文】

在东荒当中，有座山名叫壑明俊疾山，是太阳和月亮升起的地方。这里还有一个中容国。

【原文】

东北海外，又有三青马、三骓[1]、甘华。爰有遗玉、三青鸟、三骓、视肉、甘华、甘柤。百谷所在。

【注释】

①骓：毛色青白间杂的马。

【译文】

在东北海外，又有三青马、三骓马、甘华树。这里还有遗玉、三青鸟、三骓马、视肉兽、甘华树、甘柤树。这里还是各种庄稼生长的地方。

【原文】

有女和月母之国。有人名曰鹓——北方曰鹓，来风曰狻（yǎn）——是处东北隅以止日月[1]，使无相间[2]出没，司其短长。

【注释】

①止：这里是控制的意思。②间：这里是错乱、杂乱的意思。

【译文】

有个国家叫女和月母国。有一个神名叫鹓——北方人称他为鹓，从那里吹来的风称作狻——他就在大地的东北角控制太阳和月亮，使它们不要杂乱无章地出没，并且掌握它们在天上运行时间的长短。

【原文】

大荒东北隅中，有山名曰凶犁土丘。应龙[1]处南极，杀蚩尤[2]与夸父，不得复上。故下数[3]旱。旱而为应龙之状，乃得大雨。

【注释】

①应龙：传说中一种生有翅膀的龙。②蚩尤：神话传说中的东方九黎族首领，以金作兵器，能呼风唤雨。③数：屡次，频繁。

【译文】

在大荒的东北角上，有一座山名叫凶犁土丘山。应龙就在这座山的最南端，它在黄帝和蚩尤的战斗中，帮助黄帝杀了蚩尤，又杀死过夸父。因为神力用尽，它不能再回到天上，因此天上没了能够兴云布雨的神，下界就常常闹旱灾。下界的人们一遇天旱就装扮成应龙的样子来祈雨，竟然常得到大雨。

【原文】

东海中有流波山，入海七千里。其上有兽，状如牛，苍身而无角，一足，出入水则必风雨，其光如日月，其声如雷，其名曰夔。黄帝得之，以其皮为鼓，橛以雷兽之骨①，声闻②五百里，以威天下。

【注释】

①橛：通“撅”。敲，击打。雷兽：就是上文所说的雷神。②闻：传。

【译文】

东海当中有座流波山，这座山在进入东海七千里的地方。山上有一种野兽，形体像普通的牛，青苍色的身子没有长角，仅有一条腿，出入海水时一定是披风戴雨，它发出的亮光如同太阳和月亮，它吼叫的声音如同雷响，这野兽名叫夔。黄帝得到它，便用它的皮蒙鼓，再拿雷兽的骨头敲打这面鼓，响声能传到五百里以外，黄帝以此来威震天下。

卷十五　大荒南经

【题解】

《大荒南经》所记的是南海之外的国家地区。其间记载了九个国家、三十五座山、十二条水、八位神仙、三十二种动物，还有大量的矿产资源。

【原文】

南海之外，赤水之西，流沙之东，有兽，左右有首，名曰跊（chǔ）踢[①]。有三青兽相并，名曰双双。

【注释】

①跊踢：传说中的怪兽名。

【译文】

在南海以外，赤水的西岸，流沙的东边，生长着一种野兽，它左边右边各有一个头，名叫跊踢。还有三只青色的野兽交合并在一起，名叫双双。

【原文】

有阿山者。南海之中，有氾天之山，赤水穷焉。赤水之东，有苍梧之野，舜与叔均[①]之所葬也。爰有文贝、离俞、鸱久、鹰、贾、委维、熊、罴、象、虎、豹、狼、视肉[②]。

【注释】

①叔均：又叫商均，传说是帝舜的儿子。帝舜南巡到苍梧而死去，就葬在那里，商均因此留下，死后也葬在那里。上文说与帝舜一起葬于苍梧之野的是帝丹

朱，和这里的说法不同。②离俞：即上文所说的离朱鸟。贾：据古人说是乌鸦之类的禽鸟。委维：即上文所说的委蛇。

【译文】

有座山叫阿山。南海当中有一座氾天山，赤水流到这座山就穷尽了。在赤水的东岸，有个地方叫苍梧野，是帝舜与叔均的葬身之所。这里有花斑贝、离朱鸟、鸱久、鹰、乌鸦、两头蛇、熊、罴、大象、老虎、豹子、狼、视肉兽。

【原文】

有荣山，荣水出焉。黑水之南，有玄蛇，食麈。

【译文】

有一座荣山，荣水就从这座山发源。在黑水的南岸，有一条黑蛇，正在吞食驼鹿。

【原文】

有巫山者，西有黄鸟[①]。帝药[②]，八斋[③]。黄鸟于巫山，司此玄蛇。

【注释】

①黄鸟：黄鸟即皇鸟。“皇鸟”亦作“凰鸟”，是属于凤凰一类的鸟，与上文所说的黄鸟不一样，属同名异物。②药：指神仙药，即神仙不死之药。③八斋：即八厨，八个处所。斋，屋舍。

【译文】

有一座山叫巫山，山的西面有黄鸟。天帝的仙药，有八个屋子那么多就藏在巫山。黄鸟在巫山上，日夜监视着这条大黑蛇（不让它偷吃仙药）。

【原文】

大荒之中，有不庭之山，荣水穷焉。有人三身。帝俊妻娥皇，生此三身之国，姚姓，黍食，使四[①]鸟。有渊四方，四隅皆达，北属（zhǔ）[②]黑水，南属大荒。北旁名曰少和之渊，南旁名曰从（cōng）渊，舜之所浴也。

【注释】

①四：或作“正”。②属：连接。

【译文】

在大荒当中，有座不庭山，荣水流到这座山就到了尽头。这里的人长着三个身子。帝俊的妻子叫娥皇，这些三身国人就是他们的后代。三身国的人均姓姚，吃黄米饭，能驯化并驱使四种野兽。这里有一个四方形的深潭，四个角都和其他水系联通，北边与黑水相连，南边与大荒相通。北侧的深潭叫作少和渊，南侧的深潭叫作从渊，是帝舜经常沐浴的地方。

【原文】

又有成山，甘水穷焉。有季禺之国，颛顼之子，食黍。有羽民之国，其民皆生毛羽。有卵民之国，其民皆生卵。

【译文】

又有一座成山，甘水流到这座山就到了尽头。有个季禺国，他们是帝颛顼的后代，以黄米为主食。还有个国家叫羽民国，这里的人都长着羽毛。又有个国家叫卵民国，这里的人都产卵，人都从卵中孵化出来。

【原文】

大荒之中，有不姜之山，黑水穷焉。又有贾山，汔（qì）水出焉。又有言山。又有登备之山[①]。有恝恝（qì）之山。又有蒲山，澧水出焉。又有隗（wěi）山，其西有丹[②]，其东有玉。又南有山，漂水出焉。有尾山。有翠山。

【注释】

①登备之山：也叫登葆山，巫师们从此山来往于天地之间，以反映民情，传达神意。②丹：可能指丹雘，这里有省文。

【译文】

在大荒之中，有座不姜山，黑水流到这座山就到了尽头。又有座贾山，汔水从这座山发源。又有座言山。又有座登备山。还有座恝恝山。又有座蒲山，澧水从这座山发源。又有座隗山，它的西面出产有丹雘，它的东面蕴藏有玉石。往南又有座山，漂水从这座山发源。又有座尾山。还有座翠山。

【原文】

有盈民之国，於姓，黍食。又有人方食木叶。

【译文】

有个国家叫盈民国，这里的人姓於，以黄米为主食。有人正在吃树叶。

【原文】

有不死之国，阿姓，甘木[①]是食。

【注释】

①甘木：即不死树，人食用它就能长生不老。

【译文】

有个国家叫不死国，这里的人姓阿，吃的是不死树。

【原文】

大荒之中，有山名曰去痓（zhì）。南极果，北不成，去痓果[①]。

【注释】

①南极果，北不成，去痓果：这三句的意义不详，可能是巫师留传下来的几句咒语。

【译文】

在大荒当中，有座山叫作去痓山。有巫师在此留下“南极果，北不成，去痓果”的咒语。

【原文】

南海渚中，有神，人面，珥两青蛇，践两赤蛇，曰不廷胡余。

【译文】

在南海的岛屿上，有一个神，长着人的面孔，耳朵上挂着两条青色蛇，脚底下踩着两条红色蛇，这个神叫不廷胡余。

【原文】

有神名曰因因乎——南方曰因乎，来风曰乎民——处南极以出入风。

【译文】

有个神名叫因因乎——南方人称他为因乎，从南方吹来的风称作乎民——因因乎处在大地的南极，主管风起风停。

【原文】

有襄山。又有重阴之山。有人食兽，曰季厘。帝俊[①]生季厘，故曰季厘之国。有缗（mín）渊。少昊生倍伐，倍伐降[②]处缗渊。有水四方，名曰俊坛[③]。

【注释】

①帝俊：这里指帝喾，传说是黄帝之子玄嚣的后代，殷商王室以他为高祖，号称高辛氏。②降：贬抑。③俊坛：俊坛就是帝俊的水池。据古人讲，水池的形状像一座土坛，所以叫俊坛。

【译文】

有座襄山。又有座重阴山。有人在吞食野兽肉，名叫季厘。帝俊生了季厘，因而名叫季厘国。有一个缗渊。少昊生了倍伐，倍伐被贬住在缗渊。此地有一个像土坛的四方形水池，名叫俊坛。

【原文】

有臷民之国。帝舜生无淫，降臷处，是谓巫臷民。巫臷民朌（fén）姓，食谷，不绩不经[①]，服也；不稼不穑（sè）[②]，食也。爰有歌舞之鸟，鸾鸟自歌，凤鸟自舞。爰有百兽，相群爰处。百谷所聚。

【注释】

①绩：捻搓麻线。这里泛指纺线。经：经线，即丝、棉、麻、毛等织物的纵线，与纬线即各种织物的横线相交叉，就可织成丝帛、麻布等布匹。这里泛指织布。②稼：播种庄稼。穑：收获庄稼。

【译文】

有个国家叫𢧀民国。帝舜生了无淫，无淫被贬抑到这个地方居住，其传下的子孙后代就是所谓的巫𢧀民。巫𢧀民姓朌，吃五谷粮食，不从事纺织，自然有衣服穿；不从事耕种，自然有粮食吃。这里有能歌善舞的鸟，鸾鸟自由自在地歌唱，凤鸟自由自在地舞蹈。这里又有各种各样的野兽，群居相处。这里还是各种农作物汇聚的地方。

【原文】

大荒之中，有山名曰融天，海水南入焉。

【译文】

在大荒当中，有座山名叫融天，海水从南边流进这座山。

【原文】

有人曰凿齿，羿杀之。

【译文】

有一个神人叫凿齿，是后羿杀死了他。

【原文】

有蜮（yù）[①]山者，有蜮民之国，桑姓，食黍，射蜮是食。有人方扜（yū）[②]弓射黄蛇，名曰蜮人。

【注释】

①蜮：据古人说是一种长得像鳖的动物，能含沙射人，被射中的人就会病死。②扜：拉，张。

【译文】

有座山叫作蜮山，在这里有个蜮民国，该国的人姓桑，以黄米为主食，他们也射蜮来吃。有人正在拉弓射黄蛇，名叫蜮人。

【原文】

有宋山者，有赤蛇，名曰育蛇。有木生山上，名曰枫木[①]。枫木，蚩尤所弃其桎梏，是为枫木。

【注释】

①枫木：据古人说是枫香树，叶子像白杨树叶，圆叶而分叉，有油脂而芳香。

【译文】

有座山叫作宋山，山中有一种红颜色的蛇，名叫育蛇。山上还有一种树，名叫枫木。枫木就是被杀死的蚩尤所丢弃的手铐脚镣，这些刑具后来就化成了枫木。

【原文】

有人方齿虎尾，名曰祖状之尸。

【译文】

有个神人正咬着老虎的尾巴，名叫祖状尸。

【原文】

有小人，名曰焦侥之国，幾姓，嘉谷是食。

【译文】

有一个由小人组成的国家，名叫焦侥国，那里的人姓幾，吃的是上等的谷物。

【原文】

大荒之中，有山名朽（xiǔ）涂之山[①]，青水穷焉。有云雨之山[②]，有木名曰栾。禹攻[③]云雨，有赤石焉生栾，黄本，赤枝，青叶，群帝焉取药[④]。

【注释】

①殇涂之山：即丑涂山。②云雨之山：疑为上文提到的巫山。③攻：从事某项事情。这里指砍伐林木。④取药：传说栾树的花与果实都可以制作长生不死的仙药。取药就是指采摘可制药的花果提炼药材。

【译文】

在大荒当中，有座山名叫殇涂山，青水流到这座山就到了尽头。还有座云雨山，山上有一棵树叫作栾。大禹治水来到云雨山伐树，发现有一块红色岩石上长出这棵栾树，这树有黄色的茎干，红色的枝条，青色的叶子，诸帝纷纷到这里来采摘树的花叶提炼药材。

【原文】

有国曰伯服，颛顼生伯服，食黍。有鼬姓之国。有苕（sháo）山。又有宗山。又有姓山。又有壑山。又有陈州山。又有东州山。又有白水山，白水出焉，而生[①]白渊，昆吾[②]之师所浴也。

【注释】

①生：草木生长。引申为事物的产生、形成。这里即指形成的意思。②昆吾：山名或人名。此处应为人名，传说是上古时的一个诸侯，名叫樊，号昆吾。

【译文】

有个国家叫伯服国，伯服国是颛顼的后代组成的国家，这里的人以黄米为主食。附近有个鼬姓国。有座苕山。又有座宗山。又有座姓山。又有座壑山。又有座陈州山。又有座东州山。还有座白水山，白水从这座山发源，然后流下来汇聚成白渊，是昆吾的师傅洗澡的地方。

【原文】

有人名曰张弘，在海上捕鱼。海中有张弘之国，食鱼，使四鸟。

【译文】

有个神人叫张弘，正在海上捕鱼。海岛上有个国家叫张弘国，那里的人以鱼为食，能驯化并驱使四种野兽。

【原文】

有人焉，鸟喙，有翼，方捕鱼于海。大荒之中，有人名曰驩头[①]。鲧妻士敬，士敬子曰炎融，生驩头。驩头人面鸟喙，有翼，食海中鱼，杖[②]翼而行。维宜芑苣（qǔ）、穋（qiú）杨是食[③]。有驩头之国。

【注释】

①驩头：又叫讙头、驩兜、讙朱、丹朱，不仅名称多异，而且事迹也有多种说法，属神话或古史传说分歧。②杖：凭借。③宜：烹调作为菜肴。芑：一种野菜。苣：指苣荬菜，多年生草本植物，茎叶嫩时可以吃。穋：一种谷类植物。

【译文】

有个神人，长着鸟的嘴，生有翅膀，正在海上捕鱼。在大荒当中，有个神人名叫驩头。鲧的妻子叫士敬，士敬的儿子名叫炎融，炎融又生了驩头。驩头长着人的面孔和鸟一样的嘴，生有翅膀，吃海中的鱼，把翅膀当作支撑在地上行走。他经常把芑、苣、穋、杨合在一起做成食物吃。于是有了驩头国。

【原文】

帝尧、帝喾、帝舜葬于岳山。爰有文贝、离俞、鸱久、鹰、贾、延维[①]、视肉、熊、罴、虎、豹；朱木，赤枝、青华、玄实。有申山者。

【注释】

①延维：即上文所说的委蛇。

【译文】

帝尧、帝喾、帝舜都埋葬在岳山。这里有花斑贝、离朱鸟、鹞鹰、鹰、乌鸦、两头蛇、视肉兽、熊、罴、老虎、豹子；还有朱木树，这树有红色的枝干、青色的花朵、黑色的果实。这里还有座申山。

【原文】

大荒之中，有山名曰天台，海水南入焉。

【译文】

大荒当中，有座山名叫天台山，海水从南边流进这座山。

【原文】

有盖犹之山者，其上有甘柤，枝干皆赤，黄叶，白华，黑实。东又有甘华，枝干皆赤，黄叶。有青马。有赤马，名曰三骓。有视肉。

【译文】

有座山叫盖犹山，山上生长有甘柤树，枝条和树干都是红色的，叶子是黄色的，花朵是白色的，而果实是黑色的。在这座山的东边还生长着甘华树，这种树的枝条和树干都是红色的，叶子是黄色的。这里有青色马。又有红色马，名叫三骓。还有视肉兽。

【原文】

有小人，名曰菌人[①]。

【注释】

①菌人：一种矮小的人。即上文所说的“靖人”。

【译文】

有一种身材矮小的人，名叫菌人。

【原文】

有南类之山。爰有遗玉、青马、三骓、视肉、甘华，百谷所在。

【译文】

有座南类山。这里有遗玉、青色马、三骓马、视肉兽、甘华树。各种各样的农作物生长在这里。

卷十六　大荒西经

【题解】

《大荒西经》所记的是西北方海外的地形地貌和有关的传说。其间记载了十二个国家、三十一座山、五条水、二十七位神仙、三十四种动物，还有大量的矿产资源。

【原文】

西北海之外，大荒之隅，有山而不合，名曰不周，有两黄兽守之。有水曰寒暑之水。水西有湿山，水东有幕山。有禹攻共工国山。

【译文】

在西北海的外边，大荒的一个角落，有座断裂而合不拢的山，名叫不周山，有两头黄色的野兽守护着它。有一条流水叫寒暑水。寒暑水的西面有座湿山，寒暑水的东面有座幕山。还有一座禹攻共工国山。

【原文】

有国名曰淑士，颛顼之子。

【译文】

有个国家名叫淑士国，这里的人是帝颛顼的子孙后代。

【原文】

有神十人，名曰女娲①之肠，化为神，处栗广②之野，横道而处。

【注释】

①女娲：神话传说女娲是一位以神女的身份做帝王的女神人，长着人的脸面，蛇的身子，一天内有七十次变化，她的肠子就化成这十位神人。②栗广：原野名。

【译文】

有十个神人，名叫女娲肠，都是女娲的肠子变化而成神的，在叫栗广的原野上，他们就像肠子委地一样横在道路上居住。

【原文】

有人名曰石夷——西方曰夷，来风曰韦——处西北隅以司日月之长短。

【译文】

有位神人名叫石夷——西方人称他为夷，从那里吹来的风称作韦——他处在大地的西北角，在那里掌管太阳和月亮升起落下运行时间的长短。

【原文】

有五采之鸟，有冠，名曰狂鸟①。

【注释】

①狂鸟：疑为凤凰之属。

【译文】

有一种长着五彩羽毛的鸟，头上有冠，名叫狂鸟。

【原文】

有大泽之长山。有白民之国。

【译文】

有一座大泽长山。有一个白民国。

【原文】

西北海之外，赤水之东，有长胫之国。

【译文】

在西北海以外，赤水的东岸，有个长胫国。

【原文】

有西周之国，姬姓，食谷。有人方耕，名曰叔均。帝俊[①]生后稷，稷降以百谷。稷之弟曰台玺，生叔均[②]。叔均是代其父及稷播百谷，始作耕。有赤国妻氏。有双山。

【注释】

①帝俊：这里指帝喾，名叫俊。传说他的第二个妃子生了后稷。后稷据传说是周朝王室的祖先，姓姬氏，号后稷，善于种庄稼，死后被祭奉为农神。②叔均：上文曾说叔均是后稷的孙子，又说是帝舜的儿子，这里却说是后稷之弟台玺的儿子，属神话传说分歧。

【译文】

有个西周国，这里的人姓姬，吃谷物。有个人正在耕田，名叫叔均。帝俊生了后稷，后稷把各种谷物的种子从天上带到人间。后稷的弟弟叫台玺，台玺生了叔均。叔均于是替代他的父亲和后稷播种各种谷物，始创了耕田的方法。这里有个赤国妻氏。还有座双山。

【原文】

西海之外，大荒之中，有方山者，上有青树[①]，名曰柜格之松，日月所出入也。

【注释】

①青树：或作“青松”。

【译文】

在西海以外，大荒当中，有座山叫方山，山上有棵青色的树，名叫柜格松，是太阳和月亮出入的地方。

【原文】

西北海之外，赤水之西，有天民之国，食谷，使四鸟。

【译文】

在西北海以外，赤水的西岸，有个天民国，这里的人以谷物为主食，能驯化并驱使四种野兽。

【原文】

有北狄之国。黄帝之孙曰始均，始均生北狄。

【译文】

有个北狄国。黄帝的孙子叫始均，始均的后代都是北狄国人。

【原文】

有芒山。有桂山。有榣山，其上有人，号曰太子长琴。颛顼生老童[①]，老童生祝融[②]，祝融生太子长琴，是处榣山，始作乐风。

【注释】

①老童：即上文所说的神人耆童。②祝融：传说是高辛氏火正，名叫吴回，号祝融，死后为火官之神。上文说祝融是炎帝之裔，此言颛顼之孙，则祝融又为黄帝之裔，传闻不同所致。

【译文】

有座芒山。有座桂山。有座榣山，山上有一个人，号太子长琴。颛琐生了老童，老童生了祝融，祝融生了太子长琴，于是太子长琴就居住在榣山上，始创了音乐并风行于世。

【原文】

有五采鸟三名：一曰皇鸟，一曰鸾鸟，一曰凤鸟。

【译文】

有三种长着彩色羽毛的鸟：一种叫皇鸟，一种叫鸾鸟，还有一种叫凤鸟。

【原文】

有虫[1]状如菟，胸以后者裸不见，青如猨状[2]。

【注释】

①虫：古人把人及鸟兽等动物统称为虫，如鸟类称为羽虫，兽类称为毛虫，龟类称为甲虫，鱼类称为鳞虫，人类称为裸虫。这里指野兽。②状：这里不是指具体形状，是指颜色的深浅达到某种程度的样子。

【译文】

有一种野兽的形体如同普通的兔子，它的胸脯以后的部分全裸露着又分辨不出来，这是因为它的皮毛青得像猿猴，把裸露的部分遮掩住了。

【原文】

大荒之中，有山名曰丰沮玉门，日月所入。

【译文】

在大荒当中，有座山名叫丰沮玉门山，是太阳和月亮落下来的地方。

【原文】

有灵山[1]，巫咸、巫即、巫朌、巫彭、巫姑、巫真、巫礼、巫抵、巫谢、巫罗十巫，从此升降，百药爰在。

【注释】

①灵山：疑为“巫山”。

【译文】

有一座灵山，有巫咸、巫即、巫朌、巫彭、巫姑、巫真、巫礼、巫抵、巫谢、巫罗十个巫师，就从这座山升到天界和下到世间，各种各样的药物都生长在这里。

【原文】

有西王母之山、壑山、海山。有沃民之国，沃民是处。沃之野，凤鸟之卵是食，甘露是饮。凡其所欲，其味尽存。爰有甘华、甘柤、白柳、视肉、三骓、璇瑰、瑶碧、白木、琅玕、白丹、青丹①，多银、铁。鸾鸟自歌，凤鸟自舞，爰有百兽，相群是处，是谓沃之野。

【注释】

①璇瑰：一种玉的名字。白木：一种纯白色的树木。白丹：一种可作白色染料的自然矿物。青丹：一种可作青色染料的自然矿物。

【译文】

有西王母山、壑山、海山。有个沃民国，沃民便居住在这里。生活在沃野的人，吃的是凤鸟产的蛋，喝的是天上降的甘露。凡是他们心里想要吃的美味，在他们的国家都能品尝到。此处还有甘华树、甘柤树、白柳树，视肉兽、三骓马、璇瑰玉、瑶碧玉、白木树、琅玕树、白丹、青丹，还多出产银矿石和铁矿石。鸾鸟自由自在地歌唱，凤鸟自由自在地舞蹈，还有各种野兽群居共处，因此称作沃野。

【原文】

有三青鸟，赤首黑目，一名曰大鵹（lí），一名少鵹，一名曰青鸟。

【译文】

有三只青色大鸟，它们长着红色的脑袋，黑色的眼睛，一只名叫大鵹，一只名叫少鵹，还有一只名叫青鸟。

【原文】

有轩辕之台[①]，射者不敢西乡，畏轩辕之台。

【注释】

①轩辕之台：即上文所说的轩辕之丘。

【译文】

有一座轩辕台，射箭的人都不敢向西射，这是因为敬畏轩辕台上黄帝的威灵。

【原文】

大荒之中，有龙山，日月所入。有三泽水，名曰三淖，昆吾之所食[①]也。

【注释】

①食：食邑，即古时做为专门供应某人或某部分人生活物资的一块地方。

【译文】

大荒当中，有座龙山，是太阳和月亮落下的地方。龙山附近有三片沼泽地，名叫三淖，是昆吾族人获取食物的地方。

【原文】

有人衣青，以袂（mèi）[①]蔽面，名曰女丑之尸[②]。

【注释】

①袂：衣服的袖子。②女丑之尸：上文说女丑之尸用右手遮住脸面，这里说是用衣袖遮住脸面，大概因原图上画的本就不一样。

【译文】

有个人穿着青色衣服，用袖子遮住自己的脸面，名叫女丑之尸。

【原文】

有女子之国。

【译文】

有个女子国。

【原文】

有桃山。有蝱（méng）山[①]。有桂山。有于土山。

【注释】

①蝱山：即上文所说的芒山。

【译文】

有座桃山。又有座虻山。又有座桂山。还有座于土山。

【原文】

有丈夫之国。

【译文】

有个丈夫国。

【原文】

有弇（yǎn）州之山，五采之鸟仰天，名曰鸣鸟。爰有百乐歌儛之风。

【译文】

有座弇州山，山上有一种长着五彩羽毛的鸟正仰头向天而鸣，名叫鸣鸟。因而那个地方就有了各种各样的乐曲和歌舞流传的风尚。

【原文】

有轩辕之国。江山之南栖为吉，不寿者乃八百岁。

【译文】

有个轩辕国。这里的人把居住在江河山岭的南边看作吉利，就是短命之人也能活到八百岁。

【原文】

西海陼[①]中，有神，人面鸟身，珥两青蛇，践两赤蛇，名曰弇兹。

【注释】

①陼：同“渚”。水中的小块陆地。

【译文】

在西海的海岛上，有一个神，长着人的面孔，鸟的身子，耳朵上悬挂着两条青色蛇，脚底下踩着两条红色蛇，这神名叫弇兹。

【原文】

大荒之中，有山名曰日月山，天枢也。吴姖天门，日月所入。有神，人面无臂，两足反属于头上，名曰嘘。颛顼生老童，老童生重及黎[①]，帝令重献[②]上天，令黎印[③]下地，下地是生噎，处于西极，以行日月星辰之行次。

【注释】

①重：神话传说中掌管天上事物的官员南正。黎：神话传说中管理地下人类的官员火正。②献：用手捧着东西给人。这里是举起的意思。③印：通“抑”。即抑压、按下之意。

【译文】

大荒当中，有座山名叫日月山，是天的枢纽。这座山的主峰叫吴姖天门山，是太阳和月亮落下的地方。有一个神，形体像人却没有臂膀，两只脚反转着连在头顶上，名叫嘘。帝颛顼生了老童，老童生了重和黎，帝颛顼命令重两手托着天，把天用力往上举，又命令黎撑着地，把地使劲朝下按（因此天地就被分得远远的了），于是黎来到地上生了噎，他就处在大地的最西端，主管着太阳、月亮和星辰运行的先后次序。

【原文】

有人反臂，名曰天虞。

【译文】

有个神人两只胳膊反转长着，名叫天虞。

【原文】

有女子方浴月。帝俊妻常羲，生月十二，此始浴之。

【译文】

有个女子正在为月亮洗澡。这个女子就是帝俊的妻子常羲，她生了十二个月亮，这才开始为月亮洗澡。

【原文】

有玄丹之山。有五色之鸟，人面有发。爰有青鴍（wén）、黄鷔（áo），青鸟、黄鸟，其所集者其国亡。

【译文】

有座玄丹山。山上有一种长着五彩羽毛的鸟，这鸟有人的面孔也有头发。这里还有青鴍、黄鷔，也就是青鸟、黄鸟一类的鸟，它们在哪个国家栖息聚集，哪个国家就会灭亡。

【原文】

有池，名孟翼之攻颛顼之池。

【译文】

有个水池，名叫孟翼攻颛顼池。

【原文】

大荒之中，有山名曰鏖鏊钜，日月所入者。

【译文】

大荒当中，有座山名叫鏖（áo）鏊（ào）钜山，是太阳和月亮落下的地方。

【原文】

有兽，左右有首，名曰屏蓬。

【译文】

有一种野兽，左边和右边各长着一个头，名叫屏蓬。

【原文】

有巫山者。有壑山者。有金门之山，有人名曰黄姖之尸。有比翼之鸟。有白鸟，青翼、黄尾、玄喙。有赤犬，名曰天犬，其所下者有兵。

【译文】

有座山叫作巫山。又有座山叫作壑山。还有座金门山，山上有个神人名叫黄姖尸。山上有比翼鸟。又有一种白鸟，长着青色的翅膀，黄色的尾巴，黑色的嘴。还有一种红颜色的狗，名叫天犬，它降临到哪个地方，哪个地方就会发生战争。

【原文】

西海之南，流沙之滨，赤水之后，黑水之前，有大山，名曰昆仑之丘。有神——人面虎身，有文有尾，皆白[①]——处之。其下有弱水之渊环之，其外有炎火之山，投物辄然[②]。有人戴胜[③]，虎齿，有豹尾，穴处，名曰西王母。此山万物尽有。

【注释】

①白：指尾巴上点缀着白色的斑点。②辄：即，就。然：同“燃”。燃烧。③胜：玉胜，古时妇女的首饰。

【译文】

在西海的南面，流沙的边沿，赤水的后面，黑水的前面，屹立着一座大山，名叫昆仑山。有一个神——长着人的面孔、老虎的身子，身上有花纹、有尾巴，尾巴上都是白色斑点——住在这昆仑山上。昆仑山下有条弱水汇聚的深渊环绕着昆仑山，深渊之外有座炎火山，只要把东西投进这座山，马上就会燃烧起来。有个神人头上戴着玉胜，满口的老虎牙齿，有一条豹子似的尾巴，在洞穴中居住，名叫西王母。所有的物产在这座山都能找得到。

【原文】

大荒之中，有山名曰常阳之山，日月所入。

【译文】

大荒当中，有座山名叫常阳山，是太阳和月亮落下的地方。

【原文】

有寒荒之国。有二人女祭、女薎（miè）。

【译文】

有个寒荒国。这里有两个神人分别是女祭、女薎。

【原文】

有寿麻之国。南岳娶州山女，名曰女虔。女虔生季格，季格生寿麻。寿麻正立无景（yǐng）[①]，疾呼无响。爰有大暑，不可以往。

【注释】

①景：同“影”。

【译文】

有个国家叫寿麻国。南岳娶了州山的女子为妻，她的名字叫女虔。女虔生了季格，季格生了寿麻。寿麻立正站在太阳下不见任何影子，高声疾呼而四面八方没有一点回响。这个地方酷热难耐，人千万不可以前往。

【原文】

有人无首，操戈盾立，名曰夏耕之尸。故成汤伐夏桀于章山[①]，克之，斩耕厥[②]前。耕既立，无首，走厥咎[③]，乃降于巫山。

【注释】

①成汤：即商汤王，商朝的开国国王。夏桀：即夏桀王，夏朝的最后一位国王。②厥：代词，这里指代夏桀。③走：同“走”。这里是逃避的意思。厥：这里指代夏耕尸。咎：罪责。

【译文】

有个神人没有脑袋，手拿一把戈和一面盾牌立着，名叫夏耕尸。从前成汤在章山讨伐夏桀，打败了夏桀，又在他的面前斩杀夏耕尸。夏耕尸站立起来后，发觉自己没了脑袋，为逃避他战败的罪咎，于是窜到巫山躲藏了起来。

【原文】

有人名曰吴回[①]，奇[②]左，是无右臂。

【注释】

①吴回：传说中的司火之神。②奇：单数。这里指两只胳膊只剩下一只。

【译文】

有个神人名叫吴回，只有一只左胳膊，而没有右胳膊。

【原文】

有盖山之国。有树，赤皮支干，青叶，名曰朱木。

【译文】

有个盖山国。这里有一种树木，树皮、树枝、树干都是红色的，叶子是青色的，名叫朱木。

【原文】

有一臂民[1]。

【注释】

①一臂民：即一臂国。

【译文】

有只长了一条胳膊的一臂民。

【原文】

大荒之中，有山名曰大荒之山，日月所入。有人焉三面，是颛顼之子，三面一臂，三面之人不死，是谓大荒之野。

【译文】

大荒当中，有一座山，名叫大荒山，是太阳和月亮落下的地方。这里有一种神人，头的前边、左边和右边各长着一张面孔，是颛顼的后代，有三张面孔一只胳膊，这种有三张面孔的人是永远不死的。这里就是所谓的大荒野。

【原文】

西南海之外，赤水之南，流沙之西，有人珥两青蛇，乘两龙，名曰夏后开。开上三嫔于天，得《九辩》与《九歌》以下。此天穆之野，高二千仞，开焉得始歌《九招（shāo）》。

【注释】

①夏后开：即上文所说的夏后启。因为汉朝人避汉景帝刘启的名讳，就改“启”为“开”。②嫔：通“宾”。这里作为动词，意思是做客。

【译文】

在西南海以外，赤水的南岸，流沙的西面，有个神人耳朵上悬挂着两条青色蛇，乘驾着两条龙，名叫夏后启。夏后启曾三次到天帝那里做客，得到天帝的乐曲《九辩》和《九歌》之后回到人间。这里就是所谓的天穆野，高达两千仞，夏后启把得来的天乐重新改造，在此地开始演奏起《九招》乐曲。

【原文】

有氐人之国。炎帝[1]之孙名曰灵恝，灵恝生氐人，是能上下于天。

【注释】

①炎帝：即传说中的上古帝王神农氏。因为以火德为王，所以号称炎帝；又因创造农具教人们种庄稼，所以叫作神农氏。

【译文】

有个氐人国。炎帝的孙子名叫灵恝，灵恝生了氐人，氐人能在天界和人世间自由往来。

【原文】

有鱼偏枯，名曰鱼妇，颛顼死即复苏。风道[1]北来，天乃大水泉，蛇乃化为[2]鱼，是为鱼妇。颛顼死即复苏。

【注释】

①道：从，由。②为：谓，以为。

【译文】

有一种鱼的身子半边干枯，名叫鱼妇，是帝颛顼死后苏醒过来变化而成的。恰逢风从北方吹来，泉水因风而汹涌，蛇于是变化成为鱼，这便是所谓的鱼妇。颛顼就是趁蛇鱼变化未定型之机，托体鱼躯并死而复生的。

【原文】

有青鸟，身黄，赤足，六首，名曰鸀（chù）鸟。

【译文】

有一种青鸟，身体是黄色的，爪子是红色的，长有六个头，名叫鸀鸟。

【原文】

有大巫山。有金之山。西南，大荒之隅，有偏句、常羊之山。

【译文】

有座大巫山。又有座金山。在西南方，大荒的一个角落，有偏句山和常羊山。

卷十七　大荒北经

【题解】

《大荒北经》所记的是东北海之外的大致情况。天帝颛顼和他的九个嫔妃的墓地就在这一带。其间记载了十六个国家、二十七座山、七条水、二十一位神仙、二十三种动植物，还有大量的矿产资源。

【原文】

东北海之外，大荒之中，河水之间，附禺之山，帝颛项与九嫔葬焉。爰有鸱久、文贝、离俞、鸾鸟、凤鸟、大物、小物①。有青鸟、琅鸟、玄鸟、黄鸟、虎、豹、熊、罴、黄蛇、视肉、璿瑰、瑶碧②，皆出于山。卫丘方员三百里，丘南帝俊竹林在焉，大可为舟。竹南有赤泽水，名曰封③渊。有三桑无枝，皆高百仞。丘西有沈渊，颛顼所浴。

【注释】

①大物、小物：指殉葬的大小用具物品。②琅鸟：白鸟。玄鸟：燕子的别称。因它的羽毛呈黑色，所以称为玄鸟。璿：美玉。③封：同“丰”。大。

【译文】

在东北海以外，大荒当中，黄河流经的地方，有座附禺山，帝颛顼与他的九个妃嫔就葬在这座山。此山有鹞鹰、花斑贝、离朱鸟、鸾鸟、凤鸟以及大大小小的陪葬之物。此地还有青鸟、琅鸟、燕子、黄鸟、老虎、豹子、熊、罴、黄蛇、视肉兽、璿瑰玉、瑶碧玉，都出产于这座山。卫丘方圆三百里，卫丘的南面有帝俊的竹林，那里的竹子大得可以做船。竹林的南面有红色的深潭，名叫封渊。有三棵没有枝杈的桑树，都高达百仞。卫丘的西面有个沈渊，是帝颛顼沐浴的地方。

【原文】

有胡不与之国，烈姓，黍食。

【译文】

有个胡不与国，这里的人姓烈，以黄米为主食。

【原文】

大荒之中，有山名曰不咸。有肃慎氏之国。有蜚蛭[1]，四翼。有虫[2]，兽首蛇身，名曰琴虫。

【注释】

①蜚：通“飞”。蛭：环节动物，有多种分类，如水蛭、鱼蛭、山蛭等。②虫：这里指蛇。

【译文】

大荒当中，有座山名叫不咸山。有个肃慎氏国。有一种能飞的蛭，长着四只翅膀。有一种蛇，有野兽的头和蛇的身子，名叫琴虫。

【原文】

有人名曰大人。有大人之国，釐（xī）姓，黍食。有大青蛇，黄头，食麈。

【译文】

有种人叫大人。有个大人国，这里的人姓釐，以黄米为主食。有一种大青蛇，长着黄色的头，能吞食驼鹿。

【原文】

有榆山。有鲧攻程州[1]之山。

【注释】

①程州：古国名。

【译文】

有座榆山。又有座鲧攻程州山。

【原文】

大荒之中，有山名曰衡天。有先民之山。有槃（pán）木千里。

【译文】

大荒当中，有座山名叫衡天。又有座先民山。还有一棵盘旋弯曲的大树，占地面积多达千里。

【原文】

有叔歜（chù）国，颛顼之子，黍食，使四鸟：虎、豹、熊、罴。有黑虫如熊状，名曰猎猎（xī）。

【译文】

有个叔歜国，这里的人都是帝颛顼的后裔，以黄米为主食，能驯化并驱使四种野兽：老虎、豹子、熊和罴。有一种形状与熊相似的黑色野兽，名叫猎猎。

【原文】

有北齐之国，姜姓，使虎、豹、熊、罴。

【译文】

有个北齐国，这里的人姓姜，能驯化并驱使老虎、豹子、熊和罴。

【原文】

大荒之中，有山名曰先槛大逢之山，河济所入，海北注焉。其西有山，名曰禹所积石。

【译文】

大荒当中，有座山名叫先槛大逢山，是黄河水和济水流入的地方，海水从北面灌注到这里。它的西边也有座山，名叫禹所积石山。

【原文】

有阳山者。有顺山者，顺水出焉。有始州之国，有丹山。

【译文】

有座阳山。又有座顺山，顺水从这座山发源。还有个始州国，国中有座丹山。

【原文】

有大泽方千里，群鸟所解。

【译文】

有一大泽方圆千里，是各种禽鸟脱去旧羽毛换生新羽毛的地方。

【原文】

有毛民之国，依姓，食黍，使四鸟。禹生均国，均国生役采，役采生修鞈（gé），修鞈杀绰人。帝念之，潜为之国，是此毛民。

【译文】

有个毛民国，这里的人姓依，以黄米为主食，能驯化并驱使四种野兽。大禹生了均国，均国生了役采，役采生了修鞈，修鞈杀了绰人。大禹哀念绰人无罪被杀，便暗中帮绰人的后代重新建立国家，就是这个毛民国。

【原文】

有儋（dān）[①]耳之国，任姓，禺号子，食谷。北海之渚中，有神，人面鸟身，珥两青蛇，践两赤蛇，名曰禺强。

【注释】

①儋：同“聸”。耳下垂。

【译文】

有个儋耳国，这里的人姓任，是神人禺号的后代，吃谷物。在北海的岛屿上，有一个神，长着人的面孔、鸟的身子，耳朵上悬挂着两条青色蛇，脚底下踩着两条红色蛇，名叫禺强。

【原文】

大荒之中，有山名曰北极天柜，海水北注焉。有神，九首人面鸟身，名曰九凤。又有神，衔蛇操蛇，其状虎首人身，四蹄长肘，名曰强良。

【译文】

大荒当中，有座山名叫北极天柜山，海水从北面灌注到这里。有一个神，长着九个脑袋和人的面孔、鸟的身子，名叫九凤。又有一个神，嘴里衔着蛇，手中握着蛇，他的形貌是老虎的脑袋、人的身子，有四只蹄子和长长的手肘，名叫强良。

【原文】

大荒之中，有山名曰成都载天。有人珥两黄蛇，把两黄蛇，名曰夸父。后土生信，信生夸父。夸父不量力，欲追日景，逮[①]之于禺谷。将饮河而不足也，将走大泽，未至，死于此。应龙已杀蚩尤，又杀夸父[②]，乃去南方处之，故南方多雨。

【注释】

①逮：到，及。②又杀夸父：上文说夸父因追太阳而死，后又说夸父被应龙杀死，是神话传说中的分歧。

【译文】

大荒当中，有座山名叫成都载天山。有个神人的耳朵上挂着两条黄色蛇，手上握着两条黄色蛇，名叫夸父。后土生了信，信生了夸父。而夸父不自量力，想要追赶太阳的光影，直追到禺谷。夸父想喝了黄河水解渴，却不够喝，准备跑到北方去喝大泽的水，还未到，便渴死在这里了。应龙在杀了蚩尤以后，又杀了帮助蚩尤的夸父，因他的神力耗尽上不了天，于是就去南方居住，所以南方的雨水很多。

【原文】

又有无肠之国，是任姓，无继[①]子，食鱼。

【注释】

①无继：即上文所说的无启国。无肠国人是无启国人的后代。

【译文】

又有个无肠国，这里的人姓任。他们是无继国人的后代，吃鱼类。

【原文】

共工之臣名曰相繇[①]，九首蛇身，自环，食于九山。其所歍（wū）所尼[②]，即为源泽，不辛乃苦，百兽莫能处。禹湮[③]洪水，杀相繇，其血腥臭，不可生谷，其地多水，不可居也。禹湮之，三仞三沮[④]，乃以为池，群帝因是以为台。在昆仑之北。

【注释】

①相繇：即上文所说的相柳。②歍：呕吐。尼：止息。③湮：阻塞。

【译文】

共工有一位臣子名叫相繇，长了九个头和蛇的身体，他把身体盘旋自绕成一团，贪婪地霸占九座山上的食物。他所呕吐和停留过的地方，就会立即变成大沼泽，而气味不是辛辣就是苦涩，各种各样的野兽都没有能居住下去的。大禹堵塞洪水的时候杀死了相繇，相繇流出来的血腥臭难闻，血喷洒过的地方谷物根本不能生长，那地方还会水涝成灾，实在使人不能居住。大禹于是把那里填塞起来，屡次填塞又屡次塌陷，于是只好把它挖成大池子，诸帝就利用挖出的泥土建造了几座高台。这些台位于昆仑山的北面。

【原文】

有岳之山，寻竹[①]生焉。

【注释】

①寻竹：高大的竹子。

【译文】

有座岳山，有高大的竹子生长在这座山上。

【原文】

大荒之中，有山名曰不句，海水北入焉。

【译文】

大荒当中，有座山名叫不句山，海水从北面灌注到这里。

【原文】

有系昆之山者，有共工之台，射者不敢北乡。有人衣青衣，名曰黄帝女魃（bá）[①]。蚩尤作兵[②]伐黄帝，黄帝乃令应龙攻之冀州之野。应龙畜水，蚩尤请风伯雨师[③]，纵大风雨。黄帝乃下天女曰魃，雨止，遂杀蚩尤。魃不得复上，所居不雨。叔均言之帝，后置之赤水之北。叔均乃为田祖[④]。魃时亡之。所欲逐之者，令曰："神北行[⑤]！"先除水道，决通沟渎（dú）[⑥]。

【注释】

①女魃：相传是不长一根头发的造成旱灾的怪物，她所到的地方就会大旱。②兵：这里指兵器、武器。③风伯：神话传说中的风神。雨师：神话传说中掌管雨水的神。④田祖：主管田地农耕之神。⑤北行：指回到赤水之北。⑥渎：沟渠。

【译文】

有座山叫系昆山，上面有共工台，射箭的人因敬畏共工的威灵而不敢朝北方拉弓射箭。有个神人穿着青色衣服，名叫黄帝女魃。蚩尤制造了多种兵器用来攻击黄帝，黄帝便派遣应龙到冀州的原野去攻打蚩尤。应龙蓄积了很多水，而蚩尤请来风伯和雨师，掀起一场大风雨，应龙蓄积的水就失去了作用。黄帝就降下名叫魃的天女助战，雨就止住了，于是应龙得以杀死蚩尤。女魃因神力耗尽无法再回到天上，她在人间所居住的地方滴雨不下。叔均将此事禀报给黄帝，后来黄帝把女魃安置在赤水的北面。叔均便做了主管田地农耕的神。女魃不守本分，常常逃亡，所到之处都会出现旱情，当地人要想驱逐她，就会祷告说："神啊，请向北去吧！"祷告之前要先清理水道，疏通大小沟渠。

【原文】

有人方食鱼，名曰深目民之国，盼（fēn）姓，食鱼。

【译文】

有人正在吃鱼，这个国家叫深目民国，这里的人姓盼，吃鱼类。

【原文】

有钟山者。有女子衣青衣，名曰赤水女子魃。

【译文】

有座钟山。有一个女子，穿着青色衣服，名叫赤水女子魃。

【原文】

大荒之中，有山名曰融父山，顺水入焉。有人名曰犬戎。黄帝生苗龙，苗龙生融吾，融吾生弄明，弄明[①]生白犬，白犬有牝牡，是为犬戎，肉食。有赤兽，马状无首，名曰戎宣王尸[②]。

【注释】

①弄明：或作"卞明""并明"。②戎宣王尸：传说是犬戎族人奉祀的神。

【译文】

大荒当中，有座山名叫融父山，顺水就流入这座山。有一族人名叫犬戎。黄帝生了苗龙，苗龙生了融吾，融吾生了弄明，弄明生了白犬，白犬有一公一母，便繁衍出犬戎族人，这族人吃肉类。这里还有一种红色的野兽，形体像普通的马却没有头，名叫戎宣王尸。

【原文】

有山名曰齐州之山、君山、鬵（qiǎn）山、鲜野山、鱼山。

【译文】

有几座山分别是齐州山、君山、鬵山、鲜野山、鱼山。

【原文】

有人一目，当面中生。一曰是威姓，少昊之子，食黍。

【译文】

有种神人只长着一只眼睛，这只眼睛长在脸正中间。一种说法认为他们姓威，是少昊的后代，以黄米为主食。

【原文】

有无继民，无继民任姓，无骨子，食气、鱼。

【译文】

有种人叫无继民，无继民姓任，是无骨民的后代，吃的是空气和鱼类。

【原文】

西北海外，流沙之东，有国名曰中辐（biǎn）[①]，颛顼之子，食黍。

【注释】

①中辐：或作“中轮”。

【译文】

在西北方的海外，流沙的东面，有个国家叫中辐国，这里的人是帝颛顼的后代，以黄米为主食。

【原文】

有国名曰赖丘。有犬戎国。有人，人面兽身，名曰犬戎。

【译文】

有个国家叫赖丘国。还有个犬戎国。有种神人，长着人的面孔和野兽的身体，名叫犬戎。

【原文】

西北海外，黑水之北，有人有翼，名曰苗民。颛顼生驩头，驩头生苗民，苗民釐姓，食肉。有山名曰章山。

【译文】

在西北方的海外，黑水的北岸，有种神人长着翅膀，名叫苗民。帝颛顼生了驩头，驩头生了苗民，苗民人姓釐，以肉类为食。还有一座山叫章山。

【原文】

大荒之中，有衡石山、九阴山、灰野之山，上有赤树，青叶，赤华，名曰若木。

【译文】

大荒当中，有衡石山、九阴山、灰野山，山上有一种红色的树木，长着青色的叶子和红色的花朵，名叫若木。

【原文】

有牛黎①之国。有人无骨，儋耳之子。

【注释】

①牛黎：即上文所说的“柔利”。

【译文】

有个牛黎国。这里的人身上不长骨头，他们是儋耳国人的后代。

【原文】

西北海之外，赤水之北，有章尾山。有神，人面蛇身而赤，身长千里，直目正乘[①]，其瞑乃晦，其视乃明，不食，不寝，不息，风雨是谒[②]。是烛九阴[③]，是谓烛龙。

【注释】

①乘：据学者研究，“乘”可能是“朕”字的假借音。朕，缝隙。②谒：据学者研究，“谒”是“噎”的假借音。噎，吃饭太快致食物堵塞咽喉。这里是吞食、吞咽的意思。③九阴：极为阴暗之地。

【译文】

在西北方的海外，赤水的北岸，有座章尾山。有一个神，长着人的面孔和蛇的身子，全身红色，身体长达千里，竖立生长的眼睛正中有合成一条缝的眼皮，他闭上眼睛世间就是黑夜，他睁开眼睛世间就是白昼，他不吃饭，不睡觉，不呼吸，只吞咽风雨为食。他能照耀极为阴暗的地方，他就是所谓的烛龙。

卷十八 海内经

【题解】

《海内经》是《山海经》的最后一部分，本经用带有总结性的语言列出了东海以内的国家和山水情况。其间记载了十五个国家、二十一座山、十一条水、二十七位神仙、二十五种动物，还有大量的矿产资源。

【原文】

东海之内，北海之隅，有国名曰朝鲜、天毒①，其人水居，偎②人爱人。

【注释】

①朝鲜：就是现在的朝鲜半岛。天毒：据古人说就是天竺国，该国贵道德，有文字，有商业，佛教起源于此国中。天竺国就是现在的印度。但印度在南，朝鲜在北，一南一北，相距很远，记在一处，不合情理，则文字上似有讹误或遗漏。②偎：亲爱，亲近。

【译文】

在东海以内，北海的一个角落，有个国家叫朝鲜，还有一个国家叫天毒，天毒国的人依水而居，对人亲近慈爱，喜欢怜悯人。

【原文】

西海之内，流沙之中，有国名曰壑市。

【译文】

在西海以内，流沙的中央，有个国家叫壑市国。

【原文】

西海之内，流沙之西，有国名曰氾叶。

【译文】

在西海以内，流沙的西边，有个国家叫氾叶国。

【原文】

流沙之西，有鸟山者，三水出焉。爰有黄金、璿瑰、丹货[①]、银铁，皆流[②]于此中。又有淮山，好水出焉。

【注释】

①丹货：何物不详。②流：流淌出。这里是出产、产生的意思。

【译文】

流沙的西面，有座山叫鸟山，有三条河流都发源于这座山。这里有黄金、璿瑰玉、丹货、银铁矿石，全都产于这些河流的沿岸。这里又有座淮山，好水从这座山发源。

【原文】

流沙之东，黑水之西，有朝（zhāo）云之国、司彘之国。黄帝妻雷祖[①]，生昌意，昌意降处若水，生韩流。韩流擢（zhuó）首、谨耳、人面、豕喙、麟身、渠股、豚止[②]，取淖子曰阿女，生帝颛顼。

【注释】

①雷祖：即嫘祖，相传是教人们养蚕的始祖。②擢：引拔，耸起。这里指物体因吊拉变成长竖形的样子。谨：慎重小心。这里是细小的意思。渠股：即今天所说的罗圈腿。

【译文】

在流沙的东面，黑水的西岸，有朝云国、司彘国。黄帝的妻子雷祖生下昌意。昌意被贬到若水居住，生下韩流。韩流长着长长的脑袋、小小的耳朵、人的面孔、猪的嘴、麒麟的身体、罗圈腿、小猪的蹄子，他娶了淖子族的姑娘阿女为妻，生下帝颛顼。

【原文】

流沙之东，黑水之间，有山名不死之山。

【译文】

在流沙的东面，黑水流过的地方，有座山叫不死山。

【原文】

华山青水之东，有山名曰肇山。有人名曰柏子高，柏子高上下于此，至于天。

【译文】

在华山青水的东面，有座山叫肇山。有个仙人名叫柏子高，柏子高常常从肇山上上下下，可以直达天界。

【原文】

西南黑水之间，有都广之野，后稷葬焉。其城方三百里，盖天地之中，素女所出也。爰有膏菽（shū）、膏稻、膏黍、膏稷[①]，百谷自生，冬夏播琴[②]。鸾鸟自歌，凤鸟自舞，灵寿[③]实华，草木所聚。爰有百兽，相群爰处。此草也，冬夏不死。

【注释】

①膏：这里指味道美好而光滑如膏的意思。菽：豆类植物的总称。稷：黍一类的谷物。②播琴：古时楚地人的方言，即播种。③灵寿：即上文所说的椐树，所生枝节像竹节，粗细长短都正好合于拐杖，不必人工制作，所以古代老人常利用这种天然拐杖。也有一种说法，认为灵寿是一种生长在昆仑山及其附近地方的特殊树木，人吃了它结的果实就会长生不死，所以叫灵寿树。

【译文】

在西南边黑水流经的地方，有一处叫都广野，后稷就埋葬在这里。它的疆域方圆有三百里，是天和地的中心，有名的神女素女便出现在这个地方。这里出产膏菽、膏稻、膏黍、膏稷，各种各样的谷物能够自然成长，不论冬夏都能播种。鸾鸟在这里无拘无束地歌唱，凤鸟在这里自由自在地舞蹈，灵寿树在这里开花结果，各种草木葱郁茂盛。这里还有各种禽鸟野兽，全都群居相处。在这个地方生长的草，无论寒冬炎夏都不会枯死。

【原文】

南海之内，黑水青水之间，有木名曰若木，若水出焉。

【译文】

在南海以内，黑水青水流经的地方，有一种树木叫若木，若水就从若木的产地发源。

【原文】

有禺中之国。有列襄之国。有灵山，有赤蛇在木上，名曰蝡（rú）蛇，木食。

【译文】

有个禺中国。又有个列襄国。有一座灵山，山中的树上有种红色的蛇，叫作蝡蛇，它以树木为食物。

【原文】

有盐长之国。有人焉鸟首，名曰鸟民。

【译文】

有个盐长国。这里的人长着鸟一样的脑袋，叫作鸟民。

【原文】

有九丘，以水络之：名曰陶唐之丘、叔得之丘、孟盈之丘、昆吾之丘、黑白之丘、赤望之丘、参卫之丘、武夫之丘、神民之丘。有木，青叶紫茎，玄华黄实，名曰建木，百仞无枝，上有九欘（zhú）①，下有九枸（jǔ）②，其实如麻，其叶如芒，大（tài）皞（hào）③爰过，黄帝所为。

【注释】

①欘：树枝弯曲。②枸：树根盘错。③大皞：又叫太昊、太皓，即伏羲氏，古史传说中的上古帝王，姓风。他画八卦，教人们捕鱼放牧，用来当作食物。他还是神话传说中的人类始祖。大，通“太”。

【译文】

有九座山丘，都被水环绕着，名称分别是陶唐丘、叔得丘、孟盈丘、昆吾丘、黑白丘、赤望丘、参卫丘、武夫丘、神民丘。有一种树木，有青色的叶子，紫色的茎干，黑色的花朵，黄色的果实，名叫建木，树干高达百仞，树干上不生长枝条，只是树顶上有许多盘亘曲折的枝桠，树底下有很多盘旋交错的根节，它的果实像麻子，叶子像芒树叶，大皞就凭借建木登上天界，那是黄帝建造的天梯。

【原文】

有窫窳，龙首，是食人。有青兽，人面，名曰猩猩。

【译文】

有一种窫窳兽，长着龙的脑袋，能吃人。还有一种青色的野兽，长着人一样的面孔，名叫猩猩。

【原文】

西南有巴国。大皞生咸鸟，咸鸟生乘厘，乘厘生后照，后照是始为巴人。

【译文】

西南边有个巴国。大皞生了咸鸟，咸鸟生了乘厘，乘厘生了后照，而后照就是巴国人的始祖。

【原文】

有国名曰流黄辛氏，其域中方三百里，其出是麈。有巴遂山，渑水[①]出焉。

【注释】

①渑水：即斯水。

【译文】

有个国家名叫流黄辛氏国，它的疆域有方圆三百里，这里出产驼鹿。还有一座巴遂山，渑水从这座山发源。

【原文】

又有朱卷之国。有黑蛇，青首，食象。

【译文】

又有个朱卷国。这里有一种黑色的大蛇，长着青色的头，能吞食大象。

【原文】

南方有赣巨人，人面长唇，黑身有毛，反踵，见人则笑，唇蔽其面，因可逃也。

【译文】

南方有一种赣巨人，长着人的面孔，嘴唇很长，黑黑的身体上长满了毛，脚尖朝后而脚跟朝前反长着，看见人就发笑，一笑嘴唇便会遮住他的脸，因此人们才能趁此机会立即逃走。

【原文】

又有黑人，虎首鸟足，两手持蛇，方啖之。

【译文】

还有一种黑人，长着老虎的头和禽鸟的爪子，两只手握着蛇，正要吞食它。

【原文】

有嬴民，鸟足。有封豕。

【译文】

有种人称作嬴民，长着禽鸟一样的爪子。还有大野猪。

【原文】

有人曰苗民。有神焉，人首蛇身，长如辕，左右有首，衣紫衣[①]，冠旃（zhān）冠[②]，名曰延维[③]，人主得而飨食之[④]，伯（bà）[⑤]天下。

【注释】

①衣紫衣：前一个“衣”是动词，穿的意思。后一个“衣”是名词，即衣服。②冠旃冠：前一个“冠”是动词，戴的意思。后一个“冠”是名词，即毡帽。旃：纯红色的曲柄旗。这里仅是红色的意思，与上一句的紫色相对。③延维：即上文所说的委蛇，就是双头蛇。④人主：君主，一国之主。飨：祭献。⑤伯：通“霸”。称霸。

【译文】

有种人称作苗民。这里有一个神，长着人的头和蛇的身子，长长的身躯像车辕，左边右边各长着一个脑袋，穿着紫色衣服，戴着红色毡帽，名叫延维，国君得到它后加以奉飨祭祀，便可以称霸天下。

【原文】

有鸾鸟自歌，凤鸟自舞。凤鸟首文曰“德”，翼文曰“顺”，膺文曰“仁”，背文曰“义”，见则天下和。

【译文】

有鸾鸟在自由自在地歌唱，有凤鸟在自由自在地舞蹈。凤鸟头上的花纹是“德”字，翅膀上的花纹是“顺”字，胸脯上的花纹是“仁”字，脊背上的花纹是“义”字，它一出现天下就会太平。

【原文】

又有青兽如菟，名曰菌（jùn）狗。有翠鸟[①]。有孔鸟[②]。

【注释】

①翠鸟：即翡翠鸟，形状像燕子。古人说雄性的叫翡，羽毛是红色；雌性的叫翠，羽毛是青色。实际上，翡翠鸟的羽毛有好多种颜色，所以自古以来就作装饰品用。②孔鸟：即孔雀。

【译文】

又有种青色的野兽，长得像兔子，名叫菌狗。又有翡翠鸟。还有孔雀。

【原文】

南海之内，有衡山，有菌山，有桂山。有山名三天子之都。

【译文】

南海以内，有座衡山，有座菌山，又有座桂山。还有座山叫三天子都山。

【原文】

南方苍梧之丘，苍梧之渊，其中有九嶷（yí）山，舜之所葬。在长沙零陵界中。

【译文】

南方有山丘叫苍梧丘，还有一个深渊叫苍梧渊，在苍梧丘和苍梧渊之间有座九嶷山，帝舜就埋葬在这里。九嶷山位于长沙零陵界内。

【原文】

北海之内，有蛇山者，蛇水出焉，东入于海。有五采之鸟，飞蔽一乡，名曰翳鸟[①]。又有不距之山，巧倕（chuí）[②]葬其西。

【注释】

①翳鸟：传说是凤凰之类的鸟。②巧倕：相传是上古帝尧时代一位灵巧的工匠。

【译文】

在北海之内，有座山叫蛇山，蛇水从蛇山发源，向东流入大海。有一种长着五彩羽毛的鸟，成群飞起时能遮蔽一个乡村的天空，名叫翳鸟。还有座不距山，巧倕便葬在不距山的西面。

【原文】

北海之内，有反缚盗械、带戈常倍之佐[①]，名曰相顾之尸[②]。

【注释】

①盗械：古时凡因犯罪而被戴上刑具就称作盗械。倍：通“背”。背叛。佐：辅助帝王的人。②相顾之尸：上文所说贰负之臣一类的人。

【译文】

在北海之内，有一个被反绑着戴刑具、带着武器图谋叛乱的臣子，名叫相顾尸。

【原文】

伯夷父[①]生西岳，西岳生先龙，先龙是始生氐羌，氐羌乞姓。

【注释】

①伯夷父：相传是帝颛顼的师傅。

【译文】

伯夷父生了西岳，西岳生了先龙，先龙的后代便是氐羌这个部族，氐羌人姓乞。

【原文】

北海之内，有山，名曰幽都之山，黑水出焉。其上有玄鸟、玄蛇、玄豹、玄虎、玄狐蓬尾。有大玄之山。有玄丘之民[①]。有大幽之国。有赤胫之民[②]。

【注释】

①玄丘之民：古人说生活在丘上的人都是黑色的。②赤胫之民：古人说是从膝盖以下全部为红色的一种人。

【译文】

北海以内，有一座山，名叫幽都山，黑水从这座山发源。山上有黑鸟、黑蛇、黑豹、黑虎，有长着蓬松尾巴的黑狐。有座大玄山。有黑色皮肤的玄丘民。有个大幽国。有小腿是红色的赤胫民。

【原文】

有钉灵之国，其民从厀以下有毛，马蹄善走[①]。

【注释】

①走：跑。

【译文】

有个钉灵国，那里的人从膝盖以下的腿上都有毛，长着马的蹄子且善于快跑。

【原文】

炎帝之孙伯陵，伯陵同吴权之妻阿女缘妇[①]，缘妇孕三年，是生鼓、延、殳（shū）。殳始为侯[②]，鼓、延是始为钟，为乐风。

【注释】

①同：即“通”，通奸。吴权：传说中的人物。②侯：射侯，练习或比赛射箭时用的箭靶。

【译文】

炎帝的孙子叫伯陵，伯陵与吴权的妻子阿女缘妇私通，阿女缘妇怀孕三年，这才生下鼓、延、殳三个儿子。殳始创了箭靶，鼓、延二人始创了钟，并创制了乐曲和音律。

【原文】

黄帝生骆明，骆明生白马，白马是为鲧。

【译文】

黄帝生了骆明，骆明生了白马，这白马就是鲧。

【原文】

帝俊[①]生禺号，禺号生淫梁[②]，淫梁生番禺，是始为舟。番禺生奚仲，奚仲生吉光，吉光是始以木为车。

【注释】

①帝俊：这里指黄帝。②淫梁：即上文所说的禺京。

【译文】

帝俊生了禺号，禺号生了淫梁，淫梁生了番禺，这位番禺始创了船。番禺生了奚仲，奚仲生了吉光，这位吉光最早用木头制作出车子。

【原文】

少皞[①]生般，般是始为弓矢。

【注释】

①少皞：即上文所说的少昊。

【译文】

少皞生了般，这位般最早发明了弓和箭。

【原文】

帝俊赐羿彤弓素矰（zēng）[①]，以扶下国，羿是始去恤[②]下地之百艰。

【注释】

①彤：红色。矰：一种用白色羽毛装饰并系着丝绳的箭。②恤：体恤，救济。

【译文】

帝俊赏赐给后羿红色的弓和白色带绳的箭，命他用射箭技艺去扶助下界各国，后羿便开始去救济下界的人们克服各种艰难。

【原文】

帝俊生晏龙，晏龙是为琴瑟。

【译文】

帝俊生了晏龙，晏龙最早发明了琴和瑟这两种乐器。

【原文】

帝俊[①]有子八人，是始为歌舞。

【注释】

①帝俊：这里指帝舜。

【译文】

帝俊有八个儿子，他们始创了歌曲和舞蹈。

【原文】

帝俊[①]生三身，三身生义均[②]，义均是始为巧倕，是始作下民百巧。后稷是播百谷。稷之孙曰叔均[③]，是始作牛耕。大比赤阴[④]，是始为国。禹、鲧是始布土[⑤]，均定九州[⑥]。

【注释】

①帝俊：这里也是指帝舜。②义均：就是上文所说的叔均，曾说是帝舜的儿子，但这里说是帝舜的孙子，属于神话传说的不同。③叔均：上文曾说叔均是后稷之弟台玺的儿子，这里又说是后稷的孙子，而且和前面说的义均也分成了二人，属神话传说分歧。④大比赤阴：意义不明。也有学者认为可能是后稷的生母姜嫄。“比”大概为“妣”的讹文。妣，母亲。“赤阴”的读音与“姜嫄”相近。据古史传说，后稷被封于邰地而建国，姜嫄即居住在这里，所以下面说“是始为国”。⑤布土：布，施予，施行。土即土工，治河时填土、挖土的工程。传说鲧与大禹父子二人相继治理洪水，鲧使用堵塞的方法，大禹使用疏通的方法，都需要挖掘泥土。⑥均：这里指度量、衡量。九州：大禹治理了洪水以后，把中原划分为九个行政区域，就是九州。

【译文】

帝俊生了三身，三身生了义均，义均便是世人所说的巧倕，巧倕最早把各种工艺技巧传授到人间。后稷开始播种各种农作物。后稷的孙子叫叔均，叔均最早发明了用牛耕田的技巧。后稷的母亲最初建立了国家。大禹和鲧最早施行国土治理，并规划度量了九州。

【原文】

炎帝之妻，赤水之子听訞（tiān）生炎居，炎居生节并，节并生戏器，戏器生祝融。祝融降处于江水，生共工。共工生术器，术器首方颠[①]，是复土壤，以处江水。共工生后土，后土生噎鸣[②]，噎鸣生岁十有二。

【注释】

①颠：头顶。②噎鸣：应为时间之神。

【译文】

炎帝的妻子，即赤水氏的女子听訞生下炎居，炎居生了节并，节并生了戏器，戏器生了祝融。祝融被贬到江水居住，便生了共工。共工生了术器。术器的头顶是方形的，他恢复了先祖的土地，从而住在长江。共工生了后土，后土生了噎鸣，噎鸣生了一年的十二个月。

【原文】

洪水滔[1]天。鲧窃帝之息壤[2]以堙（yīn）洪水，不待帝命。帝令祝融杀鲧于羽郊。鲧复生[3]禹。帝乃命禹卒布土以定九州。

【注释】

①滔：漫。②息壤：神话传说中一种能够自生自长、永不耗损的土壤。③复生：相传鲧死了三年而尸体不腐烂，用刀剖开肚腹，就产生了禹。复，通“腹”。

【译文】

洪荒时代到处是漫天大水。鲧没有得到天帝的允许就擅自偷拿了息壤用来堵塞洪水。天帝派遣祝融把鲧杀死在羽山的郊野。禹是从鲧的遗体的肚腹中生出来的。天帝就命令禹整治国土，治理洪水，并最终划定了九州的区域。

中华传统文化核心读本书目

【处世经典】

《论语全集》

享有“半部《论语》治天下”美誉的儒家圣典
传世悠久的中国人修身养性安身立命的智慧箴言

《大学全集》

阐述诚意正心修身的儒家道德名篇
构建齐家治国平天下体系的重要典籍

《中庸全集》

倡导诚敬忠恕之道修养心性的平民哲学
讲求至仁至善经世致用的儒家经典

《孟子全集》

论理雄辩气势充沛的语录体哲学巨著
深刻影响中华民族精神与性格的儒家经典

《礼记精粹》

首倡中庸之道与修齐治平的儒家经典
研究中国古代社会情况、典章制度的必读之书

《道德经全集》

中国历史上最伟大的哲学名著，被誉为“万经之王”
影响中国思想文化史数千年的道家经典

中华传统文化核心读本书目

《菜根谭全集》

旷古稀世的中国人修身养性的奇珍宝训
集儒释道三家智慧安顿身心的处世哲学

《曾国藩家书精粹》

风靡华夏近两百年的教子圣典
影响数代国人身心的处世之道

《挺经全集》

曾国藩生前的一部“压案之作”
总结为人为官成功秘诀的处世哲学

《孝经全集》

倡导以“孝”立身治国的伦理名篇
世人奉为准则的中华孝文化经典

【成功谋略】

《孙子兵法全集》

中国现存最早的兵书，享有“兵学圣典”之誉
浓缩大战略、大智慧，是全球公认的成功宝典

《三十六计全集》

历代军事家政治家企业家潜心研读之作
中华智圣的谋略经典，风靡全球的制胜宝鉴

中华传统文化核心读本书目

《鬼谷子全集》

风靡华夏两千多年的谋略学巨著
成大事谋大略者必读的旷世奇书

《韩非子精粹》

法术势相结合的先秦法家集大成之作
蕴涵君主道德修养与政治策略的帝王宝典

《管子精粹》

融合先秦时期诸家思想的恢弘之作
解密政治家齐家治国平天下的大经大法

《贞观政要全集》

彰显大唐盛世政通人和的政论性史书
阐述治国安民知人善任的管理学经典

《尚书全集》

中国现存最早的政治文献汇编类史书
帝王将相视为经时济世的哲学经典

《周易全集》

八八六十四卦，上测天下测地中测人事
睥睨三千余年，被后世尊为“群经之首”

中华传统文化核心读本书目

《素书全集》

阐发修身处世治国统军之法的神秘谋略奇书
以道家为宗集儒法兵思想于一体的智慧圣典

《智囊精粹》

比通鉴有生活，比通鉴有血肉，堪称平民版通鉴
修身可借鉴，齐家可借鉴，古今智慧尽收此囊中

【文史精华】

《左传全集》

中国现存的第一部叙事详细的编年体史书
在“春秋三传”中影响最大，被誉为“文史双巨著”

《史记·本纪精粹》

中国第一部贯通古今、网罗百代的纪传体通史
享有“史家之绝唱，无韵之离骚”赞誉的史学典范

《庄子全集》

道家圣典，兼具思想性与启发性的哲学宝库
汪洋恣肆的传世奇书，中国寓言文学的鼻祖

《容斋随笔精粹》

宋代最具学术价值的三大笔记体著作之一
历史学家公认的研究宋代历史必读之书

中华传统文化核心读本书目

《世说新语精粹》

记言则玄远冷隽，记行则高简瑰奇
名士的教科书，志人小说的代表作

《古文观止精粹》

囊括古文精华，代表我国古代散文的最高水准
与《唐诗三百首》并称中国传统文学通俗读物之双璧

《诗经全集》

中国第一部具有浓郁现实主义风格的诗歌总集
被称为“纯文学之祖”，开启中国数千年来文学之先河

《山海经全集》

内容怪诞包罗万象，位列上古三大奇书之首
山怪水怪物怪，实为先秦神话地理开山之作

《黄帝内经精粹》

中国现存最早、地位最高的中医理论巨著
讲求天人合一、辨证论治的“医之始祖”

《百喻经全集》

古印度原生民间故事之中国本土化版本
大乘法中少数平民化大众化的佛教经典